金門情深深

方亞先——著

下

序文　親情友情再到愛情的呼喚

方亞先

十七年之前（二〇〇五年），因著金門中學王先正老師及福建省政府顏忠誠主席兩位先後在一周之內當面給我提議將所發表文章集結出書，更具不同的意義，受到鼓舞的我竟然斗膽付諸實行。不承想，由於生平第一遭嘗試，請教於陳長慶及顏艾琳兩位先進關於出版事宜，卻屢次受到台北出版社的退稿，頓生放棄之念。陳長慶勸我另想他法不要輕言放棄，不久之後給我一份「文訊月刊」，說上面有一家新的出版公司推行一種新式的BOD出版方案，你可以接洽看看。

電話洽談之後我再度送稿，不久該公司審閱完立即同意出版計畫，因此簽訂契約、完成三次校對，費時數月出版成冊，第一本心血面世，《金門情深》一書猶如自己誕生一子，有書萬事足，真是無心插柳柳成蔭。之後，陳長慶重印他自己的著作，參考我的模式，也是交給這家公司出版，他滿意之餘也介紹很多金門作者採用此種ＢＯＤ模式，我在無意中成了開路先鋒，我願意，也樂見成人之美。

出書以後我的寫作越來越得心應手，而且熟能生巧，創作小有心得，由寫完手稿再打電腦，轉型到直接在電腦上寫稿、修稿、校搞、列印，又方便又迅速，電腦真是寫作人員的好幫手。雖然電腦經常升級、轉換、故障，有時檔案流失也不要緊，我有列印書面收藏，可以確保萬無一失。去年元旦退休，立刻奉陪老伴勇闖世紀大瘟疫，一路往北再往北落腳東北的大連一年，然後我獨自返回故鄉過年，愛人回娘家孝順老娘個把月之後，再回到我身邊團聚。

這些年我的寫作題材也是多面向的，有宗族親情、生離死別傷情、同學同事友情、父女往事真情、政情選情、婚姻愛情、中美祖孫天倫情、全球疫情、觀察社會人情等。語云：讀萬卷書，行萬里路，確屬豐富人生的不二法門。我的足跡從青年時期由金門渡海台灣之后，中年遠渡南洋，老年跨越廈門，踏足八閩之地，輻射東北佳木斯、大西北蘭州。自從台灣倡議西進政策，二〇〇一年小三通和大三通相繼開啟，兩岸的關係快速融合相輔相成，不料，二〇一六年急轉直下，甚至達到兵凶戰危的惡劣形勢，在在考驗著兩岸領導人的智慧及定力。話說天下合久必分，分久必合，台灣分離四百年，仍須與中國統一。

2022/05/30

目錄

序　　文　親情友情再到愛情的呼喚……3
第五十四回　天地的威力在寒冬……13
第五十五回　一路往北度蜜月……19
第五十六回　再次往北度蜜月……30
第五十七回　北雁七度東南飛……41
第五十八回　結婚周年雁南飛……53
第五十九回　來去山東及大連……59
第　六十　回　穿梭兩岸愛相隨……64
第六十一回　美國小少爺再度回金門……86

第六十二回　美國小少爺三度回金門……98
第六十三回　戀愛及初戀和早戀……108
第六十四回　閑談人體健康教育……117
第六十五回　差一點被隔離起來……125
第六十六回　台灣的防疫……131
第六十七回　金毛獅王架不住美國疫情……136
第六十八回　美國疫情壓垮金毛獅王……142
第六十九回　起疫來歸的大連媳婦／老婆……149
第　七十　回　開啟我的退休生涯……157
第七十一回　情深疫濃送雁歸……163
第七十二回　疫情中的出行……169
第七十三回　繞不開疫情的當下……174
第七十四回　山東大漢令人景仰……177
第七十五回　克己待人許志新……183
第七十六回　電信工人，進入工會……196

第七十七回　又是一種復古風……216
第七十八回　陪伴媳婦回山東娘家……224
第七十九回　報名施打疫苗有譜了……232
第　八十　回　台灣疫情大爆發……236
第八十一回　台灣疫情爆發一百天……239
第八十二回　五路疫苗齊研發……246
第八十三回　新冠疫情逼人而來……249
第八十四回　在家閉關為疫情……253
第八十五回　疫情中單獨出行……257
第八十六回　千里返鄉走單騎……263
第八十七回　睽違一年兄弟再聚會……271
第八十八回　被熟人偶遇……274
第八十九回　鄉親道親大家親……279
第　九十　回　坐上公車去太武山……283
第九十一回　一日遊的心情……287

第九十二回　歲月不饒人的長官……292
第九十三回　養兒育女為哪樁……305
第九十四回　做為男人的難處在哪裡……310
第九十五回　人才是什麼……313
第九十六回　主委廟公心不老……318
第九十七回　睡眠障礙……324
第九十八回　生活作息的調整……327
第九十九回　一通電話未接，有什麼後果……335
第　一百　回　皰疹應該去看診……340
第一百零一回　電腦汰舊換新……347
第一百零二回　十年同桌年夜飯……352
第一百零三回　三十年工友姐妹情……359
第一百零四回　游園玩水樂逍遙……368
第一百零五回　一家三口都有紅本本……377
第一百零六回　國恩家慶游丹東和本溪……386

第一百零七回 大連樂甲農家一日游 …… 397
第一百零八回 娘兒倆香港採購去 …… 400
第一百零九回 北京四日遊／溫馨 …… 404
第一百一十回 喬遷十年展新顏／溫馨 …… 417

第五十四回　天地的威力在寒冬
——北國結婚之路

二〇一七年一月下旬某一天的大清早，我和女友從大連結伴搭高鐵第一次奔赴瀋陽，兩人的年齡合計超過兩甲子，此行是為了和大連女友前往遼寧省城（省會所在地）辦理兩岸通婚而探路。時值隆冬臘月，北國風光正是千里冰封，萬里雪飄，也是一年當中最寒冷的時節，只因我受到工作上時間的限制，別無選擇，只能接受酷寒的嚴厲考驗了！

大連距離瀋陽四百公里左右，坐高鐵一趟需要兩小時。天津至北京相距一百三十公里，高鐵城際直達車只需三十五分鐘，由此可見中國大陸的高鐵建設獨步全球。另外，是瀋陽的溫度，在冬天的氣溫平均要低於大連十度上下，大連最冷是攝氏零下十五度，瀋陽將近零下三十度了。

再說大連這兩天的氣溫是零下十度，我照舊只穿一條冬季牛仔褲過冬，雖然在室外行走時雙腿及膝蓋冰冰涼，但是我仍然逞強不願在牛仔褲裡面加穿秋褲／衛生褲，堅持單褲過冬，只有低于零下十度我才肯穿上秋褲。這可把我的大連朋友小王和小壽兩位老弟佩服得不得了，他們年過半百還小我十歲十二歲，都是從部隊下來的，身體素質那可是沒的說了，看見我的體能大嘆佩服，讚嘆說「你們南方人真是比我們北方人還抗凍」！

但是，我心裡有數，逞強還是應該適可而止，才不會反受其害。他們說北方冬天的保暖是從腳和腿部做起的，只有下半身溫暖才有效，反而對于上半身的保暖比較沒有那麼嚴格要求。這一點跟南方的穿衣恰恰相反，我們在冬季的保暖是只要護住上半身的溫暖就行，下半身的腿腳沒有什麼特別要求，這也是南北差異之一。他們說在冬天氣溫只要下降到零上十度，外褲的裡面就要加穿一條秋褲，一直穿到來年春天三月之後，氣溫再回升到零上十度以上。

這一天我查知瀋陽的氣溫在零下二十多度，面對生平最嚴酷考驗，我可不敢逞強，乖乖地在牛仔褲裡面加上一條羊絨褲—這是保暖效果最佳的秋褲，一條要價人民幣一千多元，是女友早就為我準備好的。只能買到早上七點由大連開往瀋陽南站的高鐵火車票，因為瀋陽站客滿沒票，八點四十到站。

再打車一小時，到達瀋陽市內的遼寧省民政廳涉外婚姻登記辦事處，承辦人問過之后說我們來早了，雖然所有準備証件都齊全，但是台灣海基會郵來的公証書必須先到遼寧省公証員協會，經過協會對件／認証之后，我們才能上省外辦登記結婚，目前只少了這一項。我們此行本來就是為了探路而來做準備的，所以不在意條件尚未成熟，下次再來就好了。

離開之後，利用電話和公証員協會保持聯系，二月中旬確認我的公証書已經由台灣海基會郵到協會了。難得二二八有四天連假的機會，正好重返瀋陽辦一件大事、美事、喜事，豈不是天賜良機嗎？但是，恰逢農曆正月期間機票昂貴，都是全價機票，沒有一丁點折扣，幸好，女友在網上查詢有一班廉價的夜航班機從廈門直飛瀋陽，機票是半價，只是時間必須提前一天，然后她可以在當晚乘坐高鐵從大連前往瀋陽會合過夜。因此敲定二十三日晚上十點班機由廈門起飛，二十四日凌晨兩點第二次落地瀋陽，三點到達賓館會合。

早晨八點半出門，先到公証員協會辦理驗証／對件事宜，五分鐘便完事。再轉往省外辦登記結婚，一小時之后在見証人面前領取兩張結婚証，男女雙方各執一張，從今以後，女友升格為媳婦／老婆。最后再申請公証，及代辦驗証，由公証處代向台灣的海基會提出申請驗証，至此全部事務辦理完畢，此時十一點正，比我預期的要花一天的時間節省一半。

兩度前進瀋陽，印証情深意長，有詩為証，老頭愛丫頭三十六——天南海北異地戀，見証海峽真情愛，愛情長跑六年整，千里迢迢只等閑。南來北往飛不停，收官飛行三十六，一朝開花結成果，修得百年共枕眠。分進合擊會瀋陽，快馬加鞭一上午，驗証登記結婚証，夫妻恩愛成雙對。無証駕駛好幾年，親友笑問領証沒？一戳軟肋沒底氣，今朝轉正揚眉笑。

2019/02/24

瀋陽登記完畢未及三個月的五月十五日，早上八點半我們倆到金門的戶政所辦理結婚登記，所有証件齊全，九點半拿到新的身分証及新的戶口名簿，至此兩岸通婚大功告成，這是雙邊登記，雙重保障囉。大陸的薛太太從今以后也是台灣的薛太太，恭喜「大連的小魏傳奇」好事終成雙，幸福又快樂。

說完婚事，再敘寒冬，二〇一九年一月底正值寒冬臘月，我又來到東北的冰天雪地感受天地的威力，這是我連續第八年在大連過春節。抵達後第一晚飯后去小學運動場走路一小時，雖然很愉快很舒服，但是回家之后半個小時膝蓋還是冰冰涼涼的，一直緩不過來，我深深覺得不應該再逞強了，在隆冬的北國環境下必須要確實做好保暖身體。我當下就決定從今以后不再逞強了，要不然膝蓋早晚就要報銷掉。我跟媳婦這麼說完，她立馬找出一條嶄新的莫代爾秋褲來說「這是前年早就買好的，叫你穿你就是不穿。現如今你總算願意穿上秋褲了，為時不晚」！在氣溫十度以下，特別是在零度以下，出門在外一定要做好保暖工作，而所有保暖的首要之務，就是要加穿一條秋褲。

第二天早上十點出門去醫院探望剛剛開完刀的姨父／姨丈，出門前我就加穿一條莫代爾秋褲，薄薄的秋褲是化學纖維／人造纖維，要價五十元左右，跟兩年前冬天第一次去瀋陽穿的那一條羊絨褲，要價一千多元相差甚遠，但是，保暖效果仍然很好。下午四點回到溫暖的家，除下衣物之后，特別檢查一下膝蓋的情況，溫暖和煦，一點也沒有冰涼，可見得這條秋褲起到多大的保暖作用，真是太值得了！我認為身處北國之冬，禦寒的兩大要件是，裝備必須齊全，穿戴必須到位過完春節后，有感于城市集中供暖的室內溫暖舒適和室外寒冬酷冷的對比極為強烈，讓我深深體認到天地的威力無與倫比，尤其是寒冬的威力，因此特別記述一下自己的親身體驗。

如果再回到從前，在中國南方，或者說在台灣與金門，夏天的人們穿衣服一視同仁，但是，冬天穿衣服卻是南北有異，而且差異極大。現如今暖冬的年代，今年金門的氣溫都在攝氏十五度至十九度之間，去年的冬天大都在十度上下，前些年最冷到六度，冷得大家吱吱叫。

其實，早在四十五年前我記得剛剛開始參加工作時，二十歲（一九七五年）的冬天，氣溫只有二、三度而已，我當時曾經數過自己身上所穿的衣服，最多時高達九件，肥胖臃腫不說，還是不怎麼保暖。更早的時候只有十二歲（一九六七年），鄉下農村珠山住家屋前的鄰居，薛永乾先生的夫人——許雪緣女士年齡最大，子孫滿堂，年長我五十五歲，村人稱為「緣官」而不名。她從台灣返鄉省親，特地送我一件羊毛背心，穿在身上十分暖和，整整陪我渡過三個寒冬，令我終身不忘其恩深情重。結婚之后度蜜月，親朋好友喝喜酒。

2019/10/10

第五十五回　一路往北度蜜月

老頭愛丫頭三十七

早搭飛機午乘船，五度快樂返家門，
苦苦等待六年多，功夫不負有心人，
夫妻攜手戶政所，婚姻簿上咱登記，
一朝名正則言順，天南海北一家親。

2017/05/12

大連老婆回到金門一周，順順當當的辦妥兩岸婚姻的兩段登記，五月十九日上午咱們夫妻倆從金門出發經廈門去度蜜月，首站是北方的山東高密，次站是東北的遼寧大連，一路望北而去，這是第一段蜜月，還有第二段蜜月也是一周，預訂在兩個月后的七月底進行。

今天起我開始請婚假一周，帶我媳婦去度蜜月，下午二點半的班機由廈門飛往青島。我們坐上午十一點的船前進廈門，下船后打車到機場，十二點半過安檢到登機口，準備向幸福出發。坐下來休息吃蛋糕權當午餐了，可是，班機晚點一個半小時才起飛，六點半降落青島，內弟開車來接我們。晚上八點到丈母娘家裡，酒菜都準備好了，有叔叔和堂弟、哥哥和弟弟、大姐夫三姐夫，我只喝二兩，九點半散席，明天中午的喜酒才是重頭戲。飯前先孝敬丈母娘，我和媳婦各包一個紅包一千二百元，老娘也給我一個紅包一千零一元，叫做千裡挑一。丈母娘一看見那一沓子嶄新的鈔票，可是眉開眼笑呀！

次日是個特別的日子，五二〇，我愛您。早上四個姐姐和四個姐夫都帶著她們的孫子孫女回到媽媽家裡來吃老五的喜酒，還有哥哥嫂子弟弟媳都回來了。早上不到七點，哥哥和大姐夫三姐夫已經在院子裡幹起活來，因為弟弟要在院子修建一個小作坊製作鞋子。我詳細看了三個大姐的個頭模樣臉型特像媽媽，身材結實壯碩，連髮型都一致，是男式的短髮。到了四姐，不但個頭小了半號，模樣臉型也有些許改變，頭髮倒是半長了。再到老五，就是我家那口子，個頭又小了半號，模樣臉型又有轉變，頭髮卻是長髮披肩，就像一個小姑娘了！

中午吃喜酒有兩桌，一桌是男人，一桌是女人和兒童，我們倆當主桌的主人，貴賓有九人，叔叔和堂弟、大哥、大姐夫二姐夫、三姐夫和兒子、四姐夫和兒子，喜酒從十一點半吃到到一點散席。叔叔和堂弟長得很像，三姐夫和兒子長得也像，四姐夫和兒子長得更像。晚飯是從六點吃到七點，同桌的人基本上都是中午的人，除了女主角及二姐夫缺席而已。

今天早上起床后，身體和精神都很好很正常，真是人逢喜事精神爽啊，中午歡歡喜喜吃完喜酒，一點散席后兩點上床午睡，睡了一覺補充睡眠。照講下午應該很有精神的，不成想，四點起床后泡茶的時候卻一直流鼻水，隨擦隨流，擦個不停，叫我一時之間莫名其妙。到晚上九點舖床睡覺時，才發現窗簾后面的窗子是打開的，而午睡時我的頭就是挨著窗子，所以受到冷風吹了兩個小時，身子就受涼了，原來如此。

小媳婦說「親愛的在家人面前給我充面子，出錢又出力，讓老婆怎麼回報你啊？晚上飯后在門口碰見媽媽隔壁鄰居的嫂子，她說我這十幾年怎麼都不會老呢？這不成了山東小嫚嗎」？

第三天早上不到七點，大姐夫二姐夫領著四位建築工人開始在院子裡幹活了，先要壘起一短二長一層樓高的牆來，隨后，大哥和堂弟也加入一起幹活，九點休息半個小時喝茶抽菸后繼續幹活，十一點半休息吃午飯，我也加入飯桌。下午二點半又接著幹活，小作坊的面積不大，也就是九乘四將近四十平方米，旁邊是一個衛生間，三乘四大約十二平方米，牆高三米，房頂最高處三米八。院子的空地還有六十多平方米，全部要在泥土地舖上水泥，那樣子就會乾淨許多。

農村的宅基地大約是長十六米，寬也是十六米，面積約為二百五十平方米。那砌牆用的磚我還以為是水泥製的，二姐夫告訴我那是用煤渣製作的，一塊磚五元錢，重四十斤。我量了一下，長六十厘米，寬二十厘米，高二十厘米。搬四十斤的磚對我來說是小菜一碟，好比陶侃搬磚，六十斤以上才稱得上重量。

六年前我們第一次回山東拜丈人看見三姐夫的大孫女韓子怡，當時一歲多，她看見我好喜歡我，還會拖一把椅子給我坐呢，現在七歲多，讀小學一年級，將來可是像章子怡一樣漂亮的大美女喔！子怡隨她爹，也隨她爺爺，身高腿長，將來長到一米七的個子，大概不成問題。小孫女韓靜怡才兩歲多，可真是個人精，人見人愛，特會說話了，還愛喝酒呢！

第四天早上六點多院子就有動靜了，那四位建築工人已經幹起活，不一會兒，大姐夫二姐夫三姐夫，大哥和堂弟都到場了，人多好幹活。早上太陽不露臉，幹活不辛苦，九點休息半小時喫茶抽菸之后繼續幹活，太陽才露臉。十一點半休息吃午飯，下午二點半接著幹活，四點半休息，五點繼續幹活，七點一到準時收工，休息吃飯。下午三點我也參加幹活，流了一身汗水，五點的時候，趕緊去大哥家裡洗一個熱水澡，洗完就不再去幹活了。

晚上睡覺之前我告訴小媳婦兩個好消息，第一個是弟弟修建小作坊，加上購買機器，整個開辦費用需要人民幣十萬元，我贊助他五萬元，助他一臂之力。第二個是今年年底老丈人逝世三周年，到時候我陪妳回來上墳上香。這五萬元等我回到台灣之后再匯到妳的帳戶裡轉交給弟弟，年底回山東原則上只住兩晚，少遭點罪。我姑娘說的一點沒錯，回山東姥姥家會遭點罪，吃喝睡覺都沒問題，可是沒有現代化衛生間，洗澡和方便問題很大，我來三天都不想洗澡了，那鬍子長得和頭髮一樣長了。

幸好，只要再堅持一天一夜，明天中午我們就要回到溫馨又溫暖的家了。以前在老娘家或大哥家停留兩天或三天，忍耐的時間比較短，這一回停留五天算是比較長，等弟弟的作坊及衛生間建好了，看看生活上能不能方便一些？小媳婦說「下午姐夫他們看你也在幹活，覺得對遠方的客人很不好意思呢。第一個好消息，我只告訴弟弟一個人知道就好，其他人暫時不說出去，第二個好消息告訴老娘，再讓她轉告兄弟姐妹們」。

我問媳婦說「寶貝啊……我問妳一件事，咱倆第一次回山東看爹娘是在二〇一一年的年底，咱們孝敬了兩個紅包二千四百元，丈母娘也送了我一個紅包一千零一元，妳告訴我說這是本地的風俗，代表著千裡挑一的意思。可是我后來聽到她問妳說交往半年多怎麼還不結婚呢？妳只回了一句說這事不著急。我以為這事就搪塞過去了，沒想到她老人家又問妳說是不是我還有家庭啊？我一聽嚇了一跳，老人家真是睿智，一下子擊中要害，妳就跟著無語了！那麼這些年來，她有沒有再提起過這個話題？有沒有催妳要趕緊辦好這事呢？其他兄弟姐妹有沒有對妳提起過呢」？媳婦說「沒有，老娘除了提過那一次以外，再沒有問過我，也沒有催我，兄弟姐妹們也從來沒有人問過我什麼時候結婚的事」。

第五天我倆又要往北飛了，昨天夜裡高密下起小雨，今天早上也是陰雨天，六點半吃過早飯收拾停當，七點弟弟帶上我們向機場出發，車行一個半小時到達濰坊機場，搭九點半的飛機。外甥姑娘說要讓外甥姑爺去大連機場接我們回家，這樣比較方便。在濰坊機場我告訴弟弟說，他的小作坊只要順利開辦起來，承作勞保鞋的工作，一旦運營走上軌道，能夠起到幾項作用如下，一是自己開創事業，增加獲利及收入，二是把事業做好做穩了，將來可以由小做大，三是為家人親人創造就業機會，四是就近照顧老母親。

可以說是一舉多得，值得他用心用力去經營。

我告訴姑娘，我們在中午十二點半回到大連，回到溫馨的家。晚上姑娘下班來家我就告訴她，昨晚我在山東做的兩項決定，姑娘聽完高興地直誇我是一個活菩薩，呵……呵……沒想到她還真能忽悠我呢！

二十五日早上八點半，我送姑娘去上班，一早就看到氣象預報說大風藍色警報，心裡還不怎麼在意，仍舊穿著短袖衫，但是要求姑娘要穿上長袖衫，出門前先跟姑娘合照一下。步行路程只有十五分鐘，走到半道上我的兩只手臂涼颼颼的，到底禁不住冷風吹，咳嗽了好幾下。送到姑娘單位的門口，再給她拍了一張照片，然后上傳到網上，一會兒她四姨在山東回應說「好幸福的父女倆呀，真是個好爹，姑娘好幸福」！難怪姑娘自己也說「咱爺兒倆又上一個台階」！晚上飯后八點，我陪媳婦在小區外散步一小時，風還是那麼大，仍然不正經，一看氣象報告，原來是七級風和八級風，真不是開玩笑的，吹了一整天的大風哪！四級風以下，是波瀾不驚，五級風以上，就有明顯感受了，七級風以上就是大風起兮雲飛揚！

二十六日中午，我們倆的喜宴擺在小區附近的「雨田食府」飯店，前天通知的親友全部到齊，嘉賓有姜淑雲夫妻、陳玉香夫妻、隋華夫妻、喬燕夫妻、朱軍、陳健、張淑霞、龐曉紅等十二位。喜宴的酒席花了一千三百元，我們自帶了一瓶白酒一瓶紅酒，紅酒喝光光白酒喝一半一斤的量，我喝了七兩，滿臉通紅。十二點開動之前到的貴賓是陳健美女，我真的認不出來，比以前漂亮多了，她坐在我的左手邊，入座之前她說要跟姐夫擁抱一下，我就很開心的和她擁抱了一下。幸福的小女人張淑霞在上班當中跟人調班，時間上不方便，通知我們準時開席不用等她，大概會推遲半小時到達。

開席之前，我先向大家說明懇辭一切賀禮，感謝諸位的大駕光臨，就是給我們最大的祝福及賞臉了。全部都來就是給我們最大的面子，紅包一概不收。接著，我向大夥介紹朱軍是我們的大媒人，愛情長跑六年之后，終于開花結果，有情人終成眷屬，所以我們倆備有一份紅包向朱姐表達心意、敬意、謝意，不能推辭的喔！今天吃喜酒的氣氛熱絡，喜氣洋洋，皆大歡喜，開席沒多久，嘉賓們紛紛鼓譟要求新郎官和新娘子喝一個交杯酒。

我們倆手挽手喝過交杯酒還沒完，貴賓們又要求新郎官當場親吻一下新娘子，我毫不猶豫一把樓住媳婦的脖子，吻了一下臉頰。可是，嘉賓還不滿意，要求法國式的嘴對嘴的親吻，我立馬雙手摟住媳婦的后腦，用我的嘴吻住媳婦的嘴好一會兒才放開，可把貴賓樂得鼓掌不斷，哈哈大笑，還一邊用手機拍下照片和錄像呢，只要大家開心歡喜就好！

朱姐對我說「今天喝你的喜酒本來是想給你送紅包道喜的，結果你不收，還倒給我紅包，我心裡真是過意不去。從我生病后你倆已經給我很多錢了，我心裡非常感謝，今天你又讓我欠你倆的情。照說你應該要收我的紅包，你倆對我做的已經足夠了，我今天的內心真是愧不敢當。六年的愛情長跑開花結果，是你倆有緣分，是天注定的，也証明你倆的愛情堅貞不移，如果無緣，我再怎麼做媒也沒用，對吧？你倆用了半生時間，換來今天的幸福，上天待你倆不薄了，珍惜現在所擁有的，執子之手，與子偕老！我再一次祝你倆夫妻白頭偕老，永結同心」！

我說「今天就是要謝謝朱姐和大家的光臨及賞臉，而且事先在前天已經聲明懇辭賀禮，所以今天一份都不收，妳當然也不能例外。至于我倆送妳的一份心意、敬意、謝意，完全是基于大媒人的本分，這是應該的」。

二十八日是趙嘉茵六周歲，在我們家過生日，她爸爸趙岩、媽媽李紅買了生日蛋糕，以及櫻桃、好多海鮮到家裡烹煮，中午做了八道菜，海鮮就佔了五個。吃飯時拍照合影，姨姥爺還給小壽星送了一個紅包增添喜氣洋洋，姨姥姥和姨姥爺相愛的時間還比壽星要早兩個月哪。

中午飯后一點半，俺們先到建設銀行取出現金五萬元，二點再到郵局去匯款，郵局裡頭辦業務的老頭老太人多呀，等我們匯款完畢回到家都已經三點半，趕緊上床午休。這筆匯款我臨時改變主意提前處理了，二十四日我向金門朋友要求先行匯款五萬元到我的帳戶，二十六日匯款入戶，我隨即轉入媳婦的戶頭內，二十八日媳婦從銀行提領現金后，再到郵局匯入弟弟帳戶，至此匯款全部順利完成。匯款后一會兒小媳婦給弟弟打電話查詢，他說已經收到匯款了，謝謝五姐夫。隨后弟弟發來微信說「謝謝大哥的幫忙，五萬元已經匯進我的帳戶裡」。我說「那就好，匯款你收到就沒有了后顧之憂，祝福你有一個好的開始，就是成功的一半」。

二十九日晚上領著媳婦照樣在小區外走路一個小時，嘮嗑時我就說我明天回南方去，但是，很快的七月底我就回來了，這一回不是大約在冬季，而是在夏季了！倒計時數饅頭也不會超過六十個。小媳婦說希望那一天快快到來，我愛你。

三十日中午十二點半，我已經到登機口，再過一個小時后就要飛往南方了。謝謝外甥姑爺趙岩，一周前來接我們的飛機，今天又來送我的班機，真是非常感謝他的關照。二點多飛機開始滑行，即將起飛。五點平安落地廈門，坐末班船回家趕趟，不成問題。到達碼頭后買好六點的船票，七點回到我們的家。

第五十五回　一路往北度蜜月

今天是一年一度端午節，也是粽子節，吃香噴噴、油膩膩的粽子真是一大享受啊！可是北方人不會包粽子、也不愛吃粽子，我今年簡直就像沒有吃到粽子，前幾天吃的北方粽子分明就是在吃糯米啊，除了糯米以外，什麼餡也沒有！沒有油、沒有雞蛋、沒有香菇、沒有三層肉，只有糯米而已，一點也不香、也不好吃，回家后我得去找幾個粽子來解解饞。受限於工作關係，度蜜月分成兩段。

2017/06/06

第五十六回　再次往北度蜜月

老頭愛丫頭三十八

相隔兩月啟程行，再次往北度蜜月。
大約夏季返家門，三口之家樂陶陶。
班機落地大連夜，摔破兩瓶高粱酒。
舊疾復發左腳腫，乘坐輪椅上飛機。

2017/07/21

今天二十一號起我再請一周的婚假，單獨飛到小媳婦的身邊去二度蜜月，兩個月前五月中旬那一趟是初度蜜月，這麼一來應該算是孔雀東北飛了，加上請幾天休假，可以享受半個月的甜蜜假期。下午三點半的船由金門前進廈門，六點半的飛機前往大連，下午三點下班后準備向幸福出發。

媳婦在家數饅頭數到今天終于吃光光，開心著哪，早上六點起床就開始計算晚上十一點在機場相見，倒計時還有十七個小時！

今天氣溫三十四度熱乎乎的，中午騎車在路上吹的都是熱風而不是涼風，這是第一天吹到熱風，所以應該算是今年最高溫的天氣，就好像哥哥的熱情如火。

縱然花開千萬朵，我只愛小花一朵。小花……我來了，八八要來家吃櫻桃、吃狗肉了。原訂六點半的班機晚點一小時才起飛，又是受到流量管制的影響。十二點平安降落晚了一個點，大連……我來了！老頭愛丫頭三十八——相隔兩月啟程行，再次往北度蜜月，大約夏季返家門，三口之家樂陶陶。

2017/07/21

妹妹說六月末買櫻桃時，商販告訴她只能保存一星期，可是她一來家先上百度查看櫻桃的儲藏時間，大部份都說最多十天。后來想起冬天有人送給她們櫻桃，包裝盒裏頭墊著一層層厚厚的手紙，因此，她就依樣畫葫蘆，用一層手紙一層櫻桃這樣包好放進保鮮盒裡。過了一周打開看看沒問題，過十天看沒問題，過十五天看也沒問題，一直到二十天打開一看，只有一個爛掉一點點，太棒了！看她這麼上心的為哥哥保存櫻桃，我真是沒有白疼她了，待我誇獎她兩句之后，她竟回說能為心愛的人用心做事，開心著哪！心甘情願，無怨無悔。

班機在深夜十二點，也就是翌日凌晨零點降落大連，下機后等拿到行李卻矇了、走不了，因為托運的行李箱濕透了，打開一看箱中的四瓶一千西西金門高粱酒竟然摔破兩瓶，行李全都泡在酒裡，都是玻璃渣子，小媳婦說航空公司太暴力了，必須跟機場處理行李人員交涉賠償。可是對方說一瓶最高賠償一百元人民幣，我說那一瓶要價四百元，妹妹講咱們開具單據再向航空公司交涉。六年當中，我在這條廈門至大連航線上往返三十幾趟航程，這是第一次行李中摔破酒瓶子，行李裝箱非常熟悉和謹慎並無問題，過失就在航空公司的行李運送人員，真是開了頭彩，到家后第二天起便將交涉賠償交由媳婦全權處理！

蜜月的第一天來了，美好的一天是怎麼開始的？還不就是從那個……那個……開始的，兩口子小別勝新婚，說不盡的恩愛綢繆，道不完的雨露滋潤。第二天的美好還是從崩一鍋開始的，那個愛呀……歡呀……直叫人把兩個人擰成一個人了。下午去看望姨父，年近古稀遭逢喪偶一年半的姨父獨居生活備感孤獨及吃力，對于找老伴和別人介紹老伴之事不再那麼強烈排斥，興許今年內能夠好事成雙對。在他家吃過晚飯后轉到東港水城參觀，好個歐風建築的威尼斯造型，令人彷佛置身歐洲水城，走路個把小時才乘車回家。

第三天的午睡就從臥室床上移到客廳地上，圖他個打地舖涼快，可是小保姆不消停，老是禍害我，說不得我只好收拾她。最后她才說著原來老公做好事不留名，我說為善不欲人知，真是現代版活雷鋒。第四天午睡也是在客廳地上，又說哥哥還是做好事不留名啊！次日一早，快樂的一天就從我的懷抱裡開始，叫她知道有老公的好處。隔日早晨，快活的一天就從小親親的胸脯上開始的，讓她知道老公在身邊的好處。

原本櫻桃盛產期是在每年的六月中旬，下旬就停產，可我媳婦愛她對象能夠吃上一口好的，特意在六月底買下三盒三斤多的櫻桃等她老公來家享用，煞費苦心的加以保存二十幾天一如新鮮水果一般。櫻桃的品種有多種，如水晶、紅燈、梅棗，其中水晶是鵝黃色，紅燈是棗紅色個頭小，梅棗也是棗紅色但個頭大，吃起來最過癮！這一次三盒分三天吃，有兩盒梅棗一盒水晶，先吃梅棗再吃水晶后吃梅棗，大飽口福、著實過癮，我媳婦真是個好人！

我們家小溫馨擔任幼兒園老師三年多，昨天一早六點就在盼望著氣象局的預報成真，下起一場大雨或暴雨，然后教育局就通知幼兒園停止上課。可惜呀！老天爺不能如了氣象局的預報，也不能如了溫馨的小小心願，只見天空一早就是密雲不雨、空雷不雨，一滴雨都不肯下來，她只好洩了氣的去上班。更可笑的是，一天來所下的雨滴，用手指頭都能數出來。

第七天早上醒來就是幸福的一天開始了，第八天早晨又是歡樂的一天開始，完了媳婦才肯美美的起床，新聞報導說今天台灣有颱風來了。第九天是美麗的星期天，老公可沒有虧待媳婦。早上左腳的腳后跟腫脹疼痛，腳掌也腫，走路不利索。納沙／尼沙颱風及海棠颱風在昨天及今天襲擊台灣，狂風暴雨，災情慘重。次日早晨，美好的一天就從妳的懷抱裡開始。納沙／尼莎颱風在二十九號晚上登陸台灣三個小時，穿過台灣海峽由福建省中部再次登陸，強風暴雨，造成台灣災情慘重。緊接著海棠颱風又在三十號晚上登陸台灣數小時后從福建省再一次登陸，兩個颱風形成共伴效應，在颱風前后帶來狂風驟雨，造成極大的災害。次日一早，快樂的一天就從我的胸膛上開始。

今天是八一建軍節九十周年的紀念日，讓我們到內蒙古朱日和的軍事訓練基地去閱兵吧！朱日和，是內蒙古朱日和鎮，為中國最大的軍事訓練基地，面積一千平方公里，也是亞洲最大軍事訓練基地。我媳婦說我們都是兵，都去參加習主席的閱兵吧。

今天是八月一日建軍節紀念日，真是一個偉大的日子。我在昨晚苦苦思索了一夜，因為睡不著睡不好，讓我或許、可能逮住兇手，就是困擾我十年之久的腳掌和腳后跟腫脹的原因，或許、可能就是水腫，早晚兩遍喝茶皆達一公升／一千西西之故。這趟回家十天的生活細節仔細回憶起來，飲食作息一如往常，早起運動后洗澡吃飯，早餐九分飽，接著是喝茶一千西西，午休后泡茶一千西西再吃晚餐，晚飯七分飽，飯后散步一小時。

看起來是規律化，也是定時定量，可是從第三天二十四號晚上開始，每晚十點上床次日六點起床這八小時內至少起夜兩次，還有幾晚是起夜三次，而且每次排便的水量都不少。按照我的理解，睡眠的要素是由時間和質量共同決定的，一覺到天亮睡滿八小時最好，得一百分，起夜一次后能立即入睡者九十分，起夜兩次者七十分，起夜三次者五十分，為不及格，起夜后便不能入睡者五十分。睡眠六小時者八十分，睡眠四小時者六十分，睡眠三小時者五十分。

尤為麻煩的是，從第九天三十號起，左腳的腳后跟腫脹疼痛，腳掌也腫，走路就不利索了。以前回來大連家裡也曾發生過一次，直到離開的時候還沒好利索，這十年來在金門家裡發生過許多次，雖然有少數的醫生說病因可能是痛風，可我的尿酸值正常啊！

多數的醫生說症狀不是典型的痛風，還有醫生說是體內的某些物質排不出體外而沉澱到腳部，所以跟飲食習慣有關係，只是無從判斷何種物質？

困惑我十年之久的腳腫問題，因著昨晚睡不好睡不著，給他細細想來，好好的身體及作息與飲食，怎麼腳底又會腫起來？這個原因肯定就在這九天裡面，那麼為什麼我媳婦睡覺幾乎都是一覺到天明，就算起夜也是在深夜之后一次而已，而我卻是兩三次呢？尿液從何而來？當然不會是從空氣來的，指定是從喝水來的。上午茶過后利尿頻尿，因為喝下一公升的茶，可能無法完全排空，下午茶過后到夜晚上床，更是無法完全排光，也是喝下一公升茶之故。因此，我上床一小時之內如果沒有入睡，就要起床尿尿了，半夜裡又要起床小便兩次。

至此，我推斷睡眠不足是由于起夜太多，起夜多的原因是由于喝茶多，腳底浮腫也是因為喝茶多，沉積在體內沉積在腳底的緣故。那麼，對症下藥，今后的喝茶必須減量，或者改喝開水就好，減量就是只喝上午茶，不喝下午茶，此其一，上午茶只喝六百西西，不能喝到一千西西，此其二。我們都知道天天喝咖啡有一定的限量，上下午各一杯，一杯只有兩百五十西西，不能加倍的。由此可見，任何好東西進入身體都有一個度，都有一定的限量，叫做適可而止，過之無利，反成有害，不可不講究啊！

我的左腳腫脹今天進入第五天，雖然連續吃了三天媳婦買的消炎藥，結果都一樣，不好使。前兩天腳腫還能走路，后三天腳一落地就痛、痛徹心扉，已經痛到不能走路，只能用右腳做單腳青蛙跳。早上起床后小兩口商議必須要立馬看醫生，最佳選擇自然是中心醫院的疼痛科叢勇滋主任了，因為五年前我在金門發生顏面神經麻痺無法治好，立刻飛到大連就醫，住院十天治癒，就是叢主任的妙手回春。我當即打電話詢問他有沒有上班？他答說在上班。我說我在大連十二天，腳腫五天無法走路，他說趕緊到醫院來吧。我倆打了一輛順風車來到住家樓下接我們，九點半上車十一點到醫院，十一點半看診及問診之后，叢主任判斷是神經痛，可能是風濕病所引起的，跟大量喝茶喝水應該沒有關係。開了兩款藥，如果是對症下藥，一兩天之內就能見效。

吃過藥之后，夜裡睡了一個好覺從晚上十點睡到次日早上八點。可是，動了一動左腳的腳掌，腳腫和疼痛一如昨天，未見如何改善，不知如何是好？然后再給叢大夫打電話說吃藥一天沒見效果，他說藥效可能沒有那麼快，回去金門后要看內科好好查一查。

納沙／尼沙颱風在七月二十九日晚上侵襲台灣三個小時后登陸福建省中部，第二天海棠颱風緊隨其后也侵襲台灣數小時后登陸福建省中部，隨后兩個颱風會合形成共伴效應繼續肆虐，由華中而華北再到東北。氣象預報一向不靠譜的大連氣象局這回倒是抓準了颱風走向，預報八月三日及四日有大雨到暴雨降落。因此，當地幼兒園宣布放兩天颱風假，這下子可把我家姑娘樂得都不行了！此次大連降大雨，是以莊河最多，平均每小時達一百二十毫米，最多者高達五百毫米。

薛大爺今天又要滾蛋了，就要回家吃自己。昨晚就沒有前兩晚睡得那麼好，所以在夜裡我又好好的思考腳腫這回事，除了推測茶水過量之外，我想到還有一個嫌疑犯，那就是睡覺的時候蓋被子，只有蓋在肚子以上，或者蓋在膝蓋以上，幾乎沒有蓋住腳部，因為一蓋到腳部，兩條小腿就容易發熱出汗妨害入睡，此所以極少蓋住腳部，導致夜裡受涼，埋下了病根而不自知。

我這一回腳腫疼痛八天，叢主任診斷是風濕病，而非痛風，這或許不是正確的判斷，所開的藥遲遲不見效，今天只好坐輪椅上飛機。上午十一點半，外甥姑爺開車來家裡送我們到機場，十二點到達。下午兩點，我是最后一個登機，坐輪椅的決定是正確而英明的，給我媳婦點一百個讚。我在這條航線上三十幾趟的往返行程，就屬這一趟兩周的行程最不順利了，頭天深夜十二點一到下機，行李箱中四瓶一千西西白酒被打破兩瓶，妹妹說航空公司真是太暴力了！

第一周一切順利，第二周突發陳年舊疴的腳部水腫疼痛難當，不得已上醫院治療，但是沒有對症下藥，看不見任何療效。搭機離開時只好帶傷登機，幸好明智決定申請輪椅代步，省卻多少上下樓梯的顛簸，輪椅一路護送到飛機旁才登機。機上廣播說，班機受到流量管制，還在等待准許起飛的命令，班機晚點一個小時起飛！

大陸對于消費者權益受損的維護及索還賠償，法律專門用語稱為維權事件，可是說到托運行李損壞的交涉賠償可不是一件容易的事。自從我把行李的維權交由媳婦全權處理后，她天天撥打航空公司的客服專用電話，全都是忙線中，雷打不動，就算萬一撥通了，客服人員大都回以沒有授權而打發掉。就算打到內部單位電話，不是裝作聽不見，就是一推二五六，半個月下來沒有一絲一點進展，只惹得一肚子的火氣無處發。我估計要索還一百元的賠償，我們得賠上五百元到一千元的代價、成本、時間，實在是太不划算了！兩害相權取其輕，我覺得息事寧人拿兩百元了結此事得了，耗在這件事上真是勞民傷財又受氣。

我是最后上機、也是最后下機的人，下機后到乘車處打上車便是一路爭分奪秒、義無反顧地趕往碼頭，搶搭末班船兼程回家。我終于趕在賣票截止前兩分鐘到達賣票櫃台，感謝上天總算給我一個好消息，可是，來不及申請坐輪椅上下船，只好勉強走路登船。老頭愛丫頭三十八——相隔兩月啟程行，再次往北度蜜月，大約夏季返家門，三口之家樂陶陶。班機落地大連夜，摔破兩瓶高粱酒。舊疾復發左腳腫，乘坐輪椅上飛機。

2017/07/21

回家后第二天早上腳腫狀況一如之前，一早八點先到診所看陳水湖老醫生，看完開兩種藥一是消炎一是消腫，我當場吃了第一次藥再回單位上班，十點的時候腳著地走路已經不會痛了，要不然，上班之前一直都是很痛的。大連醫生第一次診斷是風濕病，也有相當道理，因為我的腳腫不是典型的痛風那種關節腫脹的症狀，但是，開出來的藥吃了三、四天，全然無效，顯然沒有對症下藥，可見診斷的不正確。金門醫生是在好幾年前看過好多次后的診斷是痛風加血液循環不暢通，查看病歷后對症下藥兩小時就能見效。兩邊醫生的診斷不同，用藥及效果自然有異，這並不存在誰的醫術高低問題。國慶節媳婦返家，做麵食分享親友。

2017/08/22

第五十七回　北雁七度東南飛

老頭愛丫頭三十九

艷陽高照秋老虎，我的媳婦返家門。
十一國慶連秋節，過完中秋雙十節。
三場喜酒三家宴，親朋好友俱歡顏。
正宗北方嚐麵食，媳婦手藝人人誇。

2017/09/27

九月二十七號是個偉大日子，我的媳婦——大連老婆就要回到老公我的身邊來了，停留到雙十節離開，夫妻團聚前后共有十四天。老婆這一次回到金門溫暖的家，跟兩年前金秋回來時一樣，時間上正好是國恩家慶，月圓人團圓，先是十月一日的國慶節，再來是四日的中秋節，接著是十日的雙十節。

丫頭一早從大連搭機出發，中午抵達廈門后，再轉乘輪船到金門，老頭算準時間到碼頭接人就行。小丫頭七點出門向幸福出發，車行半小時到機場，八點到登機口，九點準時起飛，十點降落青島經停一小時后再次起飛，下午一點半落地廈門，北雁東南飛，五里一徘徊，二點半到達碼頭買三點的船票，老頭準時前往接人載回我們溫馨的家。

昨日金門氣溫高達三十六度，真個是名符其實的秋老虎，今天和明天也會一樣的，比夏天的三十四度還要酷熱！而大連今日最高溫只有二十一度，我媳婦說她要去金門尋找溫暖。老頭愛丫頭三十九——艷陽高照秋老虎，我的媳婦返家門。十一國慶連秋節，過完中秋雙十節。

2017/09/27

今天我的年輕同事王耀亨結婚，晚上六點半在飯店宴請親友，我陪著小魏姐一起喝喜酒，沾點喜氣洋洋。八點半散席后，一起去看望北京大姐，帶了三十個海參聊表寸心，在她家附近土地公廟口乘涼嘮嗑兩個多小時才回家。洗過澡后吹著涼爽的空調，終于進入甜蜜蜜的兩人世界，媳婦才肯歡歡喜喜地進入夢鄉，看她睡得那個香啊……沉啊！

次日周四一早六點鬧鈴響起，美好的一天就開始了，小老頭干活，小丫頭滿意。我在上班前先到菜市場買肉，可是，金門現在是周一周四不殺豬，所以買不到豬肉，只能買到小小的雞爪子。晚上請外甥黃志琳夫妻子女和他的小舅子一起吃便飯，就在他們家隔壁的餐廳。晚上一下班先到鄉下莊江流大哥家裡拜訪一下，他老婆和兩位女伴正在唱卡拉ＯＫ，我老婆也去過他家兩三次了，去年他們村莊拜拜，她正好趕上吃拜拜，送他一包大棗，坐了一小會就告辭。

六點半請外甥吃飯，他們女兒要補習不在家，一家三口加上他的小舅子，以及我們總共六個人點了九道菜，吃飯嘮嗑一個半小時輕鬆又愉快，末了，外甥媳婦說「妳們東北人曬太陽比較少」，呵……呵……，分明是羨慕舅媽的皮膚白嘛。飯后轉去看好同學許志新，只有他在家，送他一包核桃，后來他的大女兒也回來，她跟她爸一樣也是初中老師，今天教師節，學校有餐會，散席后才回家，她看見小魏姐的皮膚白說了一句話跟外甥媳婦一樣「妳們東北人曬太陽比較少」，呵……呵……，可有趣了。

隔日中午請同學許乃權來家裡吃餃子和韭菜盒子，共有四位客人，還有林永塘、許志新、顏恩威，乃權和永塘在部隊的時候常吃麵食，退伍后已有許久沒吃過這麼地道的麵食了，恩威直到一點才出現，最后兩個盒子都交給他了。吃飯之前我先送出四個韭菜盒子和二十個餃子給我們坐輪椅的同事徐明才，另外兩位同學各四個盒子，辦公室裏有三位同事在場，正好一人一個盒子現吃。

下午下班后回家吃過晚飯，就帶上一包核桃去山外看陳長慶大哥，離開后，順道看望斜對面那家鞋店的珠山宗親，以前幾次沒看見薛承宙夫人許明珠女士，今晚總算看見介紹認識了。她就是從前每年送我一雙新鞋，送我四個孩子每人一雙新鞋，我以為她八十多歲，她說是七十多歲。

看陳大哥之前順便約好北京大姐八點在土地公廟前會面嘮嗑，一嘮就到十一點多才回家。大姐說的多，我們倆聽的多，大姐后來說到自己在金門住了十多年，對待別人用心付出都是白瞎，還受到許多委屈和辛酸，說到這時眼眶紅了、眼淚也掉下來。她說今晚當著小魏的面說一句話，那就是她在金門住十多年，所有認識的人或者朋友當中，沒有一個人是真心幫助她的，唯一例外的一個人那就是阿千，只有我是無私地幫她忙。大姐獨身的日子困難多，受苦也多，如今年歲大，一無所有，真是教人替她擔心哪！最后她特別提醒我，以后別再寫那些沒有用的東西了，叫我從何說起？我個人認為，做任何事區分有用沒有用固然重要，但是喜歡不喜歡也是考慮因素，喜歡做的事沒有用也無所謂！

第四天早上跟昨天一樣，要去買菜之前先到單位刷卡上班，碰到那位女同事李慧君昨天中午送她吃了一個韭菜盒子，看到我身后的小媳婦就知道那韭菜盒子肯定是她的傑作，趕緊靠過來問她餃子和盒子的做法，她大概講述一下便是有問必答。我看慧君這麼有興致就說，乾脆中午我們送妳二十個餃子吃吃看吧，慧君高興的說她馬上要告訴她老公中午不必準備午飯了。

上午十一點，我又當送餐的小二哥，先給住家后面堂妹陳惠明送去四個韭菜盒子二十個餃子，再給隔壁的葉大嫂送去四個韭菜盒子，然后送給單位的李慧君四個韭菜盒子二十個餃子，可把她樂得很呢！中午邀請同事董國勝老師來家吃餃子，與我和小丫頭仨人一起共進午餐，本來昨天已經邀約董老師過來和許乃權同學一塊進餐的，因為他從家裡帶了午飯到單位，沒有冰箱存放，只得進食，就沒有來家裡。

早上和丕哥約好晚上請幾位兄弟來家裡吃餃子，有萬祿、萬山、阿文、宏哥四個人請他通知，下午下班后，我先給隔壁的表妹蔡月娥家裡送去四個韭菜盒子二十個餃子，請她們嘗一嘗北方地道的麵食。六點半，萬祿兄弟一馬當先準時到達，最有時間觀念，隨后丕哥、宏哥、阿文到達入坐，菜已經上桌可以開動，我點名少了一名就問萬山兄弟怎麼沒來？丕哥說，你讓我通知的兄弟名單中沒有萬山啊！我說我開的名單是四個人，怎麼會沒有呢？他再查看一下賴恩LINE的名單中果然是四個人，立即承認是自己的疏忽。

我說不要緊，仙人打鼓有時錯，犯錯趕緊補救就好了，立馬打電話通知萬山兄弟，他說剛吃飽飯，不過，一會就過來。萬山一會兒來到，丕哥馬上說明是他通知的時候疏漏，請包涵。席中，阿文說中秋節前一天十月三日是他生日，晚上在他家烤肉，歡迎大家一定要到。后來，丕哥從從座位上站起來，那張椅子就崩塌了，幸好人沒有受傷。這不能怪他，其實這些椅子老舊不堪，早就應該汰舊換新，只是一直狠不下心腸來開除老搭檔，看來如今不得不痛下決心了！

十一國慶節是個偉大日子，吃過早餐十點我倆結伴出門，先到金門城看看新婚的侄兒陳其烈，他和新娘子王曉麗正在張掛燈籠、收拾新婚房呢！隨后轉到珠山看望隔壁安嫂，嫂子說新娘子越來越漂亮，留我們在她家吃午飯。趁她進廚房忙活時，我們到屋前屋后走一走，先到前面薛承立夫人家裡給她介紹媳婦認識，再到后面哥哥薛南昌夫婦家裡跟他們介紹媳婦見面，他們交代十月五日小女兒結婚要我們兩個人一起去吃喜酒，我說到時候一定會去的，看見南昌嫂子鼻青臉腫，問是何故？說是前幾天在家裡摔傷額頭，眼睛上下都瘀青了。后到薛水涵夫婦家裡給他們介紹大連老婆，末了才回安嫂家裡吃飯。

吃完飯告辭后轉到村子另一頭張之初家裡拜訪和介紹，才知道兩三年沒見面的張大哥一年前在家裡摔傷了，迄今行走不便，還得舉著支持架行走。他是廣東人，一九四九年跟著部隊到金門，退伍后就在珠山落地生根，有兩個兒子兩個女兒，今年九十歲，坐一會談談話就離開。離開后順便轉到村子外面珠山宗親開的傢俱行看一下餐桌，一看就相中一套桌椅，詢問一下價格，桌子一萬，六張椅子九千，就讓同鄉的宗親老闆晚上送到家裡來。因為昨晚在家裡請丕哥等五位兄弟吃餃子，卻讓丕哥坐壞了一張椅子，當下就決定要汰舊換新，過兩天再約請丕哥幾位兄弟來吃餃子賠罪。

第六天早上十一點我又去送餐，給珠山安嫂和張大哥各送去四個韭菜盒子及二十個餃子，可把我媳婦熱壞了，她說忙不要緊就是廚房熱，又沒裝空調，實在是熱死人了！小媳婦說，請安嫂吃我包的餃子口味如何？沒想到她還送我月餅、柚子及香皂。

第七天晚上六點我們先到小姑媽家裡拜訪，大表弟剛好回家，告訴她我們已經辦好結婚登記，再轉去附近的大姑媽家，可是沒有人在家。六點半到阿文家裡烤肉，我們特地帶了十一個韭菜盒子去跟朋友們分享，沒想到客人那麼多，阿文夫婦及爸媽四個人忙著給大家烤肉吃，客人連我們在內有十四位，還有五位小朋友，坐了一小時后提早離開。不過，我媳婦說的也對，她說吃不夠才會留下念想，吃不完就會膩了！就轉到大姑媽家去看大表哥及三表哥，告知他們我倆已經登記結婚，談了一會兒才回家。

今天十月四日是中秋節，我看了看家裡的東西，有人送來二盒子文旦，一盒十二個，還有人送一盒子大蘋果和梨子八個，我跟小魏姐怎麼吃得消？心想大女兒阿如家裡人多，又有兩個年輕人，就轉送她一盒子文旦一盒子大蘋果及梨子，幫忙消化吧！中午打電話叫她回來拿，可是，她說十天前九月二十四日星期天早上她在家裡暈倒，送到醫院掛急診住院幾天后才出院，她也不敢讓弟弟妹妹知道，經檢查是腎結石作怪，雖然結石不是很大，但是在五年前也曾經發作過一次住院治療。她出院后去台灣幾天才回來，家中也有很多禮物，根本吃不完，她就不要回來拿了。

晚上五點是一片陰天，我先送四個韭菜盒子給同學吃，隨后載著媳婦到鄉下莊江流大哥家送他們四個韭菜盒子二十個餃子，再到九十七歲的姨父李忠興家送六個盒子三十個餃子。不到五點半，二表哥和三表哥陪著他們老父親正要吃飯，我們一到剛好加入他們的陣容一起吃中秋團圓飯，還喝了一兩杯苦瓜酒。飯后離開時七點，一路奔往海邊我們前年中秋節共度美好時光的地方，可惜啊……陰天沒有月亮，我倆坐在那張凳子上卻提不起前年的那種浪漫情緒，只好敗興而歸，照舊到運動場走上八圈。

五日中午我和媳婦到另一家傢俱行挑選矮櫃子，相中一款，一張高八十厘米、寬四十厘米、長一米二，另一張的長度一米五。因為家裡客廳原來那一張矮櫃子高七十厘米、寬四十厘米、長二米，去年被颱風的雨水浸泡已經腐爛不堪使用，那一面牆的使用長度二米五。下午一下班我再到傢俱行看了一下新櫃子后決定，選購兩張一米二的櫃子，立馬送到家裡汰舊換新，一擺進家裡真漂亮，一張一萬元。晚上擺好新櫃子就趕去吃喜酒，薛南昌哥哥嫁女兒。

六日晚上陪著媳婦到金門城吃喜酒，陳其烈姪兒結婚擺喜宴，娶妻廈門女子王曉麗。五點下班后我們就前往姪兒家裡，會見其大舅子及老丈人，看見盛裝打扮的新娘子穿著及地的棗紅色禮服，真是漂亮啊！我把紅包一萬二千元，交到新郎倌手裏就離開。轉到堂哥陳世宗家看見二堂嫂，聊了一會，二嫂不住口的誇我媳婦漂亮，二嫂說弟妹是越來越漂亮，身材真是好，今年五月結婚以后比以前更漂亮，末了還出口成章說她是天生麗質。這不都是因為她的大兄弟，對大妹子的疼愛和照顧有加才有的嗎？

我們到飯店入座后看見隔壁桌的大堂嫂，就帶媳婦過去介紹認識。二哥要我們倆移位到新娘桌去，看到姪兒的丈母娘，也介紹同桌的三哥三嫂五妹夫和媳婦認識。散席后到隔壁桌介紹五妹和二哥的兒媳婦與我媳婦認識，然后三嫂也來誇獎媳婦真漂亮，也說了一句和二嫂一樣的話，她說弟妹是天生麗質。

七日中午楊哥和忠哥做東請遠方的客人小丫頭在山外吃飯，賓主九個人點了十道菜，真是太豐盛了。其他客人是泰哥、興哥、仁哥、志仁、金福，泰哥還帶來兩瓶金門紀念酒交給忠哥和楊哥，可他們要轉送給小丫頭，我們受之有愧，卻之不恭，也只能恭敬不如從命的收下了。今天的客人唯獨舅老爺缺席，氣氛差了不少，他是因為拉肚子的關係無法出席。小丫頭說每次看見楊哥和忠哥，就好像看見親人一樣，今天請她吃飯又送她酒。

八日上午十一點給珠山安嫂和張之初大哥各送去四個韭菜盒子及二十個餃子，叫她們再回味一下前幾天的口味。晚上六點，我們接待七位朋友來家吃餃子和韭菜盒子，吃點小菜喝點小酒，全部交給山東阿姨，我的大連老婆打理。來賓有丕哥、水田、萬山、萬祿、清忠、宏哥、阿文，今晚五點半，丕哥一馬當先提前到達，我陪他在客廳坐一會，就領他到飯廳問他有什麼不一樣嗎？他看不出什麼名堂來，我便告訴他餐桌和椅子全部更新了，前些天害他坐壞椅子，今天要向他賠罪的，他聽完哈哈大笑。

隨后其他客人陸續到位，上了九個菜，有四葷五素，搭配得宜，主角是最后壓軸的餃子及盒子，盤盤見底。八點散席，兩斤的高粱酒只喝一半，因為丕哥和萬祿今天沒喝酒，主角只剩下一個盒子五個餃子，真是一頓開心又愉快的晚餐，感謝遠方回來的親人做得一手地道的北方麵食，讓南方的朋友能夠一飽口福。媳婦說能為老公招待朋友出一點心力，也是老婆的榮幸啊！

九日下午我倆再度前往那一家傢俱行挑選鋁製的櫃子，用來替換飯廳旁的舊櫃子，那位老闆唐敏智，也是我的老朋友，大我一兩歲，他的住家就在我們家前兩排而已。他問明是要擺在客廳中，就建議不要採用鋁製的，這樣顯得沒有檔次、沒有格調，還是採用木製的較佳。于是我們就訂下兩張一米二高、四十厘米寬、一米二長的木櫃子，要價一萬五千元，可是沒有現貨，還要十天八天才能從台灣進貨，我想時間早晚不要緊，物品合意就好。唐老闆看了媳婦一眼之后問我是我的女兒嗎？我聽了哈哈一笑說是我最大的女兒，然后正兒八經地告訴他是我的大連老婆，今年五月剛結婚的，他聽完也是哈哈一笑的說恭喜……恭喜……。這還是第一次有人把我媳婦看成是我女兒，真的有趣啊！

今天是雙十節，快樂的時光過得飛快，我媳婦回家十四天颼……的一下子就到了，今天是媳婦返回北方的日子。今日金門氣溫三十度，秋老虎的威力減弱不少，大兄弟就帶著大妹子十點出發，坐十一點的船前進廈門，十二點半到達高崎機場，搭乘下午二點半的班機。老頭愛ㄚ頭三十九——艷陽高照秋老虎，我的媳婦返家門。十一國慶連秋節，過完中秋雙十節。三場喜酒三家宴，親朋好友俱歡顏。正宗北方嚐麵食，媳婦手藝人人誇。

2017/09/27

我為了孝敬丈母娘，帶上一年份的八罐安麗蛋白粉，就在碼頭拜託陳小碧櫃台幫忙交給圓通快遞，郵寄到山東去。媳婦的班機三點半起飛，晚了一個點，六點平安降落大連，一下飛機寒風迎面吹來，氣溫只有十一度，比出發時又減低十度，七點來家吃姑娘做的晚飯。兩度入境金門半年，辦妥居留和健保卡。

2017/10/13

第五十八回　結婚周年雁南飛

老頭愛丫頭四十二

清明時節雨紛紛，母女結伴東南飛，
落地廈門轉金門，回到她哥她爹家。
夫妻領証只一年，無証駕駛達六年，
守得雲開見日出，黑戶從此見天日。
落地簽停留十天，打道回府十二日，
通行証先辦簽注，入台証再度入境。
醫院體檢夠合格，海基會認証良民，
依親居留能長住，不須再用入台証。

居留証順利到手，端節配酒也有份，
車船卡免費乘坐，住滿半年健保卡。

2018/04/03

清明節五天連續假期的前夕，我的大連老婆就要帶著她的姑娘回到我的身邊來，自從元宵節在大連分別剛剛滿月，一家三口又要在金門再度團聚了。四月三日早上八點多的班機起飛，中午一點降落廈門，三點搭船抵達金門。老頭在家用東北蘑菇燉上一鍋雞湯，娘兒倆一進家門立馬先喝上一碗熱騰騰的雞湯，姑娘張口就說「我爹原來真的是個暖男」。

晚上已經事先約好同學李錫宗伉儷倆先來到家裡會面，然後一起出去下館子吃炒米粉，還特地點了一道金門傳統的招牌菜——宴菜。

第二天是四月四日兒童節放假一天，晚上是金門高中六〇一班同學會聚餐，共有八位同學參加，攜眷參加的只有我帶上大連老婆小魏，她算是萬綠叢中一點紅了，點綴……點綴一下風景！其中兩位從臺北回來的同學，一位王亮弓八點到還能入席，另一位翁文爐八點半散席之後才到，卻連酒水都沒能喝上一口，真是很抱歉啊！

第三天是清明節放假，中午侄兒陳其烈和侄媳婦王曉麗來到家裡品嘗北方麵食的滋味，他們也能喜歡，飯後大家還一起合照留念。晚上我們在家吃飯時，住在後面鄰居的堂妹陳惠明，還好意的送來三包已經包好的春捲餅給我們分享應節的食物，真是感謝她的盛情。

第四天是週五調整放假，早餐之後我們一家三口就近到金門中學運動場去遛彎，風和日麗談心曬太陽多舒暢，我順便告訴姑娘她當下在生活上的一些毛病，希望她能儘快改正過來。中午侄兒開車來接我們到他們家，吃侄媳婦王曉麗老家泉州安溪的炒米粉，炒得很好吃，而且跟臺灣的新竹米粉風味還不一樣。

晚上在家吃過飯，我就讓姑娘把早上我告訴她的談話內容寫出心得報告來，她花了將近一個小時專心致志的用手機寫好，《老爸的談話》全文一千三百字，還真寫得不錯！

週末中午邀請同學李錫宗伉儷，來家裡吃一頓正宗的北方餃子及韭菜盒子，他們也喜歡麵食，吃得津津有味。小媳婦做好飯菜之後，我和姑娘先送五個韭菜盒子十五個餃子請後面的堂妹陳惠明嘗嘗看，這叫禮尚往來嘛。

苦兒流浪記——下午五點我先騎機車載姑娘去金城車站旁邊的華歌爾內衣專賣店看

貨，再返回來載老婆去看，兩個人歡歡喜喜地各自挑選一套內衣。五點半回程時也是先載姑娘回到社區／社區的我們家巷子底，告訴她往前直走三百公尺就到家，我再返回去載老婆，但是，不到五分鐘來家，卻怎麼也找不到那孩子！我們就騎車找遍整個鳳翔新莊社區，每一條巷道都繞過了，硬是不見蹤影，把她娘急得直跳腳，說姑娘是個大路痴，一點方向感也沒有，真是急死人了！問我會不會出事了？會不會叫壞人給拐賣了？我說金門治安良好，肯定不會出事的，只是短短三百公尺的直線路徑也能走失了，這不只是路癡而已，這根本就是白癡！我們又騎車在社區裡面找過一遍又一遍，半個小時之後，我們承認被豬一樣的隊友打敗了，只好回家做晚飯。

直到六點半她才自己走回家，想要跟我們一起吃飯，我說妳別吃飯了，到一邊罰站去吧！後來我問她走到哪裡去了？從哪裡走回來的？她說是走到上一次兩年前她來的時候第一個晚上在社區吃飯的餐廳（陸海空餐廳），又走到基督教的教堂去，還走到這次回來頭天晚上我們和同學一起吃飯的餐廳去（九八快炒），最後是問人家金門中學的位置，人家給她指出位置，她才從金中大門走進運動場，再從後門出來走回家。好可憐的「苦兒流浪記」，直線三百公尺的距離只需三分鐘就能走到家，她居然整整花了六十分鐘才能走回家，這不是天才是什麼呢？

周日中午和姑娘給同事／工友徐明才大哥送一些餃子和韭菜盒子到他們家裡去，漂亮的徐大嫂滿口誇讚我姑娘美麗又可愛，把姑娘樂得不行了！等我們要離開時，徐大嫂還特別稱讚姑娘的屁股又圓又翹的，哈……哈……老有趣了！

飯後一點半，呂其武（丕哥）開車來載我們出去參觀風景，第一站去中山林，和軍用飛機合照一下，第二站去榕園，順路先彎到陳長慶大哥店裡拜訪，離開榕園後丕哥提議第三站到復國墩漁港，完了第四站去山后民俗村，順路彎到陳添丁家裡及縣黨部拜訪，離開後到山后民俗村，完了回到家裡休息已經四點半。小媳婦直說感謝丕哥的照顧，不但開車帶我們去旅遊，一來就帶四大杯咖啡，人人有份，出門時又買珍珠奶茶又買炸雞的，真是太會做人了！九號週一晚上，楊添福（楊哥）請我們下館子吃飯，說是給遠方的朋友小丫頭接風，還有丕哥、阿文、國佑作陪。

十號去移民署拿到媳婦的入台許可證，當面再確認後續要辦理長期居留事項，必須是持入台證入境開始起算，用落地簽入境不予計算，所以媳婦需要離開金門後重新入境。但是，她的臺灣通行證辦理簽注需時多日，所以決定回到大連去辦理，並且等候良民證從臺灣海基會認證後寄回到大連。因此中午訂下機票，四月十二日返回大連，姑娘同一天飛北京看同學玩兩天也好。

十一號中午，邀請兩位同學陳滄江、許志新，兩位同事董國勝、楊明舉，一起來家裡吃餃子及韭菜盒子，喝上一杯小酒多愉快。

十二號是南來的雁子暫時要北返的日子，很快的，北雁還會再度南飛回到老公的懷抱裡。在金門坐兩點的船出發，四點到廈門機場，小媳婦五點半起飛，十點半降落大連；姑娘五點起飛，十點半落地北京，預訂停留四天拜訪京城。出門台胞証過期，只得改走落地簽。

2018/11/12

第五十九回　來去山東及大連

老頭愛丫頭四十

丈人辭世三周年，五女婿上墳燒紙。
六年愛情修正果，五姑娘墳前拜爹。
出門台胞証過期，行程本想就取消。
幸好護照未過期，變通改走落地簽。

2017/12/19

今天十二月十九日，是要飛往山東青島后轉往高密，和從大連已經先期返回娘家的小媳婦會合的日子，我在昨天請好假打包完行李，一切都準備好了。

早上預訂十點出發前往碼頭坐船前進廈門，搭乘中午一點半的班機飛青島，不成想，九點正查看一下証件，一看台胞証，頓時驚呆了！有效期限到2017/11/22為止，過期將近一個月，已經失效了！糟糕，我一兩個月沒有出門，竟然不知道証件過期了，這下子叫我整個人懵了，出不得門也！霎時叫我心浮氣躁，六神無主，深深懊惱沮喪不已，我怎麼能犯下這種低級的錯誤呢？

十年來我出入中國大陸上百次，從來沒有過這種情況。再一看金馬証／護照的有效期限到2018/03/18為止，尚未過期。出不了門，就到不了廈門上不了飛機，我立馬將這不愉快的消息通知媳婦，並要求她取消往返的機票。隨后聯絡旅行社，諮詢辦理台胞証所需資料／材料，以及所需時間多久？

明白之后，本想先去拍照片準備辦証，下午去單位銷假上班，便先在家裡思前想后，看看有沒有什麼補救的路子？我想……沒有台胞証進不了大陸，但是，金門碼頭有開放落地簽，廈門碼頭也有開放落地簽，我若採用落地簽行不行呢？我再諮詢一下旅行社，答說可以的。

瞬間……雲開日出，我看將近十點，立刻照原訂計畫出發，買到十點半船票，上船后立即通知小媳婦一切行程照舊。可是，她告訴我往返機票已經全部取消，現在必須重新訂位，票價憑空增加一兩千元，要出血不少哦。我說為達目的，不惜代價，毫無怨言。

船行二十分鐘，已過大半，拿出廈門手機來，有信號卻無法發信息打電話，我估計大概是欠費停機了，等下船后找櫃台的朋友代為充值話費好了。上岸后辦落地簽拍照三十元，規費四十元，我身上只有一張百元鈔票，差可應付，等出海關再到提款機取錢不是問題，提款卡上面還有二萬多元。

在我前面一位女生提款好長時間才出來，我隨后進入，不承想，我剛剛把卡片投入提款機，刷……的一下子就把我的提款卡吃了，我還來不及任何操作，也沒有打它一下下，螢幕上只出現一個信息說，機器故障，請就近到觀音山營業廳辦理。

此時十二點，我必須趕往機場，沒有空處理這件事，先到櫃台去給手機充值再說別的。到機場劃位過安檢到登機口等候，再通知媳婦聯系銀行客服電話通報掛失止付，帳戶內存款數額正常。

班機晚了一個點，這是中國民航的家常便飯了，五點平安降落青島，內弟專車來接我，已經等候兩個點。五點半上車，往常走青銀高速公路只需五十分鐘就到丈母娘家裡，誰知晚上到達收費口，居然封閉，上不了高速，只好轉往國道及省道，一連上了四個收費口，統統封閉，不得其門而入高速，只好走下路，繞行一百五十分鐘終于到家，進屋吃晚飯已經八點正，我看倒像是吃夜宵了！

內弟特意買了一條殺好的土狗，本來早上要親自操刀切肉的，九點一聽我的証件過期來不了，把刀子一扔不干了。十點又聽我照原訂時間出發，媳婦就接手把狗肉切好了，晚上的狗肉分成兩鍋，一鍋是水煮的，一鍋是慢火燉出來的，我就愛吃那燉的狗肉，這鍋好！

回想今天的行程，種種不順心的情況不約而來，甚至差一點取消原訂行程，首先是台胞証過期，當場嚇死寶寶了，我活脫脫就是一個呆胞。其次是身上只有一百元人民幣，去到提款機取錢，卻無緣無故吃掉我的卡片，自然是取不到一文錢。再來是班機好好的不起飛，說是受到流量管制，硬生生晚點一個小時。最后是行車走高速公路很穩妥很快捷的，偏偏封閉收費口，上不了高速，花費三倍的時間才能到家，這些種種分明就是中國人要來欺負台灣人！

第二天是給老丈人上墳燒紙的日子，這天早上十點內親外戚陸續到達，用紙糊了一座三層的樓房準備燒化給丈人受用，十二點全部人員二、三十號人由家裡步行出發，就在村子口過馬路的一片墳地，有上百座土堆及墓碑。老丈人的墳是一座墓堆，還沒有立碑，五個女兒趴在墳堆上哭墓，哭聲悲泣，催人淚下，其他子孫圍著墓堆燒紙及掛墓紙。

時值深冬，草木枯干，冥紙一燒，風助火勢，立時向下風處蔓燒開來，劈里啪啦……火勢一發不可收拾，將枯草燃燒一空而去。十二點半，待火勢停歇，全體人員打道回府，共進午餐，男生兩桌，女生及小孩兩桌。

第三天下午一點半，四姐的兒子帥帥從高密送我們出發，兩點半到達濰坊機場，乘坐四點的班機飛大連，劃位后過安檢時不讓通過，要我回櫃台換過登機牌。因為訂票使用舊的台胞証，登機用新的台胞証不同意過安檢，登機牌還是要改用新証件，櫃台也不能換，要打海南航空的客服電話更改，客服查証后通知櫃台改換登機牌，終于順利通過安檢，又來欺負台灣人。愛情小詩五十首，記錄每一次會面。

2017/12/16

第六十回　穿梭兩岸愛相隨

——妳情我愛五十首

老頭愛丫頭一

美名芬芳傳千里，天南海北會大連；
一見鍾情定終身，大手小手向前走。

2011/03/25

老頭愛丫頭二

再度相會大連城，如魚得水盡歡顏，
百般綢繆猶未盡，難分難捨淚雙垂。

2011/05/12

老頭愛丫頭三

再三相聚度蜜月，妳儂我儂情意濃；
妳的名字叫大膽，敢把哥哥領回家。

2011/08/19

老頭愛丫頭四

妹妹為愛走千里，北雁南飛廈門見；
恩愛纏綿夜繼日，忍將哥哥累彎腰。

2011/10/28

老頭愛丫頭五

五福臨門重聚首，鳳凰于飛又十日；
一家三口回山東，拜見爹娘笑顏開。

老頭愛丫頭六

臺灣選舉總統日，夫妻團圓恩愛時；
攜手龍年迎新春，三口之家過大年。

2011/12/15

十個月中五度飛，愛妳愛進心坎裡；
相親相愛只為妳，千山萬水等閒事。

2012/02/15

老頭愛丫頭七

北雁二度向南飛，投進情郎懷抱裡；
南來北往愛相隨，海誓山盟情意長。

2012/02/25

老頭愛丫頭八

相愛合體一周年，丫頭再三飛廈門；
搭船渡海接班機，老頭喜得樂開懷。

2012/03/29

老頭愛丫頭九

六十萬元訂套房，開創母女新生活；
出發時生龍活虎，歸來唯見一病貓。

2012/05/05

老頭愛丫頭十

十次飛行真情愛，回到我們溫暖家；
一家三口過端午，夜裡發炎上醫院。

2012/06/23

老頭愛丫頭十一

離別悠悠竟半載，郎情妹意慶團圓；
重逢冬至大如年，吃過湯圓添一歲。

2012/12/21

老頭愛丫頭十二

去歲圍爐我姨家，午夜佇立街道上，
冰天雪地雙耳凍，截車半天返景山；
清晨匆匆離被窩，獨自一人回賓館，
待得一家三口齊，結伴投奔外甥女。
今年除夕闔家歡，圍爐守歲我們家。

2013/02/06

老頭愛丫頭十三

離別剛滿一個月，哥哥再度踏征程，
風和日麗暮春暖，妹妹喜得樂開懷。

2013/04/03

老頭愛丫頭十四

去年端午闔家歡，深夜腹痛掛急診；
今年佳節慶團圓，粽葉飄香滿屋宇。

2013/06/12

老頭愛丫頭十五

前年全家回山東，爹娘接見五女婿；
送紅包千裡挑一，雙親越看越中意。
今年中秋拜丈人，花好月圓人團圓；
不辭千里路迢迢，只願闔家都安康。

2013/09/17

老頭愛丫頭十六

離別僅僅十七日，重回我們溫馨家；
妳情深深意濃濃，歡天喜地迎回家。
國恩家慶雙喜抱，光輝十月多燦爛；
夫妻恩愛閨女歡，三口之家樂悠悠。

2013/10/10

老頭愛丫頭十七

歲末已過耶誕節，收拾行李把家返；
媳婦閨女望眼穿，深夜機場接回家。
手牽手一起跨年，歡歡喜喜過元旦；
新的一年新希望，老小姑娘展笑顏。

2013/12/27

老頭愛丫頭十八

離開短短二十日，迫不及待回大連。
三年之內十八飛，見証我倆情意長；

老頭愛丫頭半生，丫頭愛老頭一世。
又到除夕連春節，守著愛巢守著家；
快樂幸福常相隨，為情為愛為將來。

2014/01/25

老頭愛丫頭十九

相愛三年又三天，甜甜蜜蜜歡笑多；
買套小房建個家，從此三口一家親。
媳婦身心得滋潤，容光煥發青春返；
閨女生活樣樣順，脫胎換骨展新貌。

老頭愛丫頭二十

慶生日四十有五，不辭千辛和萬苦；
哥哥飛萬水千山，妹妹張雙臂歡迎。
為將玉體交情郎，八年沉疴一刀除；

2014/03/28

攜手真心度一生，愛的路上我和妳。

2014/06/28

老頭愛丫頭二十一

中秋月圓人團圓，花前月下影成雙；
每逢佳節倍思親，飛越千山和萬水。
姨父家裡團圓飯，四個家庭十二口；
鮑魚海螺加餃子，三代同堂慶佳節。

2014/09/05

老頭愛丫頭二十二

大連對台自由行，辦妥証件啟程行；
飛抵廈門轉金門，丫頭首次回家門。
老頭渡海接飛機，身兼帶路和導遊；
歡天喜地兩口子，夫妻雙雙把家返。

2014/10/17

老頭愛丫頭二十三

老父病危周一返，周三凌晨歸塵土，
上午火化下午葬，五女二子葬父親。
子欲養而親不待，盡孝道全歸母親；
春節過后花開時，奉養老娘到大連。

2014/12/27

老頭愛丫頭二十四

離開相隔四十天，發的重返我們家，
愛巢三度除夕夜，圍爐守歲慶有餘。
相愛三年十一月，攜手共建愛之巢；
安身立命同相守，一家和樂享太平。

2015/02/13

老頭愛丫頭二十五

離別百日再回家，粽葉飄香櫻桃熟；
新居喬遷三週年，順風順水小日子。

喜得媽媽來孝敬，承歡膝下享天倫；
三代同堂四口人，笑逐顏開樂悠悠。
我姨今年七十一，子媳兒孫繞膝下；
欣逢華誕盛家宴，媽媽高壽長六歲。
六月第三星期日，正是中國父親節；
姑娘招待吃火鍋，扶老攜幼上華南。

2015/06/12

老頭愛丫頭二十六

侄兒搭機過海來，避暑度假個把月；
又喜奶奶同屋簷，祖孫作伴好還鄉。
回家看望丈母娘，千裡挑一五女婿；
看過閨女娘寬心，機場送行兩口子。

2015/08/14

老頭愛丫頭二十七

大連媳婦再來家，千里單騎自由行；

飛抵鷺島轉浯島，依然開心又圓滿。
今年中秋份外明，一輪明月佳人來；
國恩家慶半個月，樂得老頭笑開懷。

2015/09/26

老頭愛丫頭二十八

冬至聖誕連元旦，老公返家半個月，
一家團聚樂呵呵，媳婦閨女樂歡顏。
看我姨心痛鼻酸，骨瘦如柴一層皮；
表弟不慎惹禍端，家庭憑空罩烏雲。
淑雲由來護小魏，姐妹友愛情義重，
生個兒郎小立博，警界新血伸正義。
我家有女初長成，青春初度二十一，
薛家溫馨過生日，三星高照好運來。

2015/12/18

老頭愛丫頭二十九

一年容易又除夕，送舊迎新過春節，
千山萬水半日回，一家歡聚愛巢裡。
五度闔家共圍爐，不堪回首第一年，
飄泊流浪寒風中，立下宏願購愛巢。
功夫不負有心人，半年之內購套房，
交過首付再按揭，爭取早日能兩清。
有家有愛底氣足，不知房奴為何物？
我姨見背二十日，除夕圍爐少一人。

老頭愛丫頭三十

北雁成雙東南飛，如花姐妹回家門，
攜手同登鼓浪嶼，燒香禮佛南普陀。
春雨綿綿到金門，成天窩在自家裡，

2016/02/05

雛鳳先行返東北，老鳳歸程晚六日。

2016/04/22

老頭愛丫頭三十一

過完春節到端午，返家一周粽子香，
閨女贈鞋父親節，衷心愛著她爸爸，
正逢櫻桃盛產時，產期前后個把月，
看望朱姐初染恙，健康活著真是好。

2016/06/04

老頭愛丫頭三十二

中秋看望丈母娘，一家三口會青島，
皓月當空人團圓，四代同堂共賞月。
忽遇颱風來攪局，提早一日渡過海，
飛機也怕風來吹，明晨班機今晚飛。

2016/09/14

老頭愛丫頭三十三

大連分別僅八日，分別的人盼重逢；
我倆重逢金門島，夫唱婦隨影不離。
千里單騎個人游，北雁南飛回我家；
中秋颱風留痕跡，攜手同心掃家園。
嬌客遠從東北來，接風宴不亦樂乎，
呼朋引伴哥倆好，會須一飲三百杯。
十一國慶到雙十，光輝燦爛慶十月；
一海之隔同歡騰，海峽組合真是棒。

老頭愛丫頭三十四

平安夜良人歸來，慶團圓闔家歡喜；
迎進聖誕老公公，正是我家男主人。
五度跨年樂逍遙，迎接曙光第一道，
旭日初升東方紅，萬丈霞光耀神州。

2016/10/03

表弟盛情擺家宴，元旦三家合一桌，
品海樓上享美食，座中獨缺我姨媽。
返家十日匆匆過，離別之日霧霾起，
遮雲蔽日亂航班，憑空晚點兩小時。

2016/12/24

老頭愛丫頭三十五

小年夜飛回愛巢，送灶神天庭述職；
隆冬歲末辭猴年，團圓守歲迎金雞。
六度圍爐在大連，權把異鄉作故鄉；
家人喜接財神爺，紅包拿來喜洋洋。
天有不測風和雪，大雪紛飛落大連，
地上積雪十公分，班機起降受延誤。
更加金門船客滿，望海興嘆阻行程，
打道回府暫歇腿，重新出發待明日。

2017/01/20

老頭愛丫頭三十六

天南海北異地戀，見証海峽真情愛，
愛情長跑六年整，千里迢迢只等閑。
南來北往飛不停，收官飛行三十六。
一朝開花結成果，修得百年共枕眠。
分進合擊會瀋陽，快馬加鞭一上午，
驗証登記結婚証，夫妻恩愛成雙對，
無証駕駛好幾年，親友笑問領証沒？
一戳軟肋沒底氣，今朝轉正揚眉笑。

老頭愛丫頭三十七

早搭飛機午乘船，五度快樂返家門，
苦苦等待六年多，功夫不負有心人，
夫妻攜手戶政所，婚姻簿上咱登記，

2017/02/24

一朝名正則言順，天南海北一家親。

2017/05/12

老頭愛丫頭三十八

相隔兩月啟程行，再次往北度蜜月。
大約夏季返家門，三口之家樂陶陶。
班機落地大連夜，捧破兩瓶高粱酒。
舊疾復發左腳腫，乘坐輪椅上飛機。

2017/07/21

老頭愛丫頭三十九

艷陽高照秋老虎，我的媳婦返家門。
十一國慶連秋節，過完中秋雙十節。
三場喜酒三家宴，親朋好友俱歡顏。
正宗北方嚐麵食，媳婦手藝人人誇。

2017/09/27

老頭愛丫頭四十

丈人辭世三週年，五女婿上墳燒紙。
六年愛情修正果，五姑娘墳前拜爹。
出門台胞証過期，行程本想就取消。
幸好護照未過期，變通改走落地簽。

老頭愛丫頭四十一

束裝返家過春節，千里迢迢半日歸。
送走六個除夕夜，今朝迎接狗來旺。
家有二狗看門戶，閑雜人等切莫入。
姑娘她娘本命年，今年肯定一路發。
一場大霧從天降，船班只能停開停，
千算不如老天算，困在碼頭行不得！
開船延遲三小時，趕到機場換改簽，

2017/12/19

一點班機換五點，午夜回到溫馨家。

2018/02/10

老頭愛丫頭四十二

清明時節雨紛紛，母女結伴東南飛，
落地廈門轉金門，回到她哥她爹家。
夫妻領証只一年，無証駕駛達六年，
守得雲開見日出，黑戶從此見天日。
落地簽停留十天，打道回府十二日，
通行証先辦簽注，入台証再度入境。
醫院體檢夠合格，海基會認証良民，
依親居留能長住，不須再用入台証。
居留証順利到手，端節配酒也有份，
車船卡免費乘坐，住滿半年健保卡。

2018/04/03

老頭愛丫頭四十三

見識台灣選舉風，萬箭齊發對準他，
名曰東北試釀案，偷運酒麴才是真。
全縣頭家齊發怒，萬箭穿心不容情，
多行不義必自斃，選民起義換新天。

2018/11/30

老頭愛丫頭四十四

又逢過年時節到，歸心似箭返大連，
連續八年趕春運，樂此不疲向北飛。
屋外是冰天雪地，室內溫暖勝春天，
山珍海味年夜飯，老少紅包人人歡。

2019/01/25

老頭愛丫頭四十五

離別半月愛相隨，北雁南飛金門見，

情深意長兩口子，朝朝暮暮兩相投。

2019/02/25

老頭愛丫頭四十六

媳婦報名考駕照，奮戰兩月考四次，
駕照到手訂機票，一路送她回大連。

2019/06/06

老頭愛丫頭四十七

往北避暑返大連，三月之后回金門，
老頭丫頭重聚首，攜手同賞中秋月。

2019/09/05

老頭愛丫頭四十八

丫頭返金三個月，先往山東看老娘，
再回大連看姑娘，專等老頭過新年。

2019/12/02

老頭愛丫頭四十九

臘鼓頻催壓年線，老頭連夜飛大連，
回到我們溫馨家，歡天喜地過大年。
喜滋滋迎接家人，丫頭深夜暖被窩，
妳儂我儂情意濃，美夢成真在眼前。

2020/01/22

老頭愛丫頭五十

風雲變色起疫情，夫妻離別三個月，
東方雨歇西方驟，全球警鐘響不停。

2020/05/01

備　註：

二〇一一年三月十五日我的大連朋友朱軍女士，介紹她的鄰居魏美芬女士與我在電話中認識，十天后我飛往大連第一次見面，一見鍾情。小老頭我五十七歲，小丫頭她四十二歲。每次會面寫下一首小詩，九年來剛好五十首。美國孫子周歲返金，兩歲再度回來金門。

第六十一回　美國小少爺再度回金門

為了迎接小春和他媽回來，姥姥和姥爺像去年一樣，把二樓的主臥房騰出來給他們娘兒倆使用。我們搬到三樓的主臥房去，等他小姨月底回來看他的時候仍舊住二樓原來她睡的那間房，前一晚我們已經入住三樓去了。

三月二十日（周三）上午十一點半，小春和他媽從桃園市龜山出發，他大舅開車送他們去台北松山飛機場，坐下午一點半的班機，二點半降落金門尚義飛機場，他大姨開車去接他們。三點十分回到家裡，阿公立刻馬上從上班單位趕回家看他，睽違一年再見，他有些怕生還不肯讓阿公抱一抱。小春比去年更好玩了，他大姨特地從家裡帶來一個癟了氣的籃球給他玩，他一進屋來就玩得不亦樂乎，他會叫姥姥，也會叫阿公，真是討人喜歡。姥姥煮了一碗蝦仁麵線和幾塊豬腳讓他們小吃一點，阿公拿出兩個紅包給小春玩。

阿公下午下班回家和小春吃過晚飯，小春媽在家洗碗，六點二十，阿公和姥姥帶著小春去運動場散步，他媽說讓他去放放電消耗體力，晚上好睡覺。小春用袋子拖著一個球和一瓶水走，到運動場后三個人先踢球玩了好一陣子，再繞著跑道跑了一圈。在跑道上走路的婆婆媽媽看見小春，都來逗他玩，直誇說混血兒真漂亮，他自個兒也樂呵呵的跟人家打招呼。一圈下來小春都跑出汗了，喝過水就爬階梯上觀眾席和司令台，他跑得可歡了，也不知道疲倦。七點十分回家，小春進屋找不到媽媽，又走出大門喊著媽媽，夜晚他特別想要媽媽，姥姥只好把他抱進屋裡，一會兒媽媽買東西回來他才高興地又說又笑。

隨后媽媽帶他去洗澡，進到衛生間時他的腿軟委頓下去，額頭磕到門上把手，痛得他嚎啕大哭，額頭腫起來好大一個包，真是叫做入門喜了！洗完澡換上姥姥帶回來的藍色睡袍，尺寸大小還挺合身的，小春快滿兩歲了，這睡袍可是三歲的尺寸，剛剛好。然后他媽也換上新睡衣，大小也很合身。

次日一早六點多，小春就起床了，待在床上看他的卡通「阿莫」，七點半，四個人一起吃早飯，姥姥煮了兩碗麵線，蒸了兩盤雞蛋糕。小春愛吃雞蛋糕，吃著吃著就自己說，謝謝姥姥，三個大人聽著都樂了，都說小春好棒，小春也樂得自己拍拍手。拍完手他又說了一句，謝謝阿公，三個大人又樂了，一起給他拍拍手，他也樂得自己拍手。小春真是我們家的開心果，我們都開心，他自己也開心，人見人愛，花見花開。

吃完早飯，小春他媽和姥姥用推車帶著他走到同安渡頭，看了一會退潮后的海邊景色，再走到小春媽表姐在民生路上第一天開幕的牛角麵包店，排隊買了一盒十個麵包，還引起記者過來採訪姥姥。等到走出店門口，聽完姥姥字正腔圓的中國東北口音，那位記者又追出來要求姥姥再說一遍剛才採訪的內容，呵……呵……真是有趣。

這兩天阿公要抱小春的時候他都不肯，不是轉過身去，便是說NO，我就問他WHY NO?等我問過他幾次WHY NO?他自己也會說WHY NO?拿東西給他吃的時候問他what's that?他總是回說ice cream這一句，其實我並沒有拿給他冰淇淋。叫他kiss me，他倒是喜歡給你樂呵呵的親一下。現在小春每天一早不停的SAY NO，已經成了他的口頭禪，他的語彙裡面還不會SAY YES，SAY HELLO，這也難怪他了。小春第一天回來都不肯給別人抱，第二天就願意給姥姥抱了，而且，他這一回不但長個子，也長脾氣了，不像去年那般溫順。

晚上和小春吃過晚飯，六點我們倆又帶著他去運動場活動，他媽留在家裡刷碗。可是，一到運動場，小春的表現跟昨晚截然相反，不跑也不踢，只要姥姥抱抱，不踢球也不跑步，完全沒有了昨晚的那股勁頭。我們推敲可能是他昨晚放電放過頭了，今天腿腳無力，還沒有恢復過來，才會那麼沒勁。在跑道上走路的婆婆媽媽又來逗他玩，說他好漂亮，他還是跟人家玩得好開心。大部份時間都是姥姥拉著他走幾步路，六點半姥姥就帶他回家了。我便開始在跑道上由外向內走了五圈，二千三百公尺走了三十分鐘，走了三千步，七點下課。

隔日中午邀請丕哥和小雪、董天錫伉儷一起來家裡吃碗麵疙瘩，十二點準時開動，他們都能喜歡麵食，也不喝酒。煮了一大碗的疙瘩湯，一碗白菜豆腐魚湯和三十個餃子，六個小菜是萵筍、醃蘿蔔、花生米、豬頭肉、梅干扣肉、青蒜五花肉，一小時后全部吃光光。

小春今天最怕羞，不肯坐上自己的寶座，撲在媽媽的懷抱裡不敢見人，還要媽媽抱到沙發上去坐。我們吃了一會兒，丕哥就到他的車子裡去拿了一個玩具來給小春玩，這下子他就開心了，才肯和他媽過來跟我們一起吃飯，有說有笑還唱起兒歌、背起英文字母來，哈……哈……真是小樣的。原來書上說，小孩子兩歲是第一段叛逆期，還真的是這樣子呢！

周末吃過早餐在家裡泡茶，我們三個大人喝茶聊天的時候，小春在旁邊跑來跑去玩耍，好不開心！他穿著大人的拖鞋走幾步后就高高的踢上去，我們給他吆喝助威，他可來勁了，踢了十幾回。小春媽趁著他開心的時候叫他給姥姥kiss，他興匆匆地跑到姥姥身旁親了一下臉頰，我們給他拍手喝采，他也開心的自己拍拍手。他媽又鼓勵他給阿公kiss，他也樂呵呵的跑到阿公身邊親了一下臉頰，我們都給他拍拍手叫好，他也自己開心地拍手起來。姥姥說，感謝我們家的開心果，陪我們一起度過快樂的周末。

由于春雨綿綿，小春連續兩天沒有出門放電，悶在家裡都快要冒出火花來了，牛脾氣隨時一點就著，只能順著他的毛捋一捋。周日早上十點半，小春媽冒著毛毛雨，打傘把小少爺揹出門去消消火，好佳在，老天爺一時看見了就不下雨。從金城的西門揹到東門，在臨時菜市場內，碰見前天來我們家吃麵疙瘩的小雪、董老師伉儷，真是人生何處不相逢。午餐就在小吃店裡點了一份炒麵吃，回程時帶著小春走回來，偏偏他是走兩步退三步，走到家已經下午兩點了。

周一早上十點多，小春媽冒著小雨，打傘又把小少爺揹出門去，好佳在，老天爺眷顧，一會兒就不下雨了。從西門揹到南門的體育館，可是由于在整修中，封館進不去，只能轉到附近走一走，到一家商店買了一些塑膠的小球和球棒，十二點回家吃午飯。一進門來，小春先玩起打棒球來，可開心了，不愧是芝加哥職業棒球小熊隊的忠實粉絲，跟他爸爸、他爺爺同一掛的。姥姥說，小春媽真是用心用力地照顧孩子，小春又聰明又好動，照料好他的生活起居已經不簡單，更是全心全意地做好幼兒教育，循循善誘，導正好他的喜怒情緒。

周二早上總算放晴，太陽露臉了，小少爺九點多就陪著媽媽和姥姥出門去，從同安渡頭的海濱小道往南走下去。可是，有手推車他不坐，情緒顯得很不愉快，偏偏要他媽抱著走，一路走到南門的體育館后面的縣立運動場，玩一玩他帶的球之后，再走往東門菜市場。買好豬肉牛肉，他媽就領著走巷子，走過北門經過基督教堂，正當綠燈過馬路時，小春要下來自己走路，可走到一半卻杵在馬路中間不肯走了，一個勁的發牛脾氣，他媽好說歹說也不走，只好抱起他過馬路。回到西門我們家已經十一點，姥姥回家做飯，他媽又帶小春去巷子底玩那些遊樂設施，直到阿公回來吃午飯之前，他們才回家。姥姥說，小春媽帶孩子真是有愛心又有耐心，遇到小春鬧情緒的時候，總是用勸告和說道理的方式勸導他聽話。

晚上邀請薛金福、薛天發、薛芳萬三位宗親來家裡吃餃子和韭菜盒子，六點準時開動，大家都不喝酒、純喫飯，七點半之前散場。十一個韭菜盒子四十個餃子，各剩四個，他們也喜歡麵食，尤其是芳萬，他說他是軍人，特別愛吃麵食，但是現如今很少能夠吃到正宗的麵食了！還有一大碗酸辣湯，六個小菜是醃蘿蔔、黑木耳、豬頭肉、豬皮凍、香腸炒豌豆、蝦仁炒西蘭花。小春吃到一半就吃飽坐不住了，要他媽帶他出去玩，我們散場的時候，就把剩餘的韭菜盒子請芳萬帶回去，給萬嫂品嘗一下。

周三早上小春知道要出門，高興得不得了，顧不上鞋子襪子還沒穿好，就三番兩次地衝出大門，他媽只能一而再地把他拽回來。十點正他大姨開車來拉他們，先去珠山看他媽的伯母，她伯母給小春好多餅乾，他才肯進去屋裡；然后去沙美看他媽的嬸婆，她嬸婆給小春一個紅包，他也不客氣地收下。回來時下午一點正，還沒進門之前在巷子口小少爺就嚎啕大哭，本以為是鄰居家的孩子呢？因為院子大門沒關，一進客廳大門，那哭聲更是驚動天動地的響徹耳際，他媽不知怎麼哄的？三下兩下竟然就悄沒聲息了，硬是要得！姥姥甚是誇獎小春媽，說他媽對待孩子總是不打不罵，只告訴他什麼是不對的，堅持要他改正。

小春下午睡了好長的午覺，我五點回家之后他才下樓，吃過晚飯，六點五十小春帶著我們去運動場。今晚他的精神和體力完全和上周三回來的第一晚一樣，又跑又跳的，雖然沒有在跑道上奔跑，但是在跑道旁的走道上不停的跑來跑去，又在觀眾席和司令台的階梯上爬上爬下好幾回。姥姥在他身邊看著他，阿公在跑道上走了六圈半小時，直到七點四十我們才班師回朝。來家后他又興致勃勃地玩小籃球灌籃、小棒球打擊、擲飛盤好一會，他媽才帶他去洗澡，洗完澡就乖乖坐在沙發上等著姥姥的奶……奶……。喝完鮮奶一會兒，媽媽來領他上樓睡覺，先叫他跟阿公kiss一下，再跟姥姥kiss完了，就說晚安，開心的上樓去睡覺。姥姥樂得直說，我們家的開心果，給我們帶來無盡的快樂！

小春這幾天來最愛說的一句話是，吃飯買菜出去玩，周四早上九點就領著他媽一路走到莒光樓下湖畔的遊樂場晚耍，十點半他大姨去載他們到山外辦事情，完了在街上隨便吃過中飯才回來，到家已經中午一點，正好趕上小少爺的午睡時間。晚上飯后六點小春帶著籃球領我們去運動場玩，今晚的體力和精神都不如昨晚，走路丟球很開心，但是不跑不跳也不爬階梯。而且天一黑下來，就開始念著媽媽……媽媽……，我們知道他想要媽媽，六點半我們就一起撤了，一回家看見媽媽，他立馬笑逐顏開，衝過去要他媽抱了。

周五早上我跟小春媽說，小猴子，生日快樂。今天三二九是妳四十歲的生日，中午應該慶祝一下，吃一頓小魏姐做的美食，喝杯小酒。姥姥說，金門的傳統習俗是怎麼過生日的？請你告訴我，讓我來準備飯菜。中午吃飯時小春也會說，生日快樂，他媽說，小春說的意思其實是要吃蛋糕。我們就教小春說，生日快樂吃蛋糕，聽過幾遍之後小春也會自己說，生日快樂吃蛋糕，大頭的學習能力真是一級棒！小春媽說「好酒好菜又有家人在身旁，最幸福的樣子大概就是這個樣子了，謝謝阿公、謝謝姥姥。氣象預報說四月四號有雨、四月三號晴天，我和小春想要買三號下午四點半的機票，你以為如何」？阿公說生日快樂，就是要吃蛋糕。妳們要買三號下午的機票也好，下雨天出門很不方便。

周末吃早飯的時候，姥姥的手機有視頻電話進來了，小春一聽見鈴聲，立馬就預報，溫馨。我們三個大人一聽就笑了，呵……呵……大頭不但聰明，而且反應迅速，他大概是知道溫馨今天要回來看他了。雖然姥姥接聽電話是姜姥姥打來的，而不是小姨溫馨打來的。小春連續三天都領他媽到莒光湖畔浯江老人會門口的遊樂場玩耍，今天照舊，他們九點出門，他媽一路抱著小春拉著小春走到那裡，要花四十分鐘。十點過后我們出去查崗，剛一走近他們娘兒倆，小春立刻叫，溫馨。可是，當他抬眼一瞅是姥姥，馬上改口喊，姥姥，這反應之快真是沒的說了！等他們再走一趟路回到家已經十一點半，姥姥把飯菜做好了。

下午五點半，溫馨來家見到小春，可是他怕生，第一回見面也不肯給溫馨抱一抱，溫馨先拿出兩盒子玩具給他玩，一個是積木拼圖，一個是智能機器人，這兩樣他都愛玩，還給他一個紅包。吃晚飯時小春給姥姥和阿公kiss一下，還是不肯kiss溫馨，飯后三個人領著小春帶上籃球去運動場，他媽留在家裡刷碗。走到巷子口，小春看見地上用紅漆噴著兩個英文字母就不走了，告訴溫馨說是SO，一點也沒錯，呵……呵……他現在不但會背二十六個字母，還會認得出字母呢！到達運動場之後，他玩得可歡了，玩過半個小時才打道回府。

周日早上八點半，小春又和他媽出去上班了，九點過后姥姥和阿公去查崗，他正在玩得不亦樂乎，今天玩耍的小朋友只有十幾人，比昨天早上要少掉一半。我們回家之后呆到十點半，阿公和他小姨又去查崗，順便帶他們回家，但是，遊樂場上偏偏找不見他們倆，就是來回的路上也沒有遇見。直到十二點小少爺才回家，原來他們在回家的路上，不走大街專走小巷，拐彎抹角的，一路上彎彎曲曲地走回家。因為丕哥帶來四杯咖啡請我們喝，又陪我們一起吃午飯，小春前幾天見過丕哥，還拿過丕哥送的玩具，他就不會怕生了。飯后姥姥和溫馨搭丕哥的便車去山外昇恆昌百貨公司大血拚，然后娘兒倆再坐公車回家，都已經下午三點半了。

周一晚上六點，邀請老同學李錫宗來家裡吃炸醬麵和韭菜盒子，睽違一年不見，難得他從台灣回來金門，原以為他會和他太太一起來的，誰知他太太身體不適而缺席。正好我的美國女兒薛博儀帶她兩歲的兒子小春回來十二天了，大連女兒溫馨也回來兩天，她是專程回來看小春的。去年這時節溫馨回來已經見過李錫宗，昨天她還說起去年李錫宗送給我們的那款鳳梨酥真好吃，又酥又脆，叫作微熱山丘，虧她還能記得廠牌的名稱呢。

吃飯一個小時而已，每人一盤炸醬麵，還有八個韭菜盒子，麵皮都是姥姥自己手擀的，又Q又有彈性又有咬勁。還有一大碗蛤蠣海藻豆腐湯，六個小菜是花生米、黑木耳、醃蘿蔔、豬頭肉、香腸炒豌豆、花生拌芹菜。

可是，我們吃完聊天的時候，小春拿著小球要爺爺李錫宗跟他丟球和滾球，李錫宗就跟他玩得很開心。他說自己女兒也有一個三歲的兒子，有時候也會送來給他們帶幾天，所以他知道這種聰明又好動的孩子，就是喜歡有人跟他一起玩耍。小春玩球玩得可歡了，最后還要玩擊掌和kiss，挨個的擊掌，從爺爺開始、到溫馨、再到媽媽，到姥姥、再到阿公，一個也不落。然后是挨個的kiss，也是從爺爺開始，直到阿公為止，我們陪他整整玩了半個小時，他玩得那個開心啊！當他玩得開心的時候，我就喊了一聲「大頭」，他立刻馬上做出一項標準動作，也是條件反射，拿手拍拍自己的頭頂幾下，告訴人家這就是他的大頭所在，那可是屢試不爽的。

這一趟專程飛來看小春的溫馨，前後只停留四天，很快的，周二下午又要獨自往北飛了。中午我騎車載她到金門碼頭，坐十二點半的船出發，一點半到達廈門飛機場，坐兩點半的班機恰恰好，五點半落地大連，六點半回到溫馨的家裏。她到家之后睡覺之前發來一個此行的紀錄——快樂金門行，短短四百字記述了自己的感受。小春媽看完這一條信息也說「溫馨又年輕又漂亮，她總是耐心的陪著小春玩，真是謝謝她的專程到來」。

同樣快的，是小春在周三下午也要飛回台北去，他回來看阿公和姥姥剛好是整整兩周了。有小春在的日子，真是歡聲笑語滿屋宇，一個小屁孩的熱鬧可以抵得上三個大人的能量，特別是小春生的好長的好，他媽又是把他養的好教的好，一個好苗子，更需要一個好園丁，才能相得益彰。溫馨稱讚小春的教養堪稱「完美小孩」，是又聰明又有禮貌，有他的地方就少不了歡樂，說的正是。

四月三日（周三）下午三點，小春和他媽從家裡出發，他大姨開車送他們去金門飛機場，坐下午四點半的班機，阿公也回家來看一下小春，在門口拍幾張照片。班機五點半降落台北飛機場，他大舅開車去接他們，八點回到桃園龜山家裡。他們走后，他姥姥說，小春和他媽離開讓人心酸酸的！說著……說著，眼淚就掉下來了。三歲孫子回金門，姥姥不在吃不好。

2019/04/04

第六十二回　美國小少爺三度回金門

二〇一九年十一月下旬，小春媽說她們訂好兩個月后機票，要從美國回來台灣過春節，在台灣停留兩周再回金門看望春春的姥姥和姥爺。因為姥姥過幾天要離開金門，就先把小春的臥室及日用品都準備妥當了，然后姥爺在二〇二〇年一月二十二日也要去東北的大連過春節，停留一周才回金門，姥姥要過完元宵節第二天才回來。誰知一月二十三日小年夜突如其來的武漢封城，猶如敲響一記警鐘，神州大地一片山雨欲來風滿樓，鼠年的春節由于新型冠狀肺炎突然肆虐，疫情發展迅猛，由武漢向全國蔓延，過年因此籠罩在一片驚疑惶恐、忐忑不安的氣氛下，顯得非常的不平靜。害我差點兒都回不來，好不容易踏上歸途如期回到溫暖的家，我便提筆寫下一篇《差一點被隔離起來》，十天后在《金門前鋒報》刊載出來。

二月五日金門縣長召開記者會強烈建議台灣中央，從第二天起開始關閉小三通金門與廈門之間的船班，阻絕大陸疫情向金門傳播。雖然台灣沒有回應，但是，關閉的可能性只會越來越大。姥爺便和姥姥商量一下，原訂二月九日回程要不要取消？主要顧慮是姑娘獨自一人面對未來疫情發展，是不是妥當呢？雖然姑娘沒有什麼意見，我們還是不忍心扔下她一個人應對未知的疫情變化。二月七日上午金門縣長再度召開記者會要求關閉小三通的船班，下午四點半，看到最新的消息，台灣宣布自二月十日起暫停小三通金門與廈門之間的船班，果然不出山人意料之外。這是第二次關閉小三通，二〇〇三年非典的SARS期間為第一次關閉，兩個月之后復航。

雖然人心惶惶、緊張萬分，但是，目前金門沒有疫情，生活作息一切照常。而大連有疫情，實施半封城的封閉式管理，生活作息步步緊縮。因此，當天晚上我跟姑娘說「我這邊一如往常是平常時期，妳那邊疫情緊張是非常時期，必須以妳的需求作為主要考量。妳媽留下來陪在妳身邊，一方面在心理上可以安定，二方面在生活上可以方便，三方面屋子裡有個人作伴，因此，老爸決定后天妳媽的行程取消，留下來陪妳一起抗擊疫情，不往廈門飛、不往金門走了」！姑娘說「我老爸犧牲自己，一心為我考慮，真是叫我感動得無以言表！愛你」。

我隨后告訴人在台灣的小春媽，小魏姐不回來金門了，問她什麼時候可以回來？第二天下午她說「機票買好了，明天下午立榮航空，三點半起飛，四點半到達」。這下子小帥哥要回來看他姥爺了，但是只能在視頻裡面看姥姥。小魏姐說「薛博儀，晚上好，聽老爸說妳們明天就要回金門，給老爸開心壞了。不好意思，這一次為了我，讓妳的行程有些打亂，要不是為了溫馨，也許我跟老爸一起回金門了，也就沒有后邊的麻煩事啦！可是在春節闔家團聚的節日，溫馨從小生活在一個不是很幸福安定的家庭裡，我跟老爸同時離開家，怕她會很失落，所以安排老爸先走，等元宵節過后我再回金門。

可是天不遂人願，偏偏又發生傳染性極高的疫情，最近一個星期我們一直都在糾結，我是走還是留？昨天還是老爸拍板決定的，讓我原地不動留在大連。因此這一次妳跟春春回到金門，只能留下一個美好的遺憾，期待著下一次回來再相見嘍。出門帶太多東西不方便，金門家裡有我回大連之前，給春春準備好的洗澡浴巾和小被子。還有在家做飯需要什麼東西時，帶著孩子出去買不方便，一定要告訴老爸去買，他雖然不會做飯，但是採購東西還是很不錯的。祝妳跟春春明天開啟快樂的旅程，歡歡喜喜回到自己家」。

二月九日下午一點半，小春媽說「我們現在坐阿樸的車，從龜山出發」。四點五十小春媽說下飛機了，正在等行李。五點二十小春到門口，我出去看見了，雞雞歪歪的，她大姨說剛才下車時不給他關車門就生氣了。春媽說他沒有睡午覺，他不爽啦！進屋后我拿三個紅包給他，阿公一個、姥姥一個、溫馨一個，小春也拿出一個紅包給阿公。我晚上六點出去吃喜酒，八點半來家，特意帶兩個胡椒包／肉夾饃給春媽吃，這個金門傳統菜色她也喜歡，她們晚上出去隨便吃一個炒麵，小春喝完奶奶去睡了。小春媽說「我們睡在舒適的房間裏頭，裡面什麼都準備好了，謝謝姥姥、謝謝阿公」。溫馨說春春隨姥爺，我說小春有姥爺四分之一的血統，他怎能不隨他姥爺呢？

夜裡十一點，一樓飄出香噴噴的味道。因為我走路完了去超市給小春買一瓶百分之百的柳橙汁，看見生蔥及老薑就買回來。從十點半燉上排骨，加上一點枸杞、紅棗、當歸，燉上四十分就關火，明天早上春媽跟春春醒來就有香噴噴的排骨湯喝了！

第一天早上小春和他媽出門去溜達，到小吃店吃一碗廣東粥，搭配油條及燒餅，回味一下傳統的家鄉口味，小春對油條特別有胃口，吃得津津有味。晚飯后陪阿公去運動場走路，碰見熟人都喜歡他。姥姥說小可愛出去放電兼吃美食，真是一舉兩得。第二天小春和他媽早上去菜市場買菜，順道吃一碗肉羹麵，齒頰留香。晚飯之后先陪阿公去運動場，完了阿公回家，他還要去附近溜滑梯玩耍。姥姥講小帥哥走到哪裡都開心，連老婆婆都誇他漂亮，還給他糖果吃。第三天早上小春和他媽出去吃早餐，吃的麵線糊加蛋餅。姥姥說小春是人見人愛，老闆娘看見他都喜歡他，送給他一支棒棒糖吃。

姥姥不在家，春春幸福少一半。小春回來三天的生活不咋地，因為姥姥遠在千里之外不能回到金門，不能照顧到小春的一日三餐，他媽要帶他還要做飯，實在忙不過來。前兩趟小春回來金門，有姥姥打理吃的睡的，舒舒服服的，他媽只管帶他出去玩耍，多麼方便啊！小春媽說「沒關係的，姥姥和小姨在大連平安健康最重要，這次少掉的幸福，下次再見面補齊就好了」。

二月十四日晚上六點半，老爸請兩個女兒帶上四個孫子去下館子，三代同堂七口人，吃一頓海鮮料理，點了一盤拌麵、一碗味噌魚湯、還有六個菜，用餐一個小時結束。給小春量一下體重十五公斤，身高九十五公分。

聽小春媽說，幼兒兩三歲的時候就會出現第一次的叛逆期，去年我還以為只是說好玩的，今年聽她又說一遍，應該是真的哦！話說小春去年兩歲的時候回來，跟前年很大的不同是，很有個性很會鬧脾氣，一歲回來的時候光知道要吃要喝，沒有個性不鬧脾氣。今年三歲他回來，幾乎跟去年一個樣子，會吵會鬧的。去年他的口頭禪是用力的說出「NO」，最愛看的平板電視是「阿莫」，而今年說得最多的是「不是」、「我不要」，最愛看的是「耶了莫」。我在院子裡洗兩件內衣，他就問我「阿公你在幹嘛」？

我回他說「阿公在洗衣服」。他就能連續一直問我十幾次「阿公你在幹嘛」？真是沒完沒了！小春跟人家打招呼時說嗨……尾音拉得好高好長，非常嘹亮，再見時說拜……也是一樣，非常嘹亮，把尾音拉得好高好長，好聽又有勁！

發展心理學，稱一到三歲的孩子為學步期，是令父母又愛又氣的階段，也是幼兒叛逆期。這是人生第一個叛逆期，父母們都深為家中那個「天使和惡魔的化身」而困惑和苦惱！學步期是幼兒轉為兒童的過渡期，就像兒童轉為成人必須經歷青少年期一樣。孩子所面對的成長壓力，其實不亞於成人的生活壓力。小人兒的心中，每天都有好幾種情緒在作怪：恐懼、害羞、嫉妒等。兩歲孩子的智能總是比體能和語言發展得快，所以孩子可能已經知道事情的解決方式，卻無法付諸行動實現。他絕非故意作對，只是處於身心遽變下的不穩定狀態；他最壞的時候，正是最需要父母幫忙的時刻。

學步期的孩子愛說「不」，因為孩子突然發現，這個簡單的字竟然可以拒絕大人的指示，這個不字也是從父母那裏學來的。孩子的反抗行為，都是在測試父母的限度。孩子表面上處處與你作對，其實一言一行都在模仿你。面對又哭又笑、情緒大起大落的學步兒，父母的身教勝過更多的教育理念。當他無法我行我素時，就會尖叫、生氣、踢人、咬人、打人。父母要知道孩子並不是連續發展，而是階段發展。

發展心理學階段，有一歲以下的嬰兒、一歲到五歲的幼兒、六歲到十二歲的兒童、十三歲的少年、十六歲的青少年，十九歲的青年、二十二歲的成年、三十歲的中年、四十歲的壯年、五十歲的初老、六十歲的花甲、七十歲的老年、八十歲的耆壽。少年是青春前期、青少年是青春後期。

原來小春兩歲說NO，三歲講我不要，都是典型的幼兒叛逆期的現象，不足為奇，那麼就不是美國阿歡，或者偏執狂的表現，可以放一百個心。春春他們一家三口小家庭，要照顧一個幼兒確實不容易，因此小春媽帶孩子的時間和精力，大概是我們那個時代的十倍或五倍。三歲之后就會越來越好，因為之前他的智能發展超過體能和語言能力，所以他有苦難言，才會愛發脾氣。中國話不是說，三歲看到老嗎？因為三歲以前是做不得準的。

姥姥說「細緻的暖男老爸，通過薛博儀，得知小春情緒波動是三歲的叛逆階段，阿公為了証實真假，上網查詢資料証實在出生幼兒、兒童、少年、青年、中年、直到老年，每個階段都會有不同的情緒變化，之前還真的不知道。多年以來只知道男孩、女孩在十五、六歲時會出現青春期，女人在四十九歲、男人在五十六歲會出現更年期」。

二月十六日下午四點半，阿如和她女兒來載我們三個人去沙美看嬸嬸，五點到嬸嬸家裡，小春提著一盒蛋捲帶我們大伙進屋看太姥姥／阿祖，開口就用閩南話說「阿祖，妳好」，太姥姥聽了樂呵呵、好不高興唷！送給他一個紅包，我們吃過一碗麵，坐了一個小時后離開。六點提前驅車到達鄉下「背貓嗑餐廳」，原來是義大利餐廳，價位不低呦！我們點完菜之后，阿如的大兒子開車載上他弟弟也趕來會合，三代同堂七口人，共進晚餐，七點開始上第一道菜是披薩，上完菜吃飽離開時八點，菜色很不錯，回到家已經八點半。姥姥說人見人愛的薛明春，本來長的就好看，加上小嘴巴又那麼甜，怎能讓人不中毒呢？

二〇一六年初我偶爾想起小女兒阿儀遠嫁美國十三年了，備嘗生活的煎熬，先前幾年除了在美國打工之外，還要流浪全球打工，冬天在北半球的美國本土滑雪場工作，還遠到北極圈的阿拉斯加，零下五十幾度的極地工作，夏天又飛到南半球的紐西蘭農場及澳大利亞的滑雪場工作。打工結束後，順道在亞洲旅遊兩趟，一次是新加坡、馬來西亞、印度、尼泊爾，一次是日本、南韓、中國、香港，終點站都是台灣。後來幾年就固定在伊利諾州的芝加哥工作，先後在長榮航空及國泰航空上班，女婿在離開大學十年之後重返校園繼續未完成的學業。

不承想，年中突然傳來好消息，女兒說她懷孕了，因為是頭胎，一直等到懷胎三個月穩定之後才敢通知我。女婿一面讀書一面工作，讀完大學後，繼續讀研究所。第二年四月產下一名男嬰就是小春，她在台灣的哥哥和媽媽不辭辛苦，飛越萬里去幫她照顧坐月子，因為美國婦女生產是不坐月子的。小春一周歲時，春媽說要帶著孫子回金門給阿公看一看，我雖然滿心歡喜，又怕路途遙遠，母子倆能承受得住旅途辛苦嗎？誰知女兒卻勇敢的說出一番豪言壯語，她說哪怕歸鄉路千辛萬苦，她即使用扛的也要把孫子扛回去給他阿公看看！台灣和美國相距一萬多公里，一趟飛機由芝加哥飛台灣十六個小時，真是難為我的女兒和孫子了，回台灣返金門停留一個半月才回程。第二趟在小春兩周歲之前，第三趟在小春三周歲前，也是停留一個半月。

今天二月二十一日，我們說好中午和晚餐都要出去外面吃飯。早上八點半小春和他媽一起出門，到小吃店買一碗肉羹麵帶去莒光湖畔遊樂場吃，老闆娘看春春那麼漂亮可愛，還特意送給他一根棒棒糖，他老喜歡了。九點半阿公專程去遊樂場查崗，他在那裏蹦蹦跳跳吃著棒棒糖吃得可歡了！給他拍完幾張照片，阿公才開心地回去上班。姥姥說「薛博儀，早上好，很快的，妳們回家十幾天過去了，這次回來讓妳辛苦啦，忙著照顧小春的同時，還得抽時間給老爸做飯吃。關於藏紅花的功效很多，主要是化血活淤、通經止痛，我就不一一說明了，查一些資料給妳細看一下。

我給溫馨用藏紅花的時候是每月例假時喝幾天，每天給沖水喝幾次，能幫助例假順利排出，效果非常好，還有其他的藥用價值，就根據自己身體的需要使用，妳參考一下我給妳發過去的資料」。溫馨說「早早就期待能夠看到完美小孩兒小春，從視頻當中看見帥氣可愛的小春，每一個細微的小動作和語言，都逗得大家前仰后合，聰明的寶貝，一年之間也長得更結實、帥氣了。遺憾的是，這十幾天沒能讓姐姐和小春吃到姥姥做的飯，姐姐忙裡忙外的做飯打掃，還要照顧小春，一定很辛苦，希望下次能彌補這個小遺憾」！

去年溫馨專程飛越千里、飄洋過海來看小春，停留四天陪著開心果，總結說他不但生的好、長的好，而且養的好、教的好，堪稱「完美小孩」。可惜今年她來不了，她媽也不能來，娘兒倆就只能在視頻中和春春說哈囉了！去年小春離開那一天，我們在門口依依不捨送他們坐上大姨的專車時，他姥姥說，小春和他媽離開讓人心酸酸的！說著……說著，眼淚就不由自主的嘩嘩掉下來了。

明天中午，小春和春媽又要踏上征程，先到台灣停留一周，三月一號飛回芝加哥。阿公捨不得你走，卻又不得不看著你走，只能改換一個說法，離別是重逢的開始，這次的分別只是下次相聚的開始囉！戀愛結婚和成熟，人生美好的過程。

2020/02/21

第六十三回　戀愛及初戀和早戀

依照我個人的看法與分法，十二歲以前或小學階段屬於兒童期，最聽老師的話和父母親的話；十三歲至十八歲或初中、高中階段屬於青少年期，最聽同學的話，其中，十三至十五又稱為青春期前段，十六至十八又稱為青春期後段；十九歲以上稱為成人，不知是否同意？

戀愛，實在是一件美好的事情，是男女異性相吸相愛最迷人、最動人的一件事情，自青少年到老年遇上了，無不扣人心弦、刻骨銘心的。初戀，是指每一個人一生當中的第一次戀愛，雖然青澀的初戀所帶給人的痛苦及快樂並不大，但是它對於每個人所留下的印象深刻、影響深遠，卻是無與倫比的，所以說最難忘的是初戀情人。然而，初戀一舉成功能夠結成配偶的機率不大，很少超過百分之三十吧！

早戀，是指初戀的時間太早了，在成年之前的青少年階段發生的初戀均屬於早戀。

早戀的特徵是來得早，退得也早，能夠修成正果結成配偶的機率更少，很難超過百分之十吧！

按理說正常的戀愛，理想時期應該是在十九歲以後的成年，因為此時個人的身體及心智各方面方才發展完成，比較具有安定性或穩定性。但是，天下事不按牌理出牌的所在多有，更何況，哪個少年不多情？哪個少女不懷春？我粗估有百分之八十的男女在青少年時期，或多或少會有早戀的事情，可見得那是無法阻擋的一種現象，因為感性往往會戰勝理性啊！

既然早戀是擋不住的現象，那又何必禁絕它？何不順勢疏導它？甚至輔導它呢？所以，在初中及高中階段，躁動的青春確實應該加以引導上正確的交友之途，結交異性朋友也是一種社交禮儀。古代人說要發乎情止乎禮，現代人說要懂得保護自己、保護對方。如此說來，早戀也未必全是壞事啊！不管是女或男孩，在交往過程中的首要課題，就是要懂得保護女孩，千萬不能讓女孩在早戀的青少年時期懷孕，那樣將會很大程度的妨礙或影響女孩的一生及前途。為了確保不讓女孩懷孕，最安全的做法是千萬不要有性行為，不能跨越女孩的那一道最後防線，不是嗎？因為不成熟的避孕，無法保証萬無一失啊！

我個人的看法是，早戀根本無法禁絕，倒不如承認它的存在、認識它的現象、預防它的禍害，何況外國大都如此對待它，不也是很好嗎？早戀未必是弊大於利，但恐怕也不至於利大於弊，折中和持平的評價，應該是利弊各半吧，端看各人所處的現實狀況而論。早戀不稀奇，只要把握個度就沒有問題。但是，怎麼樣個度呢？我以為千萬不能讓女孩懷孕，最好不要有性行為。如果是兩人異性相吸，互有好感互相認識，相約逛街購物，一起討論學習與人生，團體出遊要告知父母，均屬適度；拉拉小手，唱唱小曲，均無不妥；至於接吻及擁抱最好避免，性行為肯定要明白的拒絕。妳可知道為什麼每到暑假結束後就是一波墮胎的高潮呢？那便是因為小青年情不自禁、意亂情迷之下，不能勇敢的拒絕好奇、嘗試及誘惑。結果一旦跨越那道防線之後，有了肉體關係的兩人便會一而再、再而三的發揮及體驗那種本能了！為人父母擔驚受怕的，最是不能看見這一幕啊！豈不知不怕一萬，就怕萬一啊！

2011 2/05/17

結婚和適婚及早婚

結婚，是男女異性相吸、相親相愛最美好的一件事情了，更是男女雙方談戀愛最終的結果和理想，也是最完美的結局，所以說，願天下有情人終成眷屬。戀愛是結婚的前奏，結婚是戀愛的歸宿，我記得有一句廣告詞說得極好——「愛她就是要跟她結婚」。

不過，結婚可不等於戀愛哦！因為，結婚所需要面對的課題還要超過戀愛，我認為，只要異性相吸就足夠做為談戀愛的條件了，但是，要結婚還需要互相討論是否彼此合適？結婚之後所要共同面對的種種問題是否能夠承受得起？雖然適合結婚的對象通通適合談戀愛，不過，適合戀愛的對象卻未必都能適合結婚，也就是說戀愛所要考慮的問題比較單純，而結婚所要考慮的問題比較複雜一些。

我發現，在台灣的戀愛與大陸的戀愛有很大不同，由於社會制度及社會背景不同，在戀愛上兩地有著極明顯的差異。在台灣談戀愛沒有任何責任的，不但可以談情說愛，還可以同居生活，合意了可以走向結婚，不合意互相說再見，大家好聚好散。在大陸談戀愛大都是以結婚做為前提，只要確立兩人的戀愛關係，幾乎就是半婚姻狀態，要分手就非常困難了。

適婚，指的是適合結婚的年齡。在農業社會的適婚年齡普遍比較早，大部份是在二十歲前後，但是到了商業社會的現代，卻大都延遲到三十歲左右。到目前為止，我還沒有看過有關於結婚年齡的探討，只是從政府的統計數字和週遭家人及親人的結婚年齡作為比較，真是越來越晚婚，大齡青年比比皆是。其實，適婚年齡在每個社會或每個時代都不大一樣，但是所考慮的因素卻是大同小異，不外是身體成熟、心智成熟、社會能力等。以身心成熟來論，二十歲是很恰當，而社會能力也就是養家活口的能力，恐怕要三十歲才恰當了。因此將這三種因素綜合起來加以折衷一下，依我看，二十五歲應該是最恰當的適婚年齡了，是不是呢？

結婚的要件，對自己的要求是身心成熟，或者二十歲以上，具備社會能力，也就是具有基本的經濟條件，方可加以考慮；對配偶的要求，那可是蘿蔔青菜各有所愛，環肥燕瘦各有鍾情了。擇偶首重投緣，須能相互欣賞，相互接受，相互包容最重要，至於外表容貌、文化程度、地位收入真的不須太重視，反而是人品及個性還要比財富權勢長遠。

早婚，所指的是在正常的適婚年齡之前結的婚，那當然就是說我了！我結婚那年二十一歲，距離生日尚差半年，是不是太早了一些？而且我結婚也不是由我的父母親給我做的決定，給我選擇對象的；完全是我自己決定的，當時親友團通報結婚的對象總共有八位讓我挑選，我逐一看過之後挑的不是前半段，倒是後半段的對象。我不選好的，也不選壞的，與我的個性有密切關係，雖然是適當的對象，卻不是理想的對象，差只差在優生學及基因遺傳上，因為我後來發現孩子得自母親的遺傳遠大于得自父親的遺傳，而孩子的母親並不如父親出色或優秀，這是唯一的美中不足之處。

早婚對年輕人來講總是一件遙遠的事而非切身之事，但是如果情勢翻轉，一旦發生懷孕的情況，多數人便會選擇早婚，將醜事變成喜事，這叫奉子成婚了，不失為能解決前半段難題的模式。結婚或不婚，對每個人來講都不必是選擇題，該結就結，不該結就不結；更不須要自己設定一個條件，要達到什麼年齡，或達到什麼成就，或達到什麼地位才要考慮結婚，這根本沒有必要。

早婚和晚婚互為優劣，如何選擇很難一概而論，還得看各人的實際狀況而定。不可否認，早婚確實比較不穩定，但如果是與父母親同住的話，多少能夠提高其穩定性。比如我就是二十一歲早婚，首先我有固定的工作和穩定的收入，其次婚後與父母同住生活，大致安定。晚婚雖然相對穩定，但是選擇的機會也相對減少，尤其是女人一過三十就很被動了，何況江湖越老是膽子越小，年紀越大就越不敢結婚哦！

常聽人說別把婚姻當出路，實在是一句好話。我就親眼目睹過很多這種例子，有些女孩子的家庭貧窮或者破碎，小女孩在成長過程中就一直想要早早擺脫這種困境，可是因為自己沒有什麼一技之長或謀生能力，就把一切希望寄託在婚姻上，聽說女人幹得好不如嫁得好，以為自己只要嫁得好，就可以從此過著幸福美滿的日子。找到一個差不多的對象就急急的把自己嫁出去，殊不知到了另一個家庭中才發現自己只不過是從一個坑跳進另一個坑中，叫她要如何幸福得起來呢？

2011/06/07

成熟與早熟及早衰

成熟，指的是有生命的物體成長到足夠的時間或程度，能夠獨立自主或發揮最大的作用及功能。物體的生命週期，是由幼兒或萌芽成長到成熟，再由成熟成長到老化或退化。心理學宗師弗洛依德說人的生命有三種本能，生之本能、死之本能、性之本能。所謂本能，是不需經過學習，只需經過成長，時間到了便自然而然就會做的事情或本事，性和愛亦是如此，所以人類才會繁衍茂盛，六十多億的人口將要擠爆地球了！

人體的成熟可分成兩方面，一方面是身體，另方面是心智；身體的成熟表現在每個人的外表和器官，心智的成熟表現在談話做事和思維能力。雖然地球上有各色人種，黃皮膚、黑皮膚、白皮膚，但是在五官及外觀上，都能判別出年齡大小和成熟程度。

現今在東方與西方人種上，我們可以比較其成熟現象，那真是東西有別。尤其是以美國人為參考對象，中美人種在心智年齡方面不相上下，沒有什麼區別，但是在身體年齡方面，便存在著明顯的差異性，那便是美國人要比中國人早熟五年到十年，差異不可說不小哦！

早熟，在這裡是專指同樣的年齡表現在身體外觀上的提早成熟，以中美的差異可達五年至十年。我憑什麼如此說呢？好，我就舉一個實際的例子，三十年前美國有一位聞名全美的漂亮寶貝叫布魯克雪德絲，成名時才年僅十二歲，可她那種美麗動人，活脫脫是我們一個成年人的味道。再過三年，漂亮寶貝已經是個萬人迷，風靡美國人及外國人，尤其還是美國大兵的夢中情人，此時，她的成熟嫵媚，在中國人沒有二十五歲絕對沒有此種風韻，可她當時年齡才十五歲而已！這漂亮寶貝的姣好臉蛋和曼妙身材，也曾經使我深感上帝造人之不公平，真是獨厚西方人而薄于東方人了！

可是，隨后我就發現到美國人到中年以后那副德性，真是叫人不敢恭維，只見三、四十歲的美國男女，個個胖嘟嘟、肥噸噸的，胸圍和腰圍都是圓滾滾，活像是一粒球或汽油桶的好不嚇人，怎一個丑字來形容？至此，我方才相信上帝造人還是公平的，它給人早熟的同時，也給人早衰，因此我心頭的不平之氣也就消失于無形。

早衰，在此指同樣的年齡所表現在身體外觀上的提早老化、衰化的意思，以中美對比可能相差達五到十年！所以說西方人熟得早，但是衰得快；東方人熟得晚，可是衰得慢，兩下此消彼長之后，也大致扯平了！不過，近年來自從西方的速食及高熱量飲食引進到中國來，年輕一代趨之若鶩，向西方速食文化傾斜。君不見滿大街的麥當勞和肯德基座無虛席，有些年輕人周周吃，天天吃，幾年下來也出現早熟的身體現象。其實，這種早熟的好處，會在往后伴隨著早衰的壞處，所以未必是福！吃西方速食只能淺嚐即止，也就是偶爾品嚐一下，每周吃一餐或每月吃一頓即可也！認識人體和器官，人生必修的課程。

2011/07/07

第六十四回　閑談人體健康教育

關于排卵、月經、精子、懷孕、避孕、安全期、危險期的常識，其實，並不只是女性的必修課程，一樣也是男性的必修課程；不僅女孩要懂、女人同樣也要懂得，因為一輩子都會用得到。從前我讀初中一年級的時候上健康教育課，未上課之前，我的學長們就已經給我們說得神神秘秘的，叫我們充滿期待；可是真正到了上課時，老師卻一點兒也不講，只叫我們自己看，就改上主科的英文及數學。等我們自個兒翻書看時，都是有看沒有懂，只能走馬看花，卻是越看越花，還好的是，沒有人在那個年紀犯下錯誤，當了小爸爸或小媽媽。

早在這兩三年前，我唸小學四年級時才十歲而已，我們同學間就已經知道鄰村有那十三歲就當媽媽的小女人，當時只是當做笑話而已，根本不懂得什麼意義，而且那小媽媽後來還生了十個孩子呢！在古代，男孩及女孩大都是在十六、十七歲結婚，而現代，有些人的結婚都拖到三十七歲以后了，想一想，我們不禁會懷疑這時代到底是進步還是退步呢？是我們改變了這個世界還是這個世界改變了我和妳呢？

等我唸高中讀到英文課外讀物時看到一篇文章裡面，一位美國高中女生的媽媽早上送女兒出門上學前叮嚀女兒說今天吃過避孕藥了沒有？當時我心想，這個美國媽媽真是不像話，高中生才十六歲怎麼就想那檔事了？然而，那個女兒還一本正經地告訴媽媽說她吃過了。十多年之後我自己結婚、生子，才醒悟到人家美國人那叫開放和開明，事情都擺在明面上來講，而且預防勝于治療。由於她們早熟的緣故，有些初中生都已經有性生活了，高中生更是普遍，然而我們的大學生都還不普遍呢！這一點，西方人比我們早熟五年，當然啦，他們後來也比我們東方人早衰了五年，所以說上帝還是公平的。

心理學大師佛洛依德的理論影響這世界非常深遠，他說生物體的本能有三種，一是生之本能，二是死之本能，三是性之本能。所謂本能者，是說生物體經過一定時間的成長及成熟之後，自己不用經過學習就會做的事情，比如吃飯、走路、生孩子等等。生之本能的學問不小，什麼時候生孩子？怎麼樣生孩子？就生物體原理及醫學原理來講，孩子的來源是胎兒，胎兒的來源是精子和卵子結合後的受精卵；精子來自男孩或男人，卵子來自女孩或女人。也就是說男孩或女孩階段就已經具備了生小小孩的能力或本錢了，就像那個十三歲的小媽媽一樣。

因為男孩和女孩大概在十一歲或十二歲之後就有精子和卵子，雖然有些人發育比較慢、比較晚，但是，到了十三歲、十四歲之後大都已經具備了。男孩具備精子的能力，通常自己都不能了解，要等到他手淫之後或者夢遺之後才會發現到。精子或稱精蟲，是人體中最小的細胞，是以一堆精液存在的，這一堆精液裡面的精子數目非常多，是數以千萬計、數以億計的。而女孩具備卵子的能力倒是比較具體明白，那便是月經的來臨，卵子只得一個而已，是人體中最大的細胞，從女體產生之後必須經過十四天才會以月經排出體外，血淋淋的第一次月經更是怵目驚心，稱謂初經或初潮。這時候，心驚膽跳的女孩最需要母親或姐姐的指導和幫助，從此以後，每月的例假會帶給女孩一些不便，同時也宣示身體的成長到了一個階段。精子極小而卵子極大，所以精子是採取人海戰術來包圍卵子、攻佔卵子。

精子和卵子都是有生命的微小生物體，精子脫離男體之後的存活時間只有一日，但是進入女體之後的存活時間大約為三日，卵子留在女體的存活時間大約是三天。當大量精子進入到女體後，只要其中有一個精子遇到一個有生命的卵子時，就會結合成受精卵，進而形成胚胎，成為小小生命的起源，這就是懷孕。因此，只要女體裡面沒有卵子，或者卵子已經沒有生命，即使精子進入到女體也無法構成懷孕。

月經是排卵之後的表現，先有排卵後有月經，排卵十四天之後才以月經排出體外。有月經就因為有排卵，有卵子才有機會和精子結合成胚胎，才能懷孕，所以有生命的精子和卵子是構成懷孕不可或缺的兩大元素，缺一不可。因此十二歲的女孩和五十歲的女人，只要有月經就表示有排卵，就能和精子結合而懷孕。女人的停經，大約在五十歲前後，稱為更年期，停經之後就再也沒有懷孕的可能性，這是無可置疑的。

如果沒有使用藥物或器材，在密集的性愛中，也就是每天都有性愛的情況下，想不懷孕是萬萬不可能的。所以要想控制懷孕，也就是避孕的途徑有三種，一是使用藥物，如女性服用避孕藥，有事前避孕藥和事後避孕藥，二是使用器材，如女性裝設避孕環、男性戴上避孕套，三是停止性愛。但是，俗話說天底下笨的人比較多，不吃藥也不用器材的人，偏偏還念想著美好的那檔子性愛的事，不肯停止性愛啊！所以，就發展出安全期、體外射精這兩項法術來，可是安全期並不安全，體外射精更不安全，頂多就是偷吃一下，祈禱上帝成全一二。

安全期的計算，是透過精準的計算女體每月的經期，然後反推回來排卵期的切實時間，但是，經期準不準呢？月經的週期性，那是會受到生物體的身體、情緒、氣候等種種內在或外在因素的影響，有時會提早一、兩天，有時會延後三、四天；因此，用月經期來推算安全期自然不夠準確。直接用排卵期來測定安全期算得上是比較準確，那就必須動用到精準的儀器或設備來測量了，採用體溫計或耳溫槍每日早起測量體溫的變化，以測定排卵期的確實日子，其實要比使用月經期反推排卵期更為精準。

月經的週期又稱為經期，雖然有一定的規律，但是由於個人會受到身體、情緒、氣候等種種內在或外在因素的影響，有時會提早一、兩天，有時會延後三、四天，有時候準確，有時候不準，所以說安全期不安全在此。運用月經的安全期計算法，首先，要掌握女性每個月的來經日期及週期性，因為有些人週期是二十八天，有些人是三十天，不一而足，都不一定，至少要有一個月到三個月的統計數字。其次，再由月經週期反推排卵期的真正日子，在排卵期的前三天和後三天停止性愛，而為了提高安全係數，停止性愛的日期最好是前五天和後五天。可是，只要經期亂了套，安全期也就跟著亂了套，自然就不安全了，所以說安全期不安全也就在此。

體外射精更是高難度的做法，比安全期更不安全了，因為男人對於射精的瞬間來臨只是一種感覺而已，當然不會很準確，即使在退出時都已經開始射精了，此其一。就算在事前有思想準備要做體外射精，但事到臨頭要確實執行，又是談何容易？只要稍微猶豫一下，就已經踩不住剎車開始射擊了，此其二。

在危險期間的性愛，最大的副產品便是懷孕，而危險期的起止就是緊盯著排卵期來的。當卵子在女體內生成之後稱為排卵期，有三天壽命，這時候只要有性愛、有精子進入女體，由於精子在女體內也有三天壽命，因此很容易受孕。理論上，照說安全期是不會受孕的，因為沒有卵子或者卵子沒有生命，精子不能唱獨角戲而受孕，這叫孤陽不生，可是事實上，安全期不準確就全盤都落空了，安全期也變成危險期了。

安全期的計算如下，假定月經週期是二十八天，本月一號排卵，十五號就來月經，來經時間從四天到八天皆有之，本月二十九號再一次排卵，下月十三號來經，這是假定本月為三十天。那麼本月五號之後至十五號為安全期（來經前十天），此為上半段；二十二號月經結束之後至二十六號為安全期，此為下半段，僅得五天而已。也就是說月經之前有十天，月經之後有五天。那麼下月三號之後至十三號為安全期（來經前十天），此為上半段；二十號月經結束之後至至二十四號為安全期，此為下半段，僅得五天而已。

雖然月經期間不是排卵期，也是安全期，但是在經期中性愛有諸多不便，又是血淋淋的好不嚇人，此其一；女體此時的子宮內壁脆弱，比較容易受到傷害，此其二；上帝造人也會關照到男人和女人的休養生息，這種用意正是讓人休息，不適合發生戰事，此其三。假定經期是三十天，一號排卵十六號來經，六號之後至十六號安全，二十三號月經結束至二十七號安全，餘此類推。

確實有效的避孕方法，除了停止性愛以外，還是以藥物及器材為佳，一是使用藥物，如女性服用避孕藥，二是使用器材，如女性裝設避孕環、男性戴上避孕套。未婚女性或已婚年輕女性，以口服避孕藥為宜，但是避孕藥的副作用最大，長年使用之後甚至會造成不孕症，而且干擾身體的力度最強，服用年齡的最高上限是不得超過三十五歲，但是其最大的優點是使用方便，新型的還有事後避孕藥。產後的女性順便裝上避孕環，效果最好、成本最低，如果不是顧慮到保存未婚女性的處女膜，其實戴環是最為划算的措施，這一點，還有待人們觀念的改變及調整。

而男性戴避孕套，可以說得上是對女伴最貼心的表現了，真是新好男人。但是唯一的美中不足，就是男人的精子被隔絕在避孕套裡不能進入女體，雨不灑花花不紅。因此不能達到陰陽調和、雨露灑花的作用，也不能發揮滋潤女人的功能，因為進入女體的精子正是女人養顏美容的最佳聖品。

依我個人的看法，在所有的避孕方法中，還是以女性戴避孕環為最理想措施，不分年齡老少或已婚未婚，是各項方法中成本最低，使用最方便，副作用最小。即使將來想要生孩子時，只要取下避孕環，並不會妨礙受孕的功能。世紀大瘟疫來襲，差一點回不了家。

2013/12/10

第六十五回　差一點被隔離起來

放年假的前夕，一月二十二日下午，我由金門坐船到廈門，搭晚上八點的班機飛往大連，這是我連續第九年前往大連過春節，短則十天長則二十天，但是，今年刻意縮短只停留七天，不須另外請假。班機準點起飛，中途降落徐州經停半小時，方便旅客上下飛機，再度起飛後，夜裡十二點半平安降落大連。

領取行李之後，我獨自在機場等候計程車／出租車等很久，旅客人很多，可出租車很少，足足等待半個多小時才排上車，以往從來沒有這種現象。上車後立刻／立馬給我老婆／我媳婦打電話匯報，她還以為我快到家了呢？我說沒哪！她問我咋那麼慢呢？我說人很多車很少啊！那位司機／師傅聽我說完電話，意味深長的說了一句，人很多車很少。我說難道不是這樣子嗎？他才說因為上一班飛機是武漢飛來的，出租車寧願開走，也不願意拉客，所以車子都走光了。我說這是為什麼呢？他說這幾天鬧得最厲害的不就是武漢肺炎／新型冠狀病毒肺炎嗎？大連也發現二個案例，人心惶惶，昨天還沒有多少人戴口罩，今天可是到處可見戴口罩的人們了。所以出租車不敢拉武漢來的旅客，就是不敢冒著被傳染的危險啊！

次日中午新聞報導，大陸當局宣布武漢封城，包括武漢市及所屬總共七個城市封城，也就是說武漢被大陸隔離起來了。同時宣布啟建二家防疫專用醫院，火神山醫院十天後啟用，一千個床位，雷神山醫院十三天後啟用，一千三百個床位。中國在當今世界上號稱基建狂魔，其高效高能的基礎建設，確乎神器俱備，令人嘆為觀止！第二天台灣當局宣布口罩禁止出口，引起社會一陣錯愕，誠不知所為何來？

除夕夜是我們連續第九年，在姨丈／姨父家團聚吃豐盛的年夜飯，我們一家三口，大表弟三口之家，小表弟兩口子，總共九個人。下午三點半我們仨從家裡打車直奔姨父家，半小時到達，表弟兩家已經在廚房忙活起來，六點多十道菜一齊上桌，預祝大家來年十全十美，諸事順風順水。好菜自然得配上好酒，一邊吃著一邊嘮著，多麼愉快多麼熱絡，美味的菜色有清蒸大鮑魚、肉片炒海參、蔥油海螺、燉小鯧魚、豬皮凍豬蹄凍、炒蝦仁、炒韭黃、炒上海青、木耳豬肚、黃瓜絲海蜇皮，這都是大表弟的好手藝。這頓飯吃了二個小時才散席，然後準備韭菜蝦仁餃子。二個小時之後，餃子包好煮好，大家伙再度圍坐一起，吃一頓餃子，這才叫圓圓滿滿。

在小兩百個餃子當中，包了八個一塊錢的硬幣，要看看誰的運氣好會吃到錢。我才吃了二個餃子，就第一個中獎吃到一塊錢，可是沒多久我姑娘就連中三元，吃到三塊錢。一個小時後，我們坐大表弟的順風車回到我們兩家住的同一個小區，車行不到半小時就到家，迎接我們的是小區內外響徹雲霄的鞭炮聲，震耳欲聾。進家后，我說現在是見証奇跡的時候了，娘兒倆好有默契地奔向自己的枕頭底下，一人掏出一個紅包來，好看的她娘喜孜孜的數著那一沓簇新新的紅票子，好幾十張哪！好看的姑娘也是美孜孜地抽出一沓子新票子，那個美啊！

大年初一回看一下鼠年的春晚，所看到的新聞都是武漢肺炎的疫情報導，一時之間，武漢封城，鄉下封村，高速封路，真是風聲鶴唳、草木皆兵。今年春節的第一天就瀰漫一股山雨欲來風滿樓的緊張氣氛，更多的是忐忑不安，人人自危，一分疫情，十分恐慌。當局要求全民重視疫情，減少出入公共場所，各人在家過年，共體時艱，暫停一切走親訪友和聚會聚餐，以免助長疫情擴散。過年本是家人團聚和親人聯繫情誼的美好時光，如今硬生生地暫停這些活動，年味瞬間消失殆盡。

初二中午，金門口岸公告，暫停核發大陸籍旅客入境的落地簽証。但是，持有團聚証、商務証、台灣人民配偶，不在此限。五通碼頭公告，所有出入人員必須戴口罩和測量體溫。本來今年春節的三家聯合餐會輪到我們小魏家當爐主了，去年是小姜大姐家，前年在小陳妹妹家，三年前就是小魏家。年前小魏便和她們兩家商量好春宴的日子，定在大年初四的中午。不成想，去年十二月初在武漢發生的新型肺炎疫情發展迅猛，進入今年一月下旬一發不可收拾，幾乎蔓延全國。一月二十四日是除夕夜，當局要求全民重視疫情，減少出入公共場所，暫停一切走親訪友。在此情勢之下，小姜大姐今天首先提議今年聚餐取消，經過徵詢小陳妹妹同意配合后，初四的聚會就此停止。

初四早上就瞅見窗外一片白茫茫，貼近一瞅，原來是下雪了，夜裡下起中雪，路面上、屋頂上白雪皚皚，而且除了下雪，還有起霧呢！初五是打道回府的日子，坐早上八點的頭班機飛廈門、回金門，不成想，我媳婦昨天夜裡十一點半偶然瞅見廈門航空來的信息通知，說有霧霾今天早上八點的航班取消。這下子責任心重的她睡不著了，又怕打擾我和姑娘的睡眠，就下床到客廳、廚房、衛生間給廈航打電話，可是老打不進去客服的電話，十通只能打進一通，電話還轉來轉去不得要領。直到二點才有完整的信息，說是可以免費改簽到下午一點的班機，但是，改簽及出票必須等到上午八點上班之後才能作業。

我們倆早上七點起床，我吃過小米粥之後，看著媳婦用手機和座機不停的給航空公司打客服電話，卻是很難打通，十通最多只能打進一通，偶爾打通了問明個人基本信息，然後說給你轉過去，可是只要一轉電話就掉線。這樣子從八點半折騰到十點都是白忙活，我眼看時間迫近就提議說要不，我們直接到機場找航空公司的服務台洽談看看吧！就在這時候又接通電話了，而且電話不轉接出去，受理完畢，隨即出票發到手機上來。至此總算放下心中一塊大石頭，十一點叫上網約車，俺們就出發了。下午一點的班機準時起飛，四點降落廈門，趕上五點半末班船不成問題了，六點平安又順利地回到溫暖的家。

我心想要是不能順利回到金門，恐怕早晚會被隔離在山的那一頭海的那一邊，豈不是麻煩大了？幸好，我跑得快，而且順利，所以一方面慶幸自己如期回家，一方面持續關注大陸的疫情發展及防疫措施，果不其然，廈門在二月一日宣布百貨公司及賣場暫時關閉，入島的長途客運汽車停駛，外地來的快遞也進不了廈門，等於是封島。金門也宣布小三通船班由每天二十班對開減班為四班對開，小三通入境金門者，一律居家檢疫／居家隔離十四天。

今年初的傳染病疫情一下子就把人民打暈了，生活步調也打亂了，而且是新型病毒，唯一能做為參考的就是二〇〇三年所爆發的非典型肺炎。非典的致命率其實更高，大約是百分之十，但是它的傳染條件是要發病、發燒，而武漢肺炎的致命率大概是百分之二，可是它的傳染條件不須發病或發燒，帶原期間就能傳染出去，因此更教人防不勝防！台灣虛假防疫，玩的都是政治。

2020/02/04

第六十六回　台灣的防疫

——成也政治，敗也政治

二〇二〇年一月二十三日是大年除夕的前一天，中國宣布武漢封城，真是石破天驚，聞所未聞的消息，令人驚慌失措，就要過春節的前兩天，頓時一石激起千層浪！封城是為了應對不明的新型冠狀肺炎病毒所造成的疫情，見所未見的舉措，但是，封城是什麼？怎麼樣一個封城？舉世矚目，緊緊盯著中國當局的信息及措施，武漢市下轄七個縣市，共一千一百萬人口，一律把城市封阻起來，人員不得進出，陸海空交通一概停止，市內公共運輸停駛，武漢瞬時成為一座幾近窒息的圍城，在中國內地上被隔離起來的圍城。

雖然國內有人懷疑這是小題大做，措施過當，外國媒體更是譏諷限制人身自由，侵犯人權，但是中國方面毅然決然執行到底。第二天是除夕夜，台灣宣布禁止口罩出口，所為何來？不言而喻。隨後各省各市也陸續宣布實施社區封閉式管理，包括京津滬渝四大直轄市在內，有八十八座城市，是為軟封城，有別於武漢唯一的硬封城。

在緊張氣氛下，千家萬戶的中華兒女渡過一個忐忑不安、截然不同的春節，走親訪友、聚會聚餐的活動能免則免，只盼望陰霾掃過，還我一片藍天白雲。可是，一個月之後的情勢非但不見緩和，反而更加緊張逼人而來，引起人們無端的恐慌，人心惶惶不安。

二月起，大陸發起對抗新冠病毒的戰疫，一方有難、八方支援，調集全國的人力物力馳援武漢，改建方艙醫院，搶建火神山、雷神山醫院，人不分男女老幼，地不方東西南北，萬眾一心共赴國難。此時台灣成立疫情指揮中心，並當機立斷宣布對大陸關閉邊境，禁止大陸人員入境台灣，顯示就此斬斷疫情源頭，確保降低風險。同一時間，北韓及俄羅斯也關閉邊境，禁止大陸旅客入境。果然，病毒肆虐大陸之後，輸出到日本、南韓為禍不小，因為日韓沒有關閉邊境，也沒有對大陸旅客設限，因此台灣相對受害輕微，民眾額手稱慶。二月二日美國立即關閉武漢領事館，從武漢撤僑，並下達對中國的旅行及入境禁令。

台灣與大陸隔著台灣海峽相望，近在咫尺、一衣帶水，兩岸關係密切，經貿往來頻繁，加上台商台生在大陸生活者有二百萬人之多，疫情一起，為禍尤烈。然而，武漢警鐘一響，舉世震驚，不知所措，台灣立即關閉邊境，禁止人員入境，等於將病毒拒絕於門外，以保一境平安，確屬可圈可點。不過，這也跟民進黨競選總統的主軸一致，有以致之。在二〇二〇年一月十一日的大選中，民進黨高舉抗中保台的旗幟，操弄民粹喚起反中仇中的情緒，獲得壓倒性的勝選。但是，選後不到一個月時間裡，仇中反中的情緒依然不能消退，才會有禁止口罩出口和關閉邊境的作為，其實，第一階段的防疫成功是拜政治正確的緣故，所以是成也政治，此其一。

隨後疫情的發展完全不以人的意志為轉移，一月份和二月份病毒肆虐東方世界之時，西方國家隔岸觀火，好不優哉悠哉，甚至傳說新冠病毒專為黃種人而來，白種人具有豁免權！不成想，三月初疫情風向轉變，首先吹向歐洲西方世界，伊朗、義大利陷入泥淖，隨後，法國、德國、西班牙也不能倖免，英國憑著英吉利海峽僅能短暫置身事外。東方雨歇之時，西方驟雨來襲，病毒渡海襲擊美國，三月十一日世界衛生組織宣布，新冠病毒進入全球大流行。

三月十二日美國股市大跌近三千點，觸發熔斷，一周之內股市熔斷四次，失業一千多萬人，三月十九日美國宣布進入緊急狀態。三月二十五日湖北宣布解除封省的同一天，印度宣布全國封城二十一天，即使經濟倒退二十一年也要封城。三月二十七日美國確診總數達到八萬六千多人，一舉超越中國和義大利，成為全球第一名，一月份只有十五例，二月分只有三百例，三月末一舉飆升到十六萬例。四月八日中國疫情的重災區武漢宣布解除封城，同時大力援助外國抗疫。四月十二日美國確診死亡二萬多人，超越義大利，成為世界第一名，躍居確診人數及死亡人數的雙料冠軍，真是災情慘重。紐約市淪為重災區，成為美國之武漢。星星之火，可以燎原，點點病毒，肆虐全球。

台灣瞄準中國疫情，一月及二月全力防堵有成，但是，疫情指揮中心昧於情勢的變化，看不出三月疫情發展的中心點已經逐漸轉移到歐洲及美國，卻沒有提升歐美旅遊警示的等級，更沒有阻斷歐美旅客的入境。一再因循蹉跎，當斷不斷，反受其亂，眼睜睜看著歐美旅客及返國同胞帶著病毒倒灌回來台灣，直到三月十九日才宣布關閉國境，禁止外國人員入境，此時境內確診數已經破百人。關鍵期的十四天之後，確診人數已經打破三百人，因此，第二階段的防疫失敗也是拜政治正確的緣故，所以是敗也政治，此其二。

四月二日起的防疫進入第三階段，也是總檢討和延長賽的開端。持平而論，今年開春的第一波面對大陸的防疫是成功的，但是看樣子並非來自於決策的英明和睿智，實在是延續民進黨在一月中旬大選勝出的仇中恨中的路線之餘而已。然而，第二波面對來自歐美的防疫明顯是失敗的，防線節節敗退，感染日日升高，直到三月十九日才祭起封鎖國境大門的法寶，乞靈於此後十四天的關鍵期。

料不到，關鍵期滿的當天遇上四天清明連假的四月二日，民眾在交通部及台南市、屏東縣的鼓吹之下洶湧出門，百萬人群塞滿十一個風景區，滿坑滿谷的人潮頓時成為傳播疫情的最佳溫床。直到連假第三天，疫情中心方才如夢驚醒，緊急發送細胞簡訊通知遊客散去，回家做自主健康管理。從此疫情進入第三波，又要進入十四天的考驗期，昏官誤國，無異盜賊，這下子只能祈求天佑台灣！雖然四月十四日出現罕見零新增確診的一日行情，但是，不是不報，時辰未到，這難道不正是暴風雨來臨之前的寧靜嗎？一旦確診數每日幾十例的增加（395+），很快的一周後達到千例之數，到那時台灣距離全島封城之路還會遠嗎？美國故意忽視疫情，造成災難性的失敗。

2020/04/15

第六十七回　金毛獅王架不住美國疫情
——美國疫情的發展迅猛

中國爆發疫情初期，在二〇一九年十二月三十日開始通報世界衛生組織WHO，四天後二〇二〇年一月三日通知世界衛生組織和美國疾病控制中心CDC。一月十五日美國疾病控制中心發布疫情警告，隨後美國情報機構給總統的每日簡報中，提出新冠病毒的警告，川普不予重視。一月十八日美國衛生部長給總統報告疫情，川普總統認為是大驚小怪。一月十九日美國出現新冠肺炎的第一例確診，此例是從武漢輸入的。一月二十日鍾南山在電視上確認新型病毒會人傳人，由此宣告世紀瘟疫來襲，李蘭娟建議封城阻斷病毒的傳播鏈。一月二十一日美國西雅圖出現第一例本土確診，同日也是台灣的第一例確診出現，一月二十二日川普回答新冠病毒的疫情說，完全在掌控之中。

一月二十三日中國宣布武漢封城，石破天驚，舉世矚目，中國風聲鶴唳，草木皆兵，雖然有人懷疑這是小題大做，誰知這只是拉開全球疫情的一個序幕而已！一月二十五日美國關閉武漢領事館，並撤出人員，一月三十一日世衛組織宣布新冠病毒為緊急公共衛生事件，二月二日美國下達對中國的旅行及入境禁令。一直到二月底，川普都是夸夸其言可防可控，根本不予重視，什麼都不必做，甚至說有一天病毒就會奇跡般的消失。二月二十六日美國出現第十五例，疫情開始向上爆發。但是，自三月二日起美國疾病控制中心停止發布疫情的數據。是耶？非耶？且待日後看分明了。

三月三日美國聯準會FED降息二碼，用來挽救股市。三月八日義大利宣布北部倫巴底區域封城，確診六千例，疫情慘烈。三月十日習近平視察武漢，為解除封城作準備，同日美國確診一千二百例，川普政府束手無策，仍然不忘大放厥詞。三月十一日世衛組織宣布，新冠肺炎進入全球大流行，勢不可擋，同日美國確診一千三百例。自一月二十三日武漢封城，敲響警鐘，至三月十一日全球大流行，美國政府應對新冠病毒的不作為，白白浪費五十天的寶貴時間。

三月十二日美股大跌近三千點，觸發熔斷，三月十三日美國宣布對歐洲入境禁令，此舉引起歐盟的反彈，同時宣布美國進入緊急狀態，同日印度宣布鎖國，禁止外國人入境，此時英國打算採行集體免疫法應對疫情。三月十六日美國聯準會再降息四碼，進入零利率，股市第四次熔斷，美國總統川普祈求，上帝保佑美國！其實，更重要的是，上帝保佑川普吧！這一場世界防疫大戰，由此可以區分為中國的魔系、英國的佛系、美國的傲慢系。三月十九日台灣宣布鎖國，禁止外國人入境。

東方瀟瀟雨歇，西方風狂雨驟，武漢疫情初起時，二月三日《華爾街日報》發表題為「中國是真正的亞洲病夫」文章，極盡詆毀中國抗擊疫情之能事，如今角色對調，不過兩個月時間而已，只能落得「雞嘴變鴨嘴」。三月二十日美國確診由七千七百例上升到一萬三千例，從此一發不可收拾，各州紛紛實施居家令／禁足令，紐約、芝加哥、舊金山的街頭空無一人，紐約市更是重災區，其確診及死亡人數高佔全美三分之一，成為美國的武漢。自二月二日從十幾例飆升到三月二十二日的三萬五千例，只花了五十天的時間，次日更一舉上升到四萬六千例，新增一萬例。

印度宣布三月二十五日起全國封城，飛機、火車、公交車、地鐵全部停駛，宣稱封城二十一天，即使經濟倒退二十一年也要封城，當天印度的確診數只有五百例，同日湖北宣布解除封省。紐約時報刊登專欄《別讓川普跑了》，論述川普刻意將新冠病毒改稱為中國病毒，是企圖轉移社會大眾視線，以掩蓋其應對新冠病毒的災難性失敗以及公眾的批評。

自武漢封城至全球大流行，川普應對新冠病毒的不作為，白白浪費五十天寶貴時間，致使美國疫情急轉直下，原本預估三月三十日可能超越義大利甚至中國，成為名符其實的實現美國再次偉大！不承想，美國提前在三月二十七日一舉從第三名躍升為世界第一名，確診總數由六萬九千例一日之間上升到八萬六千例，後來居上領先中國的八萬二千例和義大利的八萬例。此時，川普還在奢望四月十二日復活節之前能夠復工。

美國防疫專家警告說疫情可能會在八月份造成十萬至二十萬人死亡，因此，三月二十九日川普說這次疫情能將死亡人數控制在十萬以內，政府就算做得不錯了！美國疫情大爆發，跟川普佔著茅坑不拉屎，光說大話空話，什麼事也不去做，白白浪費寶貴的五十天黃金準備時間，有著密不可分的關係。回頭來看一月份只有十五例，二月份只有三百例，三月末一舉飆升到十六萬例。日本宣布四月六日起東京地區進入緊急狀態。四月八日中國疫情的重災區，封城七十六天的武漢宣布解除封城。四月十二日美國確診死亡人數一舉從第二名躍升為世界第一名，死亡總數由一萬八千多人一日之間上升到二萬人，領先義大利的一萬九千人。

印度宣布四月十四日起全國封城延長二十二天，西班牙的疫情尤其慘烈，超越義大利。日本宣布四月十六日起全國進入緊急狀態。到了四月中旬，川普又在奢望五月一日復工，重啟各州的經濟活動。川普在四月初兩次抨擊世衛組織，一次說世衛偏袒大陸，一次則說世衛以中國為中心，威脅要停止對世衛的資助，到了四月十七日高調宣布停止資助世衛。四月二十八日美國確診人數破百萬人，死亡人數逼近六萬人，看樣子要守住十萬人的數目，川普團隊還必須加一把勁才行。

自一月二十三日武漢封城起至三月十一日全球大流行，美國等到五十天之後疫情燒到境內時，毫無應對能力和作為。三月二十七日美國確診人數八萬六千人，一舉躍升為全球第一名，三月三十一日確診高達十六萬人。四月十二日坐令疫情失控的確診人數五十二萬人及死亡人數二萬人雙雙攀升世界第一名之後，為了推卸責任及轉移視線，川普開始無端指控中國隱匿疫情和數據作假，並且強加中國病毒和武漢病毒名稱，而與世界潮流背道而馳。回頭看一下自詡為防疫優等生的台灣表現，以四月十三日的檢測數量做比較，德國完成檢測九十二萬人，韓國是四十六萬人，台灣只有區區三萬五千人，連韓國的十分之一都沒有，所以台灣的確診人數充分展現出投機取巧的含意，可是，如此一來早晚就會落入偷雞不著蝕把米的局面。

美國疫情會走到這麼險峻的地步，一言以蔽之，最大的變數在於總統川普，因為他佔著茅坑不拉屎，阻斷整個國家機器的正常運作和良好的運轉，致使這台機器空轉了五十天的黃金時期！美國疫情演變成全球第一慘，除了川普的性格出爾反爾、反覆多變、狂躁傲慢、具有自戀狂，關鍵還在於他的反科學，不僅政治凌駕專業，甚至政治凌駕科學。美國川普總統和英國強生首相，都是一頭金髮，兩人的個性及作風相似，防疫表現雷同，堪稱是一對難兄難弟、兩頭金毛獅王。川普高唱美國優先，果然災情遙遙領先。

2020/04/28

第六十八回　美國疫情壓垮金毛獅王

二〇二〇年一月二十三日是大年除夕的前一天，中國橫空出世的宣布武漢封城，為了阻斷新冠肺炎病毒的傳播鏈，一千一百萬人口的武漢就此在中國內地被隔離起來，斷絕圍城內外人員的一切往來，內部停止上班上課，外部陸海空交通統統停擺。一石激起千層浪，就此掀開中國抗擊疫情的序曲，也是隨後全球共同抗擊新冠病毒的序幕。聯合國所屬的世界衛生組織WHO接獲中國通報後，立即轉知所有會員國嚴密注意防範，詎料，西方國際及歐美國家根本不屑一顧，毫不設防堵截，還在那端幸災樂禍的作壁上觀，他們認定新冠病毒跟十七年前的那一場SARS一樣，專為肆虐黃種人而來，高人一等的白種人享有豁免權。

中國爆發疫情初期，確診人數高達七萬多人，死亡人數三千多人，災情慘重，其中尤以武漢最為慘烈，中國疫情百分之八十在湖北省，湖北疫情百分之八十在武漢市，此時全球確診人數四十二萬人。隨著中央政府從地方接手之後，完全改變策略及做法，採取疫情透明化，舉全國之力共赴國難，實行一方有難，八方支援，調集全國醫護人力投送到武漢第一線，並肩作戰。中國挺過一月及二月後，終於在三月下旬迎來第一道曙光，宣布湖北解除封省，接著在四月上旬宣布武漢解除封城，堅苦卓絕奮戰七十六天後，終於一嘗戰疫的勝利果實。

但是，東方瀟瀟雨歇，西方風狂雨驟，三月初疫情風向已經轉變，首先吹向伊朗、義大利，再經由西班牙、法國、德國，隔著英吉利海峽的英國也不能倖免，接著病毒又飄洋過海轉向美國，為禍尤烈，三月下旬其確診人數八萬多人，一舉超越中國和義大利，排名世界第一位。回顧美國疫情的發展迅猛，一月確診只有十五人，二月僅僅三百人，三月末已經飆升到十六萬人，從此穩坐世界冠軍寶座。

美國總統川普在一月及二月玩忽疫情，視若無睹，等到三月底火燒眉毛時完全束手無策，除了打嘴砲和甩鍋給中國之外，其防疫的失職和無能，絕口不提，也不檢討自己，充分流露其權力的傲慢。這在古代中國，皇帝看見萬民陷身水深火熱之中，早就下詔罪己，向蒼天承擔一己的責任。川普毫無檢討自己的責任，美國人徒呼負負也無可奈何，我們只能以川普大帝稱呼他了！

三月份美國疫情開始大爆發，一時之間成為全球的疫情中心，取代中國的武漢及義大利的倫巴底，紐約市成為美國的武漢，全美疫情飆升勢不可擋。全美各州紛紛封城並下達居家令／禁足令，把人們固定在自家屋子裡，阻斷病毒的傳播鏈，因為病毒是人傳人，人們成了病毒的載體、也成了病毒的幫凶，必須限制人口的流動，非如此不足以斬斷傳播。美國頂尖的、也是全球頂級的流行病學專家警告說，依照疫情模型估算可能會在八月份造成十萬至二十萬人死亡，感染病毒的人數高達數百萬人。

因此，三月底川普大帝說這次疫情能將死亡人數控制在十萬人以內，美國政府就算做得不錯了！四月中旬其確診人數五十多萬人，死亡人數二萬多人，雙雙攀升世界第一名。歷時七個月的疫情發展，到了八月三十一日，全球確診人數總計二千五百二十多萬人，死亡人數共計八十多萬人。巴西確診三百八十六萬人，印度三百五十四萬人，中國九萬人，台灣四百八十七人，然而美國確診六百十七萬人，死亡十八萬七千人，果然一切都在頂尖防疫專家的模型預測之中，不差一絲半毫。

防止疫情擴散與維持經濟運行，一直都是各國防疫的兩難抉擇，若顧此則失彼，實在難以兩全其美，最多只能兼顧兩者平衡。川普大帝卻一心只以經濟掛帥，率爾為之，要求各州解封、重啟經濟活動，第一次要求在四月中旬復活節之前復工，各州擱置，第二次要求在五一勞動節復工，各州還是相應不理。川普眼看疫情稍稍趨緩，在五月二十日下令強制解封和復工，雖然防疫專家期期以為不可，認為強行解封恐會招來疫情反彈，可是政治凌駕專業之上，各州只好全面逐步復工。

但是，政治終究不能戰勝專業，一個月之後，川普開始吞下自己錯誤決策的苦果，第二波疫情全面反彈，各州不得不停止復工，重新實施封禁。第一波疫情的中心在美東的紐約州，總算獲得控制下來，而第二波疫情的中心轉移到美南的佛羅里達州、德克薩斯州、以及美西的加州，而且災情更加嚴峻。第一波的單日確診數最多為四萬多人，而第二波的單日確診數卻高達六萬多人，從此美國疫情一飛衝天、直上九霄雲外。原本美國人堅決不戴口罩，認為強制佩戴口罩是嚴重侵犯個人自由，誓死不從，尤其是川普從來不肯起帶頭示範，直到半年後第二波疫情來襲，美國人嘴巴才肯掛上那小小一塊布。

美國這十幾年以來，一直站在道德制高線上打著人權外交的旗幟去考核外國，可是，人權的核心要素，說到底還是人命，沒有了人命，人權便無所附麗，人命是皮之所在，人權只是一張毛，試想一想，皮之不存，毛將焉附？美國拿著人權的記分板去給外國打分數，卻對人權所依附的人命略而不記分數，這不是海市蜃樓、空中樓閣嗎？再說美國對其本國人民的人權又哪裡比別國好呢？

就在疫情期間，白人警察在街頭針對黑人暴力執法，用膝蓋將徒手仰躺在地上的黑人弗洛依德死命抵住其喉嚨，不消幾分鐘當場將其跪殺至死。虐殺鏡頭傳上網路之後，引起全美黑人群起上街遊行抗議，高舉「反對種族歧視」、「黑人的命也是命」，美國示威風起雲湧，一時捲起千堆雪。誰知一波未平、一波又起，沒多久再傳警察暴力蹂躪黑人，一名手無寸鐵的黑人在街頭走向自己的車子時，遭到警察在背後近距離連開七槍倒地，下身癱瘓。因此反對種族歧視的遊行再掀高潮，又是方興未艾，看看美國自己的人權又在哪裡？

再看美國政府及川普大帝對人民的冷血無情及冷酷對待，當四月下旬初始，疫情死亡數達到四萬人的時候，美國媒體一直拿這死亡人數來和第二次世界大戰，美國參戰之後戰死的人數作比較，大呼不得了、了不得，過沒幾天病死人數就超越當年的戰死人數。到四月底，病死人數突破六萬人之後，超過越戰二十年的陣亡人數，媒體一時麻痺了，全體銷聲不語，只有數字、沒有人命。川普大帝更是視人命如草芥，只重經濟不顧人命，對於死難人民，神色沒有一絲愧疚，言詞沒有一句道歉，真正是「死道友，不是死貧道」、「別人的囝死不了」。美國人權不合格，美國人命不是命，川普充分顛覆了世人對美國的看法、美國的立國精神、美國的普世價值，這還是世界首屈一指的泱泱大國嗎？還是獨步全球的超級霸權嗎？

今年正逢美國大選年，更是川普尋求連任的關鍵年，在疫情爆發之前的選情本來是十拿九穩、一枝獨秀的選局，但是，其漠視疫情的惡化，終致玩火自焚，條條惡行罪狀，烙印在美國選民的眼中心中。緊隨疫情大爆發之後，是美國股市大跌、觸發熔斷四次，經濟衰退引發失業潮，國際石油價格崩跌，導致他的選情一再受挫，警察暴力執法引起反種族歧視遊行，更是雪上加霜，全美遍地烽火，終於翻轉選情，把一路領先的民調拱手讓給對手拜登，這一場美國疫情輾壓川普大帝，叫他無所遁逃。種種倒行逆施的作為，最後他總是要還的，美國人一定會用選票來制裁他，選舉的結果如何，只剩二個月，且待十一月三日看分曉。

我們看那美國川普總統和英國強生首相，兩人都是一頭金髮，而且風格相似，此次防疫表現不力也是不相上下，真是大哥不用笑二哥，兩個哥哥模樣都一般，稱得上是一對金毛獅王、兩個難兄難弟。強生也曾確診過，住院治療及居家隔離相當時日才得以康復;川普的幕僚多人確診隔離過,因此引起大眾對他可能確診的質疑。可見得在病毒面前,完全實現眾生平等,不分膚色人種,不論身分地位,何曾放過誰來著?若說白種人享有豁免權,豈不是白天說夢話嗎?冒著疫情的危險,投入老公懷抱裡。

2020/09/03

第六十九回　起疫來歸的大連媳婦／老婆

老頭愛丫頭五十一

分別九月重聚首，世紀瘟疫見真情。
水路不通走航空，台灣隔離十四天。
輾轉台北回金門，快樂迎回我們家。
歡唱老頭生日歌，喜迎屆齡退休日。

2020/11/02

雙十節上午，大連媳婦／老婆去辦理房子登記事情，因為疫情關係限量辦理臨櫃業務，四個月前上網預約掛上號，直到這天才能上門辦理，總算告一個段落。晚上我就跟她說，既然妳也沒有其他事情了，那就安排回金門的行程吧！離別九個月，媳婦一聽說可以回來團聚，樂得她像中了彩券一般，歡呼雀躍！今年的年中她已經申請退休了，次月開始按月領取退休工資，享受輕鬆又美好的退休生活。等到今年的年末就該輪到我申請退休了，次月就能領取一筆一次性的退休金，和我媳婦一起攜手享受逍遙又美好的退休生涯。按我的預訂計畫是先出門旅遊一兩年，之后專心寫一本小說，篇幅在二十萬字左右，這樣子就算對得起我自己了，至于將來要不要寫第二本，到時候再說吧！

等她情緒平復一下，我就說首先妳跟姑娘／女兒商量一下，因為小三通水路已經停航不通了，只能改走大三通空路，預訂下周飛台灣，隔離二周后飛金門，留下她一個人獨自在家看守門戶，問她能不能接受？可有什麼意見嗎？她立馬將這事告訴姑娘，聽完之后姑娘表態贊同，她說「我的問題那都不是事，老爸已經堅持大半年啦！每天的衣食起居都是自己一個人料理，讓我們十分掛念」。

這件事一經說定，立刻進行訂購機票，同時通知在美國的小女兒。晚上十點搞定機票，十七號晚上十點半由大連飛上海，夜裡在機場過夜，第二天早上九點從上海飛台灣，十一點到達台灣桃園。媳婦說「跟你團聚有希望啦，好開心哦！明天起我就開始作出門前的準備，老公放心，一定會順利投入你的懷抱裡」。美國女兒知道媳婦在疫情期間要回金門，特地提供了許多網上的通關和過關信息，作為攻略和參考。首先是民航新規定，即起旅客搭機往返大陸與台灣前，必須提供七十二小時內核酸檢測的陰性報告才能登機。其次是入台前四十八小時，上網填寫健康聲明書，並訂好台灣的防疫旅館。再其次是抵達時要在機場排隊購買台灣手機門號，安裝LINE軟件／軟體用來申報居家檢疫生活，住進防疫旅館之后手機不能沒電。

十三號下午我跟金門縣政府承辦人蔡建鑄先生聯系上，請他協助我們訂防疫旅館。沒多久蔡先生就幫我們訂好旅館，在新北市三峽區，距離桃園機場大約三十公里，車程三十分鐘左右。第二天中午我給防疫旅館匯去房費訂金二萬元，然后打電話通知飯店，經確認已經收到款項，要求尾款須在入住當天付清。十六號中午媳婦去醫院做核酸檢測，晚上拿到陰性檢測報告，因為媳婦和姑娘一直無法登陸台灣網站填寫健康聲明書，我嘗試登陸成功之后，便代為填寫健康聲明書。十七號晚上媳婦照原訂A計畫，於八點半出發。班機準點起飛，深夜十二點半降落上海，就在機場過夜，第二日清晨六點值機／報到劃位，登機后查看一下旅客很少，只有三十幾人，媳婦說開啟一場艱難的旅程。我說「這是特別時期的特別旅程，妳要勇敢的走下去，何況妳不孤單，前方有我給妳打接應呢」！

飛機準時起飛和降落，媳婦一下機先要兌換一萬元台幣，可是機場的郵局休息，銀行網點也休息，耽誤了一點時間才換好台幣，買好台灣手機的門號，找到宅配通快遞公司寄出那些小米、花生米，郵費很便宜，只花三百多元。十二點就用台灣手機給我打來電話了，告訴我走出機場等候搭乘防疫出租車／計程車。一點入住防疫旅館，不久，就收到金門縣政府寄來送給她的一箱子防疫生活用品，她直說政府太貼心了！人還沒入住旅店，防疫用品都已經提前給郵寄過來了。

入住旅館的第二天開始起算居家檢疫的時間，一天下來一人獨居一室，面壁思過，三餐不缺，也是人生難得一項經驗，三餐足可溫飽。但是沒有水果，是唯一美中不足之處，而且旅館也不給代買，必須自己上網訂購，可惜她的手機無法網購。第三天中午遠在大連的姑娘聯系上一位台灣的朋友就住在新北市，她就拜託他幫一個忙，代買一份水果送過來。對方爽快答應后，下午就給送達旅館轉交了，晚上送餐的時候水果也一併送到，那位小伙子給買一份六樣的水果，貨色很齊全。姑娘說台灣最美的風景是人，這話真的是一點不假，而且五天之后，又給代買第二份水果送達，堪稱台灣版的活雷鋒了。

二十一號早上我在金門收到一件包裹，果然是媳婦郵寄來的宅配通，挺沉的。有十幾公斤吧？拆開一看有三瓶醬油、三瓶陳醋、幾斤油炸花生米、一包帶殼花生、幾包紅棗幾包枸杞幾包小米，真是應有盡有，大連媳婦太好了！油炸花生米一半是有鹽的一半是無鹽的，那是我的鴉片菸，立馬吃上了，有老婆的滋味呢！媳婦說這是她對老公滿滿的愛，這件包裹一共是十五公斤。二十四號中午收到姑娘傳來的照片，是國家開放大學的畢業証書，就是說她歷時兩年半自修大學本科合格取得畢業資格了，我立馬給她道賀「哎喲喂……這不是大學畢業生嗎？恭喜妳了，妳是我們的光榮和驕傲，妳的軍功章也有我們的一半，我們可是妳堅強的后盾哪」！姑娘說「老爸，我的畢業証剛領回來，第一時間向你報告，感謝你的大力支持哦」！

到二十六號早上，我跟媳婦說「妳閉關已經一個禮拜，再堅持一個禮拜就能出關，加油！堅持就是成功，成功就在前方不遠處」。她回說「有老公在前方召喚著，希望大大的、杠杠的」！至于我為什麼要說媳婦是起疫來歸呢？本來正式的說法叫做起義來歸，指的是從敵人的陣營中回歸到正義的隊伍來，棄暗投明，我是借用他的句型，改成起疫來歸。其實，就是說冒著疫情的危險、冒著天大的危險，也要回到老公身邊、投入老公的懷抱裡，如此說法說好不好呢？

說起水路不通走空路，自然離不開小三通的停航及何時復航的議題。話說小三通的復航牽動著許多人的眼珠子和心思，要說是萬眾矚目，一點也不為過，首先是能不能復航？其次是何時才能復航？思索未來的復航，必然要回顧到過去的宣佈停航。二〇二〇年一月二十三日中國大陸宣布武漢封城，就此拉開新冠肺炎疫情的警報，一衣帶水的金門立刻感受到疫情的衝擊，一股惶惶不安的氣氛逼人而來。二月五日金門縣長召開記者會，強烈建議中央政府，從次日起開始關閉小三通金門與廈門之間的航班。雖然台灣沒有做出回應，但是，一般小縣民認為關閉的可能性只會越來越大。

二月七日金門縣長再度召開記者會要求關停小三通船班，果然在當天下午，中央政府宣布自二月十日起暫停小三通金門與廈門之間的航班。這是第二次關閉小三通，二〇〇三年非典的SARS期間為第一次關閉，兩個月之后復航。此所以一般大眾預估此次停航的時間，大概在二到三個月之間，大家都認為可以承受得起。不成想，這一次停航轉眼已經將近九個月，而展望復航的音訊還是遙遙無期。雖然當時有人提議不要全部關閉，原本每日對開二十趟航班，每周一百四十班，保留每周一班或兩班，那麼檢疫能量就不會吃緊，關了大門之后，還能保留一扇窗子，以作必要之用途。而且未來也不須經過重啟航班的程序，只是恢復航班的班次而已，但是，保留航班的意見最終不被採納。以事后孔明來說，這一保留航班的意見確屬洞燭機先，預見未來。

盼望小三通復航的第一次聲音出現在二〇二〇年七月二十二日的中國時報上，前金門大學教授、前監察委員周陽山的投書《重啟小三通，開拓新四通》，稱小三通停航以來五個多月，金馬兩地經濟活動急遽萎縮。建請盡早重啟小三通航線，並開拓新四通方案，新四通是去年大陸方面主動提出，包括通水、通電、通氣、通橋，其中泉州向金門供水已經實施一年。如此一來，不但可以活絡地方經濟，還可以有利於兩岸化干戈為玉帛。

第二次聲音是在八月九日，台灣金門同鄉會總會在台北市召開大會，卸任總會長李台山在大會上籲請兩岸主管機關，聆聽金門鄉親的心聲，於安全完善檢疫管理前提下，適切重啟小三通，重振金門與閩廈地區商機，及方便兩岸人民往來。第三次聲音是在十月十三日，台灣金門同鄉會總會發函金門縣政府，籲請縣府儘速促成重啟小三通，以應兩岸之往來迫切需求。但是，當初急切關停小三通的金門縣長，完全銷聲靜音，自始至今不發一語，難道是想要一關到底嗎？

十一月二號是媳婦閉關十四天，功德圓滿出關的日子，一大早辦好退房手續，拎起簡單行李出門搭車前往台北松山機場。前些天討論的四條從三峽前往松山機場路線的走法，媳婦諮詢過旅館櫃台后，決定走第四條路線坐２７５路公車直奔機場。此路公車號稱路線最長，可以慢悠悠地轉到松山機場，但不用再倒車／轉車，省下很多事，行車可能要二小時，但是輕鬆自在呀。

八點退房出發，九點上車，十一點到終點站下車，剛進入機場大廳就碰見老同學許志新送他兒子來坐飛機，真是好巧，真叫人生何處不相逢！買到華信航空下午一點半飛機，跟他兒子同一班，買機票二千多塊，許志新搶著刷卡幫她付款，讓她很不好意思。班機準點起飛和降落，等我接到媳婦，回家時三點正。一進門我立馬給她一個熱情的擁抱之后，就端上一碗熱騰騰的小雞燉蘑菇，還有一塊巧克力生乳捲就著雞湯溫暖了她的芳心。我姑娘隨后就說「老爸真是一個模範暖男」。四十年工作的結束，第二段生活的開始。

2020/11/03

第七十回　開啟我的退休生涯

在世紀瘟疫新冠肺炎疫情肆虐全球一年后仍然方興未艾的二〇二一年元旦，我在工作連續四十六年終于劃下休止符告老返鄉，解甲歸田，退為大國民，同時開啟我的人生第二春。

元旦是我退休的首日，一元復始，萬象更新。早上八點我先去市場買小韭菜回來，老婆在家裡已經開始和麵了，好讓她做拿手的麵食，十一點做好十六個韭菜盒子、三十二個餃子。剛好妹妹薛秀園來到金城的診所做復健，我們立馬趕到診所送給她六個熱騰騰的韭菜盒子、十六個餃子。

隨后十一點半前往大連老鄉叢世娟大姐家裡，送給她十個韭菜盒子、十六個餃子，一會兒她老公鄭大哥及兒子也從小金門過來相會，留我們一起吃午飯。煮的米飯和餃子及韭菜盒子當主食，還有一碗海菜湯和四個菜，是炸芋頭、滷豬腳、炒花菜、炒蝦仁，開了一瓶陳年高粱酒，小吃小喝，非常輕鬆愉快，直到二點半才依依不捨告辭。叢大姐就在門口菜園子拔了好多自己種的香菜及茼蒿，讓我們帶回家，真是有吃有喝又有得拿，感謝鄭大哥、叢大姐賢伉儷，大家相約后會有期。

回家路上，我又順路彎到妹妹家裡看一下，她和老公現在都住在她二女兒家裡，女兒去上班，她帶三個外孫。一進門她就說大嫂做的韭菜盒子太好吃了，希望大嫂回大陸之前再做一次給她吃，中午她的三個孫子每人吃二個，她不怎麼愛吃餃子。她大嫂答應，這兩天一定會再給她做一次韭菜盒子，然后她就拿出一個很漂亮的馬克杯送給大嫂，讓大嫂帶回大連去，坐了半小時我們便道別回家了。

第二日的行程完全照著自己的安排進行，上午我們夫妻倆到牙科診所洗牙，遵照醫師囑咐每半年至一年洗一次。中午飯后我除舊佈新換貼春聯，老婆準備晚上的韭菜與和麵，然後上床午休，其中朋友來電邀約晚上餐敘，感謝厚愛，只能心領，實言相告，晚上去妹妹薛秀園家裡吃羊肉爐。

三點半老婆開始起來忙活，我獨自泡茶，五點我們出發，帶著剛出鍋的兩個保溫桶的麵疙瘩湯、十六個剛出爐的韭菜盒子，以及一些青菜、核桃、金門花生到妹妹家。妹妹和妹夫李世榮及外甥女李婉婷與三個小孩子都在家，一進門老婆放下東西，就拿出一個紅包遞給妹妹，說是新年快樂的一點心意，可是妹妹不肯收下，外甥女也不同意。推讓一會兒，我勸她收下不要客氣，一點心意也沒有多少錢，她總算不再推辭了。

一大鍋羊肉爐已經煮好了，端出來擺在茶几上的爐子就可以開動了，我吃了三碗羊肉爐，其他人都吃韭菜盒子喝著麵疙瘩湯。吃完后大家聊天很愉快，婉婷說舅舅和舅媽來看她們，媽媽最高興了，妹妹告訴她們舅舅自小就是最疼愛她這個妹妹了。

她又說大孫女吳沛錡讀小學三年級，愛畫畫還學胡琴，我就問她胡琴是不是二胡？她說是的，我就說沛錡能不能演奏一段讓我們欣賞一下？在媽媽和外婆鼓勵下，她就當場表演了，當樂聲響起，我們趕緊洗耳恭聽，一時還聽不明白，誰知樂聲就停了，她說完了。前后不到一分鐘，我說怎麼那麼短呢？能不能再演奏一段？她說好的，第二段大約有三分鐘，而且曲子的旋律我很熟悉，我就問她第二段是什麼曲目？她說是花好月圓，我說原來是這首，難怪我聽著好熟悉，這首歌非常好聽。

到了六點半我們就告辭要回家去運動，妹妹拿出一件新的紅色長大衣要送給嫂嫂，試穿一下還挺合身的，又拿出一瓶重陽節敬老的磁瓶紀念酒要送給哥哥，我也不好推辭，就不客氣的帶回家了。晚上五點之前在家裡吃了兩個韭菜盒子、喝了一碗麵疙瘩湯，我已經吃到六分飽，之后到妹妹家裡又喝了三碗羊肉爐火鍋湯，就到達八分飽，所以回家一定要去運動場走八圈的。

元旦連假三天結束后今天開始上班，我們先上銀行兌換人民幣，再上皮膚科診所拿藥，我的健保卡掛號照常，但是，媳婦的健保卡掛號停效。回家后媳婦從微信要轉帳出去，一再失敗，去到海邊連接上中國聯通的信號也轉不出去。元旦那天在家裡轉不出去，去到海邊連接中國聯通就能轉出去。無奈何改用我的微信轉帳，一轉再轉一樣轉不出去，回家之后媳婦又轉過幾次，功夫不負有心人，最后終于轉帳成功。

下午四點我三姐的大兒子陳俊達，小名叫阿山帶著女朋友范小姐來看我，媳婦打過招呼之后在廚房準備晚餐，我們三個人喝茶聊天。回憶起上次我們見面已經是二十四年前的往事了，真是白頭宮女話當年，各自關心一下彼此的生活近況。五點飯菜上桌，主食是十二個韭菜盒子、二十個餃子，六個小菜是清蒸魚、豬皮凍、黑木耳、蔥油豆皮、蒜泥茼蒿、高麗菜蒸金針菇，還有一大碗麵疙瘩做湯。繼續邊吃邊聊也不喝酒，一小時后他的三姑媽來電話找他過去，他們倆就告辭而去。

七點我們帶了八個韭菜盒子、十個餃子，以及外甥送的一些吃食，送去給妹妹，她們家已經吃飽飯，就和她們三代六口人說一說話，大家其樂融融。妹妹又拿出一件新的綠色長款棉襖送給嫂子，當場試穿一下，還很合身合體，顯得身材修長阿娜多姿。妹妹說嫂子不用脫下來，待會美美的穿回家就好了，我們坐了半小時就告辭回家運動了。

五號早上先到鎮公所諮詢一下媳婦的健保卡，工作人員說要等原來投保單位寄來轉出單，再拿來辦理和繳費。查看我的身份證之后說，可以用媳婦的名字投保，然後我再加保到媳婦的名字，我們當場辦理好了。讓我們再到銀行或郵局辦理轉帳代繳手續用來扣繳健保費，媳婦上周已經在銀行開戶，我們就去銀行填寫轉帳代繳約定書，整個事情處理妥當我們再到醫院辦理核酸檢測。

十多天前訂好第二段桃園飛上海的機票之后，我們就預約掛號做核酸檢測，早上十一點我們到達金門醫院，內科診室的護士要我們提供身份證／居留證、護照、機票影印本，可是我們的出境機票在手機上沒有紙本啊！她告訴我們別人是到便利店去下載影印的，我們立馬跑到街上便利店，請店員幫我們截圖下載再列印出來，其他證件也影印完成。交給護士核對無誤，再進行檢測，一點正在急診室門口的貨櫃屋內采檢，用一個棉棒伸入鼻孔深處採取黏膜，前后只有十秒鐘搞定，明天中午領取檢測報告。

完了我們順路去長春書店跟陳長慶大哥辭行，說我元旦退休了，明天飛台北，后天飛上海，隔離完了再飛大連過春節，五月份才回來。大家互道珍重再見，后會有期。

晚上六點半到山外餐廳參加餐會，我們夫婦倆搭彬哥的順風車一起從金城出發，這是半個月前訂下的飯局，本來是泰哥做東的，今天臨時換成鎮長陳文顧做東。上一次飯局是惜別餐會，這一次變成是送別餐會了。賓主總共十五人，來賓有泰哥、興哥、一哥、仁哥、瓜哥、忠哥、丕哥、徐哥、彬哥、光哥、宗院、萬祿、千哥夫妻倆，菜色豐富好酒很多，更多的是兄弟之間離情依依，明天下午我們就要出遠門了。

酒過三巡，菜上五道之后，真是勸君更進一杯酒，西出陽關無故人。眾位兄弟組成聯盟開始劃拳行令，第一組是鎮長和光哥，由光哥主打，可惜到最后一位功敗垂成，被四振回馬了。換由第二組泰哥和興哥的啤酒班，泰哥出馬，輕舟已過萬重山。再到第三組是一哥和丕哥，丕哥首戰鎮長，連續四振回馬，改由一哥帶刀上陣，總算過關斬將。第四組由瓜哥和彬哥聯手，瓜哥主攻，一次ＯＫ，穩坐釣魚臺。喝到八點半，酒足飯飽，大家相約后會有期，或者大連再見。

大連媳婦回到金門二個月，我們送出去分享的麵食有二十次，招待親朋好友來家裡品嘗麵食有十次，還把我養胖了二公斤，真的謝謝她。年中年末同退休，無拘無束任逍遙。

2020/01/09

第七十一回　情深疫濃送雁歸

老頭愛丫頭五十二

老頭歡渡退休日，丫頭喜迎北歸時。
頭天金門飛臺北，夜宿桃園機場邊。
次日飛臺灣海峽，上海隔離十四天。
再飛大連返家門，居家隔離又七日。

2021/01/07

元月六日是大連媳婦／老婆北歸的日子，自然也是我一路陪伴及護送的時候。首先是十一點我騎車到金門醫院拿核酸檢測報告，一問就能拿到，全部是英文，沒有一字中文。拿回家就和老婆上街吃一碗炒麵，省得做飯費事，因為家裡的冰箱已經完全清空了。同時今天也是我們最小姑娘的生日，我給她發資訊祝福生日快樂之外，也附上一個紅包，大家沾點喜氣。

出發之前給我媳婦發個獎金人民幣九百元，她回來金門二個月辛苦忙活，讓我和我的親朋好友都能嘗到正宗的北方麵食，親友們是人人誇讚不已，給予獎勵真是應得值得。這二個月裡招待親朋好友來家裡吃餃子、韭菜盒子有十次，送出麵食分享親友總共二十次，好東西就要和好朋友分享呀！

我們休息到二點四十分就提前出門在巷子口等計程車，沒想到他也提早來到，三點十分到達金門機場，看到立榮航空三點半班機還有空位，我們便提前一小時上機了，到台北下機時才看見跟外甥陳俊達及范小姐同坐一班飛機。

我們的行程因故提前一天了，今天下午的班機也提早一小時，四點半飛抵台北，剛好坐上五點從松山機場直達桃園機場的國光客運末班車，一張票一百多元，六點到達機場，坐計程車到旅館只需十分鐘，我們住進城市商旅這一家旅館。

第二天早上九點我們進到機場報到劃位，在排隊等待時，工作人員要求旅客先行用微信掃瑪填寫入境時中國海關要查看的健康碼，辦理劃位必須檢查核酸檢測報告，查完退還。中午十二點從台灣桃園起飛，沒有吃中飯，下午二點降落上海浦東機場。班機降落旅客入境時，首先查看旅客手機上健康碼申報，這在桃園機場報到劃位時已經填寫了，入境時逐個檢查，填寫不正確的地方當場改正之后，發給一張自己簽名的採樣單，拿著單子做核酸檢測，完成之后繳交採樣單，再進行入境證件的查驗。過完海關領取托運行李，再做一次掃碼填寫健康碼，寫完經過檢查合格，四點二十分坐上大巴。一小時后到達奉城鎮富頤大酒店／防疫酒店，再填寫健康碼后完成入住又需一小時，晚上六點半進入房間才能吃上晚飯。

這倒不是大陸方面效率低的原故，而是前所未有的事務，大家沒有經驗沒有前例可循，只能摸石子過河了，比如說掃健康碼，為什麼不能一碼到底？而是入境一次，做完核酸離開機場之前又一次，到了防疫旅館再一次呢？弄得大家人仰馬翻，暈頭轉向了，而且最后一次更是最麻煩了。

在這場世紀疫情鬧騰一年以來還不能消停的情況下出國，真的是一件吃力不討好的事，但是，為了陪伴大連媳婦回家，一起連續度過十個春節，還是義不容辭的跟她一塊上路，哪怕是千辛萬苦！何況她於兩個月前在疫情漫天之下獨自飛經臺灣隔離十四天之后，再飛到金門與我團聚！我的回報，也僅僅是恰如其份而已。

但是，這一趟行程在入境上海后，還是讓我們都吃不消，尤其是入住防疫酒店這一道最后程序差點沒讓我老婆當眾哭出聲來。在桃園登機之前先要掃碼填寫入境健康碼，真是手忙腳亂，不得要領，虧得櫃檯工作人員協助填寫，總算過關。

班機降落上海的重頭戲，自然是入境普篩，每一位旅客都要做核酸檢測，十個視窗一字排開挨個快篩。金門醫院做檢測是拿長棉棒從鼻孔插入深喉嚨一次，雖然難受只有十秒鐘就完成。機場快篩也是用長棉棒插入深喉嚨，停留十秒鐘，再旋轉十秒鐘才拔出來，非常難受，而且是兩個鼻孔各插一次，特別不好受。

離開機場之前還要掃碼填寫健康碼一次，內容有一部份不一樣，仍舊手忙腳亂，無法交券，都要尋求工作人員指導和協助。到達入住酒店，分配房間之后，又要掃碼填寫健康碼，內容有些部份也不一樣，仍然叫人不得要領，無法交差，必須請求工作人員給予協助和指導，總算才能交券。

我們行前就聽人說起集中隔離有家庭號的安排，就是夫妻或父母子女可以在一個房間一起隔離的。我們寫好健康碼便向工作人員說明我們是夫妻，而且我是老人，又有三高慢性病，行李中手提包有滿滿的用藥，其中一人要我們跟帶隊的女醫師說明，她一口拒絕。我們再向另一位女性工作人員解釋，要求一房隔離，她便轉向帶隊女醫師說明，女醫師仍然一口回絕。

我老婆急得都不行了，就拿著結婚證上前說明我們確實是一對夫妻，又是同一班飛機入境，我年滿六十五歲是個老人，有三高老年病，把手提包打開，拿出半包都是慢性病藥給她查看，而且需要老婆的隨身照顧，急得快要哭出來了。最後那位女醫師方才同意我們倆一室隔離，要我們在切結書上簽字自行負責，原來她們早就有這種考慮了，只是輕易不給人家這種方便。

最后我們去櫃檯交房費時，別人一個人是三千多元，我們兩人是六千多元。酒店不但按房間計算，也按人頭計算，不過，這些都不要緊，只要不拆開我們夫妻倆就很感謝了！

入住隔離酒店第三天經過微信網上隔離群組的公告及諮詢，總算弄明白隔離時間的起迄，上海和臺灣的計算方式還不一樣呢！

大連媳婦在去年十月十八日中午由上海飛抵桃園，下午二點入住防疫旅館。隔離時間的起算是從當天夜裡十二點，也就是次日凌晨零時開始的，隔離時間的終止是在十一月二日凌晨零時結束的，一到點就可以在深夜十二點離開，而大多數的人員是選擇天亮之后或吃過早餐自行離開的。

而上海的起止時間是以班機來滬／抵達上海的落地時間計算，隔離十四天后結束，自行離開的。例如我們是一月七日下午二點班機降落，晚上六點半入住隔離酒店，我們的解除隔離時間是二十一日的下午二點。疫情中層層關卡，擋不住結伴同行。

2021/01/11

第七十二回　疫情中的出行

世紀瘟疫在二〇二〇年一月二十三日響起警鐘之后，全球人類的生活再也沒能離開橫空出世新型冠狀病毒的肆虐，儘管世界各國窮盡各種禁足、居家、宵禁、封城、鎖國手段，歷時一年之后，仍然看不見盡頭！

但是，我們夫妻倆在二〇二一年一月六日仍舊毅然決然的踏上北歸之路的旅程，第一段由金門飛臺北，第二段是次日自桃園飛上海，第三段是隔離結束后從上海飛大連。我們知道每一段行程都充滿不可知的挑戰及變數，但是義無反顧，也是無怨無悔，為了我愛的人和愛我的人，照舊勇往直前。我倆結伴同行，千山萬水，不必相送。因為我們兩口子今年都退休了，沒有別的有的是時間，況且我連續九年在大連過的春節，今年完成第十年過春節，算是自己的一項里程碑，不能輕言放棄。能做的就是在出發之前做好各項已知的準備工作，未知的變數盡付於隨機應變了！

出發前一天在金門醫院做完核酸檢測，第二天中午拿到核酸報告，下午班機飛臺北，再轉往桃園機場。一月七日上午在桃園機場值機／報到劃位，先檢查核酸報告再發給登機牌，同時在櫃檯人員協助下用微信掃碼填寫中國海關入境的健康碼。

下午二點降落上海浦東機場，一下機先查看健康碼，填寫正確后做核酸檢測快篩，做完才查驗入境證件後領取行李，再填寫一次健康碼。填完正確後坐上大巴專車拉到防疫酒店，又填寫一次健康碼，真是手忙腳亂的交差。分配房間原則上是一人一房，可我媳婦／老婆捨不得我，而我也放不下她，只好懇求防疫人員中那一位帶隊的女醫師，讓我們兩人一房，卻遭到她一而再的拒絕。急得我媳婦差點當眾哭出聲來，最后她居然拿出我們的結婚證給她檢查，也拿出我的三高用藥滿滿半個手提包讓她查看，終于同意讓我們兩人一房隔離，但是，要我們簽下桌上準備的承諾書／切結書，自己承擔一切法律后果，我們總算如願以償，自然樂得簽名自行負責了。

隔離生活中有愛人陪伴，絲毫不以為苦，入住酒店三天后，我們便訂好第三段上海飛大連的機票。我媳婦透過微信向那位女醫師道謝，她說不用客氣，只是要求我們有空的時候以團體的名義寫一封感謝信就好了！我媳婦回復說沒問題，這個交給我老公妥妥的，我聽完不到一小時就用微信寫好五百字左右的感謝信，然后發給醫師看看合不合用？她說不用那麼長，可是要用手寫的，當晚我從手提包找到一張A4白紙，親筆寫好三百多字的感謝信，第二天早上交券，隨后她回復說寫得很好。

一月十九日做核酸檢測，第二天宣佈檢測結果隔離人員九十幾人全部陰性，那麼二十一日如期出關不成問題了。果然出關那天下午二點，我們準時離開防疫酒店，打車直奔浦東機場T1候機室，到櫃檯值機時，先要查看核酸檢測報告及解除隔離證明，還要檢查我的隨身碼。可是我們在酒店時已經上網申請上海版的隨身碼，弄了兩三個晚上，申請十多次全部都失敗，無奈何我只得據實以告。

櫃檯人員便拿我的手機操作起來，到最后那道關卡還是失敗了，於是她便改申請遼事通版本，一次OK，看見我的隨身碼出現綠色，才給我開出登機牌，一天的陰霾終於一掃而空了。過完安檢，坐機場內地鐵四分鐘到達登機樓，四點走到登機口休息，誰知突然看見網上新聞說，上海出現三例本土確診，那社區立即宣佈為中風險地區，好不嚇人呦！班機八點準時起飛，二個小時后平安落地大連，網上說上海的本土確診增加為六例，又要進入緊張階段了。

登機甫一坐定就聽見機上廣播說，請各位旅客申請好遼事通版本的隨身碼，以備下機后接受查驗。我媳婦一聽她的上海版還不好使，立馬申請好遼事通備用，原來這隨身碼的用途這麼廣泛呢。班機降落大連機場，回家的路程只剩最后一里路了，我們在十點坐上居民委／里公所派來的專車。上周我們已經跟居民委／居委會彙報返回大連的時間，她要我們上傳各項證件及證明審查，最后說到時候會派車接送。坐在專車上我就想為什麼會派車來接呢？不為別的，只因疫情所需，做好一切防護措施，這一場疫情改變了你和我。行車四十分鐘進入所住社區時，居民委另外兩位工作人員也前來會合，抵達家門口樓下，還下車來關懷及問候，老周到了，就好像是迎接海外歸國的華僑一般，只差沒有在脖子上掛一個花環而已。

大連在一月十二日已經出台最新的隔離政策是14＋7＋7，入境人員必須先集中隔離十四天，再居家隔離七天，最后社區監測／自主管理七天。居家隔離條件跟集中隔離一樣，必須單獨居住，不許外出一步，不准家人同住，因此我們姑娘／女兒在中午就搬到她表姐家去住，把房子留給我們居住了。

第二天早上開始定時向居民委彙報體溫，買菜由我們上網採購后，居民委派人幫忙送到家門口，再幫忙把垃圾帶走，真是服務到家。二十七號做核酸檢測，次日夜裡十二點解除隔離，可以自由外出活動了。

一月二十九日吃完早餐，自動解除居家隔離，隨后還有七天的社區監測，我們倆攜手出門採買一些蔬菜，剛剛關上大門，才看見門上貼著一張貼紙，上書「居家隔離」四個大字，我們相視一眼之后，隨手把貼紙撕了下來。買完菜來家不久，姑娘也回來了，一年不見的姑娘一進門就先來跟老爸擁抱一下，互相傳送溫馨及溫暖。中午吃飯的時候，各人倒上一小杯白酒，姑娘說一則慶祝老爸圓滿退休，功成身退，二則慶祝我們一家三口團聚，圓圓滿滿。晚上姑娘特地請我們到中山區吃一頓木炭火鍋，一點也不比東來順的銅火鍋遜色。

疫情期間出遠門旅行，充滿各種變數及挑戰，更多的是提心吊膽，以及忐忑不安，保不準某一項政策一宣佈，路上旅人就得費好大勁、繞好大圈子才能回到溫暖的家！執行就地過年，降低春運人潮。

2021/01/31

第七十三回　繞不開疫情的當下

經過新冠病毒一年的肆虐，全球人類沒有人不見識到病毒的厲害，把人們乖乖的關在自家屋子裡。全球確診人數突破一億，死亡人數突破二百萬，美國確診破二千萬人，死亡破四十萬人，真是災情慘重，哀鴻遍野！

中國雖是第一個遭遇病毒襲擊的國家，由于防疫及抗疫的成功，反而取得最好的成果，確診破十萬人，列為第八十一名，死亡破四千八百人，排在第四十七名。但是，牛年的春節即將來臨，這將是一道最大的考驗關卡，對於鼠年的無情襲擊，中國在艱難奮鬥中好不容易站穩腳步，並且贏得良好的成績，因此，今年提前在春節之前主動佈局，提出在外人員就地過年的政策。

大年初一落在二月十二日，配合春節運輸返鄉的春運，自一月二十八日起至三月八日為止。返鄉人員必須具備七日內核酸檢測陰性報告才能上路，返鄉後向居委會／村委會通報，能不返鄉的就地過年，區分三類，在高風險地區者，應該就地過年，在中風險地區者，原則上就地過年，在低風險地區者，宣導就地過年。在此政策下，春運人潮，應該會降低一大半，對防疫效果助力甚大。

大連在去年春天好不容易挺過第一波疫情，到夏天總算能喘息一下，不承想，七月二十二日又響起警鐘遭遇第二波疫情的襲擊。上一波來自人傳人，大家都已經養成戴口罩勤洗手的防疫新生活，到夏天漸漸的摘下口罩，誰知這一波卻是來自物傳人，在大連灣冷鏈／冷凍食品的作業工人出現新冠病毒的蹤跡，真是不可思議！原來是從海外進口的冷鏈食品外包裝上帶有病毒，飄洋過海進入到國內來了，真是現代版的木馬屠城記！

大連市疫情防控指揮部立即就疫情相關及附近社區劃定為中風險地區，施行嚴格封閉管理，居民一律不許外出上班上課，同時全市免費核酸檢測，近千萬人口在七天之內完成全員檢測。經過嚴防死守之后，終於在八月十五日宣佈全市降為低風險並且予以解封。

可是，僅僅輕鬆了四個月，十二月十五日起第三波疫情又來襲，這波是從大連市郊的金普新區響起警鐘，防控指揮部立馬做出應急反響，劃出中風險區域進行封控，再度全市免費核酸檢測，費時五天完成。歷經一個多月與新冠病毒的較量，最終在一月二十六日再次取得勝利，全市宣告降為低風險，一舉解除封控，恢復正常生活狀態。

再放眼看一下全世界疫情，全球人口有七十億人，確診突破一億三百萬人，死亡突破二百二十萬人。雖然見面不多，關照小弟不少。

2021/02/01

第七十四回　山東大漢令人景仰

二十一年前我獨自從金門飛到高雄拜訪幾位朋友，到了地頭就由當地老同事盧兆薰兄開車來機場接我，然后請他帶路逐一登門造訪，當年我四十五歲，他大我十歲。第一站是去四維路上看望劉元周大哥，他是山東人，高頭大馬是典型的山東大漢，年長我十三歲，官拜陸軍中將，從后備司令部退伍下來幾年了。

話說從頭，五十年前的我初中／國中畢業，夏天便與同學結伴第一次坐軍艦登陸艇自金門去高雄遊玩一周，算是畢業旅行。回程時在登陸艇／俗稱開口笑上與劉大哥結識，他是陸軍官校第三十五期畢業，身高約一米八，體重約八十公斤，精神飽滿，身材魁梧，是典型的男子漢，更是標準的革命軍人，他官拜陸軍上尉，三條槓的軍階。當時我十六歲年少輕狂，身高不到一米六，體重不及六十公斤，居然拿他當做老大哥看待。

半年后我就讀高一，寒假過春節時，我和同學徐明才還有兩位他的鄰居一起到金防部武陽營區劉大哥部隊吃春節大加菜，劉大哥特地撥出一張軍用四人餐桌讓我們享用大魚大肉，菜色豐富，堪比喜酒喜宴。我們敞開吃喝，大快朵頤，吃到油頭肥臉的才肯起身回家，從此一輩子都記得劉大哥的好。徐明才只見過劉大哥那麼一次，可是五十年之后他仍然記得劉大哥的容貌及體型，終身難忘。之后我偶而單獨到部隊拜訪過一兩次，一年半載再去時已經人去樓空，部隊調防了，我們從此失去聯絡和音訊，我知道這是軍人保密的基本要求，不去追尋。

十多年后某一天，我由大金門坐上交通船要去小金門，平常我難得會坐船過去小金門，平均一兩年才會去一趟，雖然開船時間只有十幾分鐘而已。就在水頭碼頭等船的時候，我突然聽見一陣熟悉而又陌生的聲音，深感驚喜，熟悉是因為這個聲音厚重雄渾，是曾經耳熟能詳的音色，陌生則是因為很長一段時間不曾再聽過這個嗓音了。抬眼望去，循聲辨位，只見前面站了一隊穿著草綠色軍服的阿兵哥，再沒有聽見聲音，無從聽聲辨人啊！

就在我走過去望眼辨認的時候，驀然一個軍人的背影吸引了我的注意力，這道背影是一個虎背熊腰的彪形大漢，在沒有任何線索之下，我立刻馬上就聯想起劉大哥來了，我覺得應該是八九不離十。於是我慢慢地踱步到他的面前，回頭一望，這不是劉大哥還會是誰呀？容貌及體格一點也沒有改變，腰桿挺直，精神抖擻，再看一眼他領子上的軍階，是三顆梅花的陸軍上校。此時的我身高將近一米八，體重八十公斤，幾乎可以和他並駕齊驅了，我的容貌變化，不知道他能不能辨認出來？

我先衝他笑一笑點點頭，然后問他說「劉大哥，好久不見，我是薛芳千，你還能記得我嗎」？睽違十多年的他對我微微一笑，點點頭說記得。我說恭喜你高升上校了，我在金門電信局工作十多年，混口飯吃。他笑笑說電信局的待遇不錯呀，他說他現在小金門某個旅當旅長，歡迎我有空去找他，大家敘敘舊，我說好的，一定去拜訪你。沒過幾天，我就專程過去部隊拜訪他了，純喝茶和聊天，夜裡在小金門同學的單位借宿一晚。我說佩服他的軍旅事業成就不凡，十多年連升三級，他說雖然自己的努力得到職務上的回報，可是卻深感對自己的老婆虧欠不小，家裡的孩子全靠太太一手照料，有時候頭疼腦熱也靠老婆全力支撐，還是老弟當公務員好，可以隨時隨地照顧家人和家庭。

這一次難得聚會之后，兩人便沒有再相聚過，倒是過沒多久，我打電話求他幫忙排軍用運輸機，他一聽就答應了。當年金門到臺灣還沒有開通民航機，只有軍用運輸船和軍用運輸機，我老婆由金門赴台就醫申請軍用班機，在家等候多日終于排上，可是返家要在臺北公館軍方的外島服務處登記排隊，苦等十多天毫無消息。我知道金門部隊中各師各旅都能分配到軍機的機位名額，我只好打電話告以上情向劉大哥求助，他聽完就答應幫忙，果然第三天就排上機位回金門了，老婆回家之后我隨即打電話向劉大哥致謝，他只淡淡地說一聲不用客氣。一兩年之后，再跟劉大哥聯絡時，電話那頭回說已經調走了，從此音訊杳無，事涉軍人的基本保密，我也無從追尋。

又過了十多年后某一天，我閱報看見一則新聞說，台中師管區發佈新任司令由劉元周接任，並晉升中將。哇塞！劉大哥連升二級又榮升中將司令，我立馬打電話向他道喜，真是可喜可賀，與有榮焉！他高興的說謝謝，你在金門也能知道消息，有到台中歡迎去看他。不過，我已經很少去臺灣，更沒有去過台中，后來也是從報紙上看到他的調動，就在后備司令部退伍，退下來之后也擔任過榮民服務處或農場的單位，什麼時候退休就不得而知了。直到這一次我要去探望他之前一周，我都沒有他的消息，我就託人幫我找尋他的電話，等我跟他聯絡好，他也同意我去看他的第二天，我才動身出發。

三十年間我和劉大哥見面的次數屈指可數，這一回在他家裡相見應是第四次，我和盧兄下午一起登門，也沒有見到他的家人，他解釋說女兒在加拿大讀書，老婆這段時間過去照顧她，他太太是屏東人。睽違十多年的重逢，當然有說不完的話，和訴不盡的關懷，就從各自的離情說起，也談談各自的現況吧。我說在電信局工作二十幾年，一介電信工人，日子過的平凡平常，一切正常，當然也可以說是乏善可陳，工作之外，倒是在金門電信工會擔任三年工頭，在薛氏宗親會出任過四年理事長。

但是，劉大哥擔任過很多重要職務，出於軍人保密的特質，他對於自己的工作及歷練極少提及，這個我頗能理解。因為團管區及師管區的工作和國民黨縣市黨部有業務上的聯繫，所以他熟悉很多選舉事務及政治人物，他說政治人物上台前和上台后幾乎都是兩副嘴臉，正是典型的前恭後倨，選前是他求你，選后是你求他了。

談著談著，他的話鋒突然一轉說起我來，「老弟，你如果要參加選舉，你應該如何經營基層？你應該如何接觸選民」？等他談話告一段落時，我才回應說，「大哥，選舉不是我的最愛，也不是我的唯一。雖然我關心社會、關心政治，自然也會關心選舉，但是，關心就好，不必涉足，成功不必在我。你看從剛才我們談話開始，我也沒有說過一句有關選舉的話題」。除了這一段對話之外，我們今天的談話也是很愉快、很難能可貴的。

結束第一站拜訪之后，回到車上盧兄就問起我劉大哥為什麼會對我提起參加選舉的事呢？我說我也不知道，你看我從頭到尾都沒有說起選舉的事情呀？接著我們又要去拜訪第二站、第三站、直到全部結束，深夜回到盧兄家裡休息時，他又再度提出這個疑問，我深思一下靈光出現，我說我想通了。我說劉大哥這項說法叫做職業后遺症，就好比理髮師，看到別人的第一眼必定是打量對方的髮型修得好不好？劉大哥參與選舉事務多了，知道什麼人適合選舉？什麼人不適合選舉？今天他的說法自然是含有深意的。

時光飛逝，日月如梭，跟劉大哥匆匆一別，轉眼就是二十年，直到去年在LINE賴恩上面突然看見他的名字彈跳出來，曉得他也開始啟用賴恩這個社交軟件／軟體了，趕緊和他聯系及問候一下，過幾天好不容易看見他用圖片回應了，因此我也時不時的向他問候請安。在這期間，我也曾經邀請他來金門相會，敘一敘別后情誼，可他卻遲遲沒有回應，我完全不知道他的現況如何？和上回見面是否依然健康如故呢？我也告訴他我家那口子是山東大嫚，娘家是高密，算是他的小同鄉，做得一手正宗的北方麵食，可以請他來我家品嘗一下他的家鄉口味，可惜他也是一直沒有回應。我還告訴他我今年元旦屆齡退休，很快就要啟程前往東北大連過春節，期待后會有期了。落地為兄弟，何須骨肉親？

2021／02／10

第七十五回　克己待人許志新

說到克己待人的處世風格，在我週遭的親戚朋友、同學同事當中，再沒有一個人趕得上我的老同學許志新了！所謂克己待人，就是嚴以律己、寬以待人，甚至可以說是對待別人寬厚，對待自己反而苛刻，這種人格特質是非常少見，也是非常難得的，這當然也是值得我學習和看齊的地方。只可惜的是他的身體在二十年前，正當四十五歲盛年之時，在第三次做體檢時突然發現腹部長出惡性大腫瘤，立刻馬上開刀切除，從此頻繁進出醫院回診及動手術，成為他日常生活中的重頭戲。教我深深感嘆道，好人更要有好身體！

我唸小學是在鄉下歐厝村的愛華小學，他在城裡唸的是金城小學，我們不同校，到了初中時我們唸金城國中同校，由於不同班也不認識。一直到一九七三年高三上學期，我和同班的同學李游泓在其住處門口，位於金城莒光路中段的巷子橫街仔內，認識兩位高三的同屆同學，一是葉漢談，一是蔡海塔，他們兩個並不同班，葉漢談也租住在同一條巷子內，只有他一個人獨自居住，他父親住在老家金門城。

從那以后我和游泓經常結伴上葉宅拜訪他們，一來二去大家越來越熟，逐漸的無話不談。而且，到葉宅拜訪的同學越來越多，增加認識很多新同學，拓展了不小的社交圈子。大家都是窮哈哈的學生，只能在各自家裡吃完飯后聚在一起清談，有時聊天，有時抬槓，也能談的不亦樂乎！大家不約而同的把這裡當作是一處歡樂窩，歡聲笑語隨風飄揚，三五成群聚會很是快樂，高中生的生活純真，無憂無慮，那真是一個青春飛揚的好年華，在青春作伴的求學路上，為各自的人生畫上濃墨重彩的一筆。

我后來偶爾借宿葉宅，真是無拘無束天地寬，連海塔也來借宿，三個人半大不小的湊在一起打通舖，那真是有一頓好聊的，我們的用語叫做「蓋……」，能夠聊得有聲有色的人，我們就尊稱他為「蓋仙」。這個詞就是聊天，天南海北無所不聊，北京叫侃大山、東北叫嘮嗑、山東稱拉呱、四川稱擺龍門陣。再后來，三人除了一起同桌讀書、做功課外，閒暇時也學起玩撲克牌、打百分、打橋牌，在紙牌上鬥智鬥勇，真是趣味無窮。那就需要四個人共同築起方城之戰，因而陸續邀約其他同學加入，填補三缺一，其中，以許志新參加的頻率最高。他與人交往真心實意，不作假也不勢利，雖然認同衣不如新，人不如故，仍願結交新朋友，不忘舊朋友。

我注意到蔡海塔的特色及長處不少，他的頭腦靈敏，反應迅速，博聞強記，鉅細靡遺，我們有什麼不清楚的找他一問，他解答的明明白白毫無疑義，好比一本活動字典，這些都在我之上。不過，他的膚色黝黑，辨識度特別高，同學們都愛叫他黑人或者黑塔。葉漢談的特徵是成熟穩重，興趣及涉獵廣泛，凡事都能說出自己的一套看法及說詞，他的皮膚白皙、臉色白淨，特別有異性緣，女生很少會拒絕他的請求。而許志新個性恬靜、很少主動提出自己的意見，只有請他發表高見的時候，他才會應邀簡單扼要地提出來，直指核心。他讀英文是拿遠東版的牛津英漢辭典來查閱，不像我們只是使用一本英文字典，這是同學當中所僅見的功力，難怪他是全年級同學英文一把手。他們三人的優點是我衷心佩服的地方，也是我一直在從旁學習的榜樣。

過完春節進入高三下學期開始，大家心頭都清楚要準備迎接人生的最大關卡即將來臨了，七月一日的大學聯考決定著每個學子的前途和一生，能擠進這道大學窄門的中學生只有百分之三十，更多的百分之七十被拒之門外，必須提早進入社會、自謀生活；想一想同學之間將要分道揚鑣的未來，猶如石頭沉入心海一般，每個人總是愁眉不展。很快的，大學聯考日即將來臨，聯考之前，金門考生渡海進駐高雄路竹的東方工專學校宿舍，考完三天后，我自知無能上榜。

由台返家之后聯考放榜，我高高的落榜，其他三個同學卻都是金榜題名耶！一位考上世新大學，一位國立成功大學，一位高中國立台灣師範大學，我一看自箇兒慚愧，但更為他們高興，一一登門向他們道賀恭喜。因為一年來的同學情誼深厚，已經是志同道合，情同手足，見証了落地為兄弟，何必骨肉親！幸運的是，我返家報考金門電信局，得到老天的眷顧，十二月電信局放榜，錄取十九人都是前后屆畢業的同學，我居然也能僥倖上榜，中旬隨即到台北電話局報到接受職前訓練一年。

次年四月初，學校放春假好幾日，蔡海塔從台南坐火車一夜到天亮來台北和我們三人相聚，因為他們兩位也在台北就讀，珍惜我們各自跨出人生道路的第一步，互相探詢，互相鼓勵，互相扶持。其實，我們是同學，也是兄弟，固然相親相愛，但是人生旅途仍然是兄弟登山，各自努力，想要登頂就必須在根基上下大功夫，我們的人生路剛剛開始，萬里之行，始於足下，大夥一起努力向前吧！

我們受訓的宿舍在延平南路的小南門邊上，門口有很多家牛肉麵店，我每晚都去店裡吃一碗牛肉湯麵十元，加喝一碗清湯不加錢，麵加湯也吃不飽的我，卻從來不捨得吃過一碗牛肉麵二十元。因為我要把每月的大部份薪水寄回家（前半年是四千二百元，后半年是六千九百元），只留一千元的三餐伙食錢，實在吃不起呀！早餐在單位的福利社吃六塊錢三明治及鮮奶，午餐在單位的員工餐廳吃自助餐十二塊錢，晚餐在巷子口吃十塊錢牛肉湯麵。唯一的一次吃牛肉麵，還是許志新邀請我和葉漢談兩人到他們師大夜市大快朵頤，他們倆一人一大碗，我一個人要兩大碗，難得能夠吃到飽真過癮，我一輩子都忘不了許志新請客的這頓牛肉麵。好有一比就是，日月潭水深千尺，不及牛肉麵之情。

有了工作有了收入之后，苦哈哈的窮學生一舉鹹魚翻身，我暗自慶幸，比進入大學深造的昔日同窗提早順利進入社會，進而成家立業、養家糊口。三位同學經過三年半之后大學畢業，前途不可限量，鵬程萬里，一位留在台北發展事業，蒸蒸日上，二位返金擔任國中教師，作育英才，百年樹人。此后，我工作十幾年還窩在金城當流浪的無殼蝸牛，只能望屋興嘆，此因我一家六口單靠一份薪水維持，別無他處生財，此其一。我的父母還帶著兩個未成年弟弟生活，抽走我的薪水達三分之一，此其二。

一九八八年我三十三歲，四個孩子中老大十二歲讀初中／國中一年級，課餘輔導要上英文補習課，不補習是不行的，一定跟不上程度。許志新在國中當英文老師，晚上在自己家裡給學生補習英文，每人每月收費一千元，我家老大也送去上補習課，可是他不但不收費，還言詞懇切地對我說「上課的學生四、五十人，不差你孩子一人，不多一張座椅，也不多印一份講義，我和你是老同學，你就不用跟我客氣了」。他的說法明明就是幫了你的忙也不讓你欠下人情債，特意要來解除你的包袱，這便是最正宗的克己待人，而且施恩不望報，確實很少見，真正是潤物細無聲。此后每二年一個孩子上初中，四個孩子每人補習三年。

當時我一份工作薪水每月不滿一萬五千元，在金門地區的軍公教人員薪資中算是高所得者，可是上交父母親的安家費達到五千元之鉅。我自立門戶一家六口賃屋居住，不止捉襟見肘，而是每月入不敷出，實在擠不出這一千元費用，他免除我的經濟負擔，還解除了我的人情債，我從此不敢忘記他的恩情。之后，其他三個孩子陸續都在他家補習三年，一概沒有交費，要是算起這一筆補習費，可是為數不菲哦。

第二年，我好不容易才有一次買下一塊土地可以蓋房子的機會，地主說他需錢孔急，開價四十五萬元，必須三天之內付款成交，否則改賣他人。這是難得一遇的機會，我答應三天付款，可是回家翻箱倒櫃盤點全部家當只得五萬元現金，非得尋求親友告貸不可。

我立馬趕赴好同事、也是好兄弟倪振興家裏告知此事以及我的困難，他一聽完回說你買土地是為了將來蓋房子做準備，平時土地交易機會難得，這是非買不可，缺錢的事不要緊，他在農會信用部有存款，明天就可以取出來給我用，等我有錢的時候再還給他就好。我心中一塊石頭隨即落下來，我說等我標下互助會就可以還上錢，至於利息我會按照銀行利率計算，他回我說利息不用計算在裡面。如果沒有這一筆及時雨的款項，我就只能跟這次機會擦肩而過了，這輩子我也忘不掉倪振興幫過我這麼大的忙。

因為我是生平第一次買進土地，完全不懂得過戶的手續，第一關到稅務局洽辦時才知道還要繳納一筆十一萬元的土地增值稅，可是手上再無一塊錢了，又不好意思再向倪振興開口，怎麼辦呢？只得另想他法，晚上特地到許志新家裡跟他提一下我的困難，他聽完就說沒有繳稅就不能到地政局辦理過戶，你就拿不到土地所有權狀，他在郵局有一些存款，明天他去提領之后我就過去拿錢。真是好兄弟，再一次幫了我一個大忙，我說等我有錢的時候再還他，到時候利息就按照銀行利率計算，他卻回我說什麼時候有錢什麼時候還就好了，不用加算利息。買好建屋的土地之后兩年，連棟的四個地主相約一起施工建造，施工一年我們便一起蓋好三層樓的新房入住，如果沒有先買下建地，我還只能是一個無殼蝸牛族，感謝倪振興、許志新的大力幫助！

寒來暑往，時光荏苒，我們一家人在自地自建的新房子舒適的居住了將近二十年，孩子長大后大都到台灣就學就業，家裡進入空巢期，留下我獨自坐鎮四行倉庫。二〇〇一年突然聽說許志新罹患癌症，令我深感震驚，趕緊上門去探望一番，問他是真是假？是怎麼一回事？他說是真的，前兩年做兩次體檢都沒有問題，今年七月體檢時發現腹腔大腫瘤，手術后取出來的腫瘤直徑是十一厘米。當時他還在學校擔任教師，一邊照常上課，一邊安排時間到台北榮民總醫院回診。因為沒做化療，腫瘤又重復增生，八年內又做了三次手術，兩年后還增生，恐怕傷及神經已經不能再動刀，只能做化療了。而化療是一把雙刃刀，他在消滅病變細胞的同時，也會消滅健康細胞，人體便會因此衰弱不堪！

二〇一一年他年滿五十五歲，可以申請五五專案退休，功成身退，功德圓滿。年底我從東北度假回來，攜帶許多山產乾貨如枸杞、紅棗、榛蘑、黑木耳等，有一天我在路上和他不期而遇，告訴他我有一些東北山產要送給他，請他就近跟我回家去拿。不承想，他竟然說不要，我大感意外，他一反常態的當面拒絕我的一番好意，我說為什麼呢？這只是一些土特產，並不是什麼名貴的物品呀？他說不是物品的問題，而是他身體的關係，他是有病在身，卻不能吃太好，有營養的東西反而有利於癌細胞的成長。我聽完心理大為感傷，平常我們唯恐攝取營養不夠多，哪知道生病的人卻不能吃營養多的東西！人說失去健康的人才知道健康的可貴，我也認為身體健康，千金不換。其他的一概是身外之物了，眺望廈門莒光樓，江山留與后人愁。

從此我就把許志新生病十多年這件事記在心底，隔三差五就上門去看一看、坐一坐，他對病情倒是很樂觀、很豁達，說他退休之后要好好回報他老婆對他的好，他要包辦大多數的家務活，他老婆在一旁聽得樂呵呵、笑嘻嘻的。后來有朋友聽我說去看望病人同學時好意提醒我，他講癌症病人需要多休息，你上門看望他是一番好意卻不是一件好事，因為你去了病人還要接待你，又費精神又減少休息時間。我想一想也對，應該儘量減少去打擾他，這叫換位思考，也叫換個角度、站在對方的立場設想。不過，在這之后有一天晚上我去跟他喝茶、聊天兩個小時，和往常一樣的輕鬆愉快，我要離開之前他還特別對我說了，晚上相會交談這段愉快時光，讓他覺得又多活了兩個小時，他好開心。因此我打定主意可以去看望他，只是不要太頻繁就好了。

可是出人意料的事情卻發生在別處，二〇一七年二月十四日西洋情人節，晚上六點半突然看見陳滄江同學在網上同學會群組發出消息說：「我們的同學蔡海塔，因為癌症病危」！猶如一記晴天霹靂，霎時震得我眼前金星直冒，過了好一會等我回過神來，還存著一絲僥倖心理，期望他能吉人天相，轉危為安，因為我也曾簽收過親人的病危通知單／紅單子，但最後化險為夷，安然無恙。

十一點半人在台灣的許志新打來電話詢問蔡海塔狀況，我說別無所知，兩人同感煎熬和難過！我們都說他生活作息一切正常，運動習慣沒有中斷，身體身材標準，前幾個月我去看他還是一如往常，怎麼會突然得了癌症呢？深夜十二點陳滄江再發布消息說：「蔡海塔不幸剛剛往生，安寧返鄉飛機預訂明天早上九點起飛返金」。至此，一切塵埃落定，人生無常，世事一場大夢，人生幾度秋涼？從此陰陽殊途，再無奇蹟發生的可能，我只能說「海塔一路好走，各位同學節哀」。又說「海塔已乘黃鶴去，昔日同窗空唏嘘」！

等我到靈堂致祭時才從家屬口中得知一些梗概，原來他罹患的竟是跟他父親一樣的食道癌，可是他父親八十二歲發現癌症第三期，還活到八十六歲。而他發現癌症第三期之時只有六十歲，不及幾個月，病情卻在一夕之間急轉直下，撒手人寰，真是斯人也，而有斯疾也！食道癌的三大成因是菸、酒、檳榔，菸和檳榔他不沾邊，年輕時他也不沾酒的。

但是，他一生中最不明智的事情便是他原本不喝酒，也不能喝酒，因為體質過敏的關係，一直到四十多歲在工作的學校擔任總務主任之后才開始喝酒，也就是三、五年吧！之后轉任校長秘書、圖書館主任應該就很少喝酒了。但是這麼短的時間這麼少的酒量，對他而言，卻無異是穿腸毒藥啊！他的體質不允許喝酒，卻在中年之后開戒，真是不明智，悔之晚矣！後來我為了記述老同學和老兄弟，特別寫了一篇紀念文章叫做《博覽強記蔡海塔》，在金門前鋒報上公開發表。

前些年我帶大連媳婦／老婆一起去拜訪許志新、李素賢伉儷，素賢告訴我上次我拿給她的一些乾貨燉雞肉特別好吃，我說那是榛蘑，「小雞燉蘑菇」是東北扛扛有名的一道招牌菜色，妳要是喜歡我下次再帶過來。志新對我媳婦說，我從高中畢業四十年來身體、精神、性格一點都沒改變，彷佛還是當年的高中生一般。我說這應該歸功於我的運動習慣持之有恆，四十年如一日，從不間斷。

之后我媳婦在家做她的拿手好菜，我就邀請一些同學同事、親朋好友到家裡分享一下正宗的北方麵食，並不是什麼山珍海味，只是餃子、炸醬麵、韭菜盒子，是習慣吃米食的我們平常比較少吃到的。許志新第一次來品嘗餃子，第一口餃子入口就說出手擀麵的餃子特色，他說手擀的麵皮又薄又Q，一入口立即滿意，他特別喜歡，不像街上館子吃的餃子，麵皮是機器壓製的又厚又硬，一口咬下去就不能滿意，他就是喜歡這手擀皮的餃子。他的評價跟我的感受如出一轍，我還沒有品嘗出餃子的餡料時，也是先判別餃子皮的品味如何？

自從去年一月新冠疫情橫空出世之后，一年多來再也沒有消停過，也看不到盡頭，見不到、摸不著的病毒把人類困在了家裡，出門走進人群就充滿了染病上身的危險。工作、生活、出門都憑添許多的不便，更別提那出入國境了，層層的防護、重重的隔離，至少關妳十四天，有些城市還要另加七天。就在這個艱難的時候，去年十月中旬，大連媳婦毅然決然孤身由大連飛上海、再飛桃園隔離十四天，十一月二日期滿出關后獨自前往台北機場準備飛回金門團聚。剛一腳踏進松山機場就迎面遇見許志新送他兒子搭機返金，買機票時就搶著幫我媳婦刷卡付款，叫她感動不已，回家就要求我趕緊歸還他的機票錢，可是后來我當面拿錢還他時，志新說什麼都不肯收下。親友之中幫助我最多的就是志新，歷歷在目，從未或忘，到今天仍然關照我這麼多！

我很認同古人所說的一句話，「衣食既有餘，時時會親友」，所謂走親訪友，還不就是聯絡感情嗎？到了年過花甲，跟親友相會自然是少不了一頓家常便飯，可是到飯店／餐廳所點的菜也不見得合吃，倒不如在自己家裡整一桌金門少見的北方麵食。所以我的大連媳婦只要回來金門，我就經常邀請幾位同學同事到家裡坐一坐、聊一聊、把酒話桑麻一番，當中，也以志新參加的頻率較高。有一回是許乃權同學也在座，聽到志新敬他酒的時候說，敬別的同學喝酒都能喊名字，唯獨敬他的時候就喊不出來。我們就問這是為什麼呢？志新說因為他的名字跟爸爸重名，同名同姓，他不敢喊爸爸的大名啊！原來如此，他真是一個孝順的孩子，也算是現代孝子。

我曾經說過志新對自己的癌症纏身很達觀，告訴我們說目前他的癌細胞已經從腹部轉移到肺部，先是左肺后是右肺，聽完我們都為之沉重、也為之沉默了，因為癌症這種病情一旦進展到癌細胞轉移或者擴散，病情就很嚴重、很兇險了！我只能夠這麼說，人生不過一百年，今日不知明日事。只要功夫下得深，鐵杵磨成繡花針。

2021/06/10

第七十六回　電信工人，進入工會

我這輩子唯一從事的一項工作就是電信局的一介工人，微不足道，當然也是一事無成。我從高中畢業半年后就僥倖進入金門電信局工作，真是感謝蒼天仁慈，保得窮學生一舉翻身成功，身份是半正式員工，職稱是實習技術佐，必須通過考試及格，才能摘掉實習這兩個字，成為正式員工。

在初中／國中階段我已經幹了兩年的黑手／汽車修理廠的學徒，高中階段的寒暑假也幹了兩個假期的花崗石廠搬運工，搬運爆破之后敲開的塊石，所以我註定一生要與工人為伍，也認定勞工神聖。小學階段在鄉下農村協助家裡從事農活，擔水挑柴習以為常，服從長輩的教誨就是把吃苦當做吃補，不會逃避也不會有怨言，但是重擔把我的肩膀壓垮了，小學畢業時身高只有一三六公分。

在我登錄為電信局員工的同時，雖然是半正式員工，同時強制加入電信工會成為一名會員，可以說是進入電信局也進入電信工會，算是一舉兩得吧！但是，僅僅成為一名理所當然的會員，實在還談不上是進入工會，只能說是第一層次，雖然會員享有權利也承擔義務，並不能參與會務的運作。本文所稱進入工會，主要是在第二層次，專指能夠參與會務運作的理、監事人員及會務聘僱人員。電信局的組織層次分為三個層級，為總局、管理局、地方局；而電信工會的組織層次僅區分為二個層級，為本會／總會、分會。因為金門電信局員工數不滿百人，不設分會，只有小組，直到一九八四年才升格成立分會，全區共有四十個分會。

電信工會金門分會成立之后，依照工會規章選舉九名理事、三名監事，再選舉一名工頭稱為常務理事，此所謂麻雀雖小，五臟俱全。在草創階段的前兩屆分會中，經由一系列公告、登記、參選、拉票、投票、當選、上任中，會員正好可以行使選舉權及被選舉權，並藉此練習民主政治的運作，正所謂雖小道亦有可觀焉！由於本會的組織及改選是採取間接選舉制，全區劃分一百多名會員代表，再由會員代表選舉理監事，最后由理監事選舉理事長及常務監事。分會的組織及改選也採間接選舉制，先選出會員代表，再選出理監事，最后選出常務理事，而三百人以下的分會則採取直接選舉制，由會員直接選出理監事，再選出常務理事。相對於本會的改選，感覺距離比較遙遠，因此分會的改選逐漸受到會員的重視。

我們常常聽到、見到一些宣傳說，中興以人才為本，久而久之，也能認同這個理論，深知人才非常重要，他們會影響時局並決定興衰，但是，從來沒有人去定義什麼是人才？所以也沒有人敢說自己是人才，就算你自己說出來也沒有人會相信。只是我以個人的角度觀察可以看出一個規律來，而且屢試不爽，那就是任何一個行業能吸引好的人才投效進入，早晚這個行業必然會領先其他的行業，一個行業進入的人才越多領先其他行業的幅度越大。我們現在舉一個最簡單的例子說明之，那就是華為公司，他從草創時期走模仿的山寨版手機起家，在挖到第一桶金之后，迅速轉型為研發創新的公司，吸引大批的一流專家及科學家投入，從此走出深圳、走出中國，引領美國、引領世界，這就是人才起到的關鍵作用。

以我個人對工會的理解，認為工會是因事業單位而存在，工會與事業兩者是相互依存的，工會是弱勢工人的集體，是工人的代表，也是勞方的代表。工會並不是政治制度設計上的制衡機關，卻是工人權利保障的平衡機構，因為工人是弱勢的，還是分散的個體。事業單位是相對強勢的一方，事業首長是站在分配權利的一方，是資方的代表。理論上個人角色的認知本來就差異極大，實務上雙方角色的扮演更是天差地別，因為事業首長太強大，致使工頭喪失分庭抗禮、平起平坐的勇氣，淪為附庸角色，一切以事業首長馬首是瞻，經常被譏為是花瓶，只有妝點門面、聊備一格的的作用而已。長此以往，事業單位中一流的人才對於工會都是不屑一顧，更不要說是進入工會參與會務運作了，沒有人才的工會，如何振興工會？如何回饋會員和照顧會員？

但是，我們之所以會跟工會打交道，確切來說是跟分會打交道，是從我們電話機房發生的一件勞資爭議引起的。這件爭議是因為主管違法更改機房值班表，違反《勞動基準法》，造成我們的權益受損，經過訴諸主管要求改善不果，轉而向工會陳情，雖然工頭也能感同身受，代為向主管提出交涉，卻是屢屢被主管三言兩語就打發回來。因此我們評估工頭的素養及能力受限，無法達成我們的訴求，可能需要我們自己推派代表進入工會，才能充分表達我們的主張。

說起這件勞資爭議，真的是天下本無事，庸人自擾之，因為實行十來年的值班表其來有自，沒有違法的問題，也沒有權利受損的情形，大家相安無事。卻因著主管片面的、逕行的變更班表，致使機房值班人員的休息時間遭受剝削，當年周休一日半、月休六日，這一變更成為周休一日、月休四日，我們就平白損失二日的休息，我們當然不幹了！

經過了解這變更班表的緣故，那就更可笑了，原來這是出自一位討人厭的提議，這位討人厭本來也是一位太武機房的同事，因著一九八四年在太武機房內與其他三位同事打麻將聚賭，被警察逮個正著，除了被單位記過處分之外，還被金門政委會驅除出境、掃地出門。這個麻將四人幫給電信局的局譽和形象招來極其惡劣的傷害及影響，堪稱金門敗類，電信之恥。討人厭調到台北機房工作之后，與同事相處仍然不和諧，機房同事都喊他「畜生」而不名，他看到台北機房變更值班方式，就把這班表引進到金門來，可是台北試行不久又改回原來的班表。

再說這個主管姜氏膿包，生就一張三角眼／三角目，跟我們同齡，說得上是少年得志，但論起他的發家，正好跟他的相貌一般無二。首先是在第一階的基層主管升遷上，他的工作能力並無出彩／出色之處，人際關係也無受人稱許之道，同部門的另一位同仁趙生的工作表現突出，人緣極受稱讚，跟他是同學兼拜把子，已經被有關上級內定為儲備主管，不日升遷。孰知他運用與單位首長同鄉的這層關係，硬是把這個基層主管搶到手，更狠的是介入趙生的感情中，致使趙生在雙重打擊下，請調台灣工作、遠離金門家鄉。

其次是三角眼的陰險狠毒遠不止這樣，還有一位同仁許生，也是他的同學兼換帖子，趁著許生與女友鬧別扭請他出面調解的當下，居然乘虛而入，鳩佔鵲巢，將兄弟的女友據為己有，天涯何處無芳草，何必搶摘一枝花！后來又把先前從趙生那邊撬來的女伴蹬掉，轉而與從許生這邊掠奪而來的女友越氏來美結婚，教全體同事莫不瞠目結舌，這種人品之低劣，令人髮指、令人不齒！

這件變更班表就是在三角目晉升第二階的中層主管不久之后調整的，對於這樁違法班表的反映，在施行數月之后，我們值班人員十來名忍氣吞聲一再陳情要求改回原來的班表未果下，幾經評估想要改採激烈的手段，卻因著新來的局長張光亮待人友善，視員工如同兄弟姐妹的氣氛下，不忍心撕破臉起而抗爭，大家相約隱忍一下，等到他日張局長調離金門后再採取行動。一兩年后張局長榮調台灣，我們迅速行動起來，首先全體值班人員連署寫信質疑值班表違法之處，寄給電信總局人事處長李春芬，並附上一分班表影本，要求解釋該班表有無違法之處？沒過多久，人事處長回信確認該班表違法。

因此，我們拿出回信要求三角眼儘速調整值班表，他仍舊鴨子嘴硬，死不認錯，我們再轉向新局長張廣勤匯報此事來龍去脈，要求指示主管調整，無奈局長態度軟弱，唯唯諾諾，凡事以三角目說詞為準，真叫人徒呼奈何！一九八九年底，我趁著到台北受訓結束的空檔，單槍匹馬專程前往電信總局拜訪人事處長，再就這一班表確認是否屬於違法？李處長親口確認違法無誤，違反《勞動基準法》，談話結束他問我一句題外之話，「薛先生，請問你有沒有在工會擔任什麼職務」？我回說沒有，從來沒有過，他也沒有再說什麼，我就告辭而去。等我回到金門，跟同事們匯報這一次會面的經過，我也提到李處長最后這一句問話是什麼含意呢？大家都說無從猜起，但是，我感覺他的問話一定是含有深意的。

一九九〇年三、四月，金門電信工會發布選舉公告，召開第三屆第一次會員大會，改選第三屆理監事暨常務理事，六月中旬投票，七月一日交接，一時之間成為同事們的熱門話題。機房同仁有人提議我登記參選，我思考了一下就應允，然后我立即對工會事務深入思索一下，既然要參選理事，不妨把目標放在常務理事，這樣子更有機會實現自己的看法及主張，那麼就必須邀集更多志同道合的人參選，取得多數席次才能問鼎工頭。

因為在前一年，我曾參與薛氏宗親會的創立，負責章程的起草，參酌剛修正實行的《人民團體法》擬定的，並當選首屆理事之一，對於人民團體也有相當的認識。當年我三十五歲，工齡十五年，自認在原來的工作崗位上學習一些其他服務項目或常識，任期完了重新回到工作軌道，應該沒有什麼為難之處。於是我們聯絡邀集了有意登記參選的十來位同仁會面討論和結盟，相約等我們選上理事之后再來磋商常務理事的人選，不過，這項口頭協議並沒有任何約束力。

應選理事九人，登記人數將近二十人，二選一的競爭蠻激烈的，投票結果，我們這一夥包括我在內有四人當選理事，本想約集四人再度會面協商常務理事人選，不承想，其中二人宣布已經跟別人結盟成五席，我一聽也只能尊重他們的決定。我了解一下開票結果，九席理事形成五二二分配，有一方已經取得多數優勢，角逐工頭簡直就是探囊取物。但是，我的得票是第一高票當選，我自己的解讀是認為很多同事對我懷有期待的，我應該繼續向前邁進，因此我毅然決然地宣布參選常務理事到底，光明磊落、旗幟鮮明。

一周后召開第三屆第一次理監事會，改選第三屆常務理事，會前幾天選情發生戲劇性變化，有五席的那一方分裂，有一席脫離加盟，而另一方的二席同意支持我，形勢峰迴路轉，最后我又取得脫離的那一席答應支持我。理事會開票過程，你來我往不分上下，纏鬥不休，一直到第八票開完還是四比四，主席開最后一票時更加慎重其事，不但現場摒住呼吸、鴉雀無聲，就連場外觀眾也是寂靜無聲，等待最終開票結果。但是，只有我一個人的嘴角露出一絲微笑，知道勝券在握，因為那脫離出來的一票沒有跑票，所以最后一票就一定是我的。果不其然，第九票就是我，場內及場外的人都大呼驚訝，反敗為勝，但是結果不容置疑！

當選工頭后，我自己做了一下規劃，決定在前兩任所建立的基礎上，要把工會的角色及功能從三分提升到九分，教大家刮目相看，原來工會也可以這樣子玩法。上任后我首先花了三天時間安心的把工會辦公室內所有檔案，包括公文全部檢視一遍，清楚了解這幾年的分會是如何運作的，然后很快對事業單位提出一連串的交涉及主張，有口頭，也有發公文。因為此時我是分會一把手，對接窗口自然是局長，那些課長、班長只能靠邊站。

我熟讀《工會法》、《團體協約法》、《勞動基準法》、《會議規範》，所以我在溝通協調上，具有良好的表達能力、法律思考能力、議事能力、溝通的主導能力、製作公文能力，我知道工會還有很大的揮灑空間，絕不是目前的這種狀態，我決心打開局面、拓展空間。七月一日我上任后，工會與事業單位之間立刻瀰漫一股山雨欲來風滿樓的氣氛，同仁們也在拭目以待，看著我將會如何出招？

我主張依照團體協約，工頭可以擁有半天或一天的時間專職辦理會務，那麼我上午在原來崗位上照常工作，下午脫離崗位在工會專心辦理會務。交涉幾天后同意，從八月份開始執行。我原本想要求一天的時間辦理會務的，但是我的頂頭上級，電信工會理事長郭詩綿，勸告我如果一天專心辦理會務，脫離工作，每年的考績沒有人負責考核，不利自己將來的回歸及升遷，還不如半天辦理會務、半天上班，可以兩全其美，我一聽說的在理，就採行此法，兩不耽誤。

我又主張辦理會務需要交通工具，由單位提供一部專屬機車使用，資方也同意撥用一部機車。我提出依據團體協約，工頭列席局務會議，了解事業單位運作，提出適當建議，預防發生不法及偏差事情。第一次參加局務會議最後一個發言，我指出多項目前的缺失，人事方面長期存在一種氣氛是用人不當，「善善不能用，惡惡不能去」，人才不受提拔。又提出工會參與人事評議委員會，力求人事升遷及獎懲做到公平、公正、公開的理想，反映員工的心聲。都得到事業單位公文回覆，同意照辦。短短一個月之間，工會立即展現出以往不曾見過的銳氣，虎虎生風、有聲有色，贏得不少同仁的肯定及讚揚。

但是，為了取得專屬辦公室，勞資雙方第一次充滿劍拔弩張，資方毫不讓步。之前事業單位已經依照團體協約撥交一間辦公室給工會使用，可是為德不卒，又把假日主管值日場所設在該處，成為合用的性質。我上任后要求專用，主管值日另尋其他場所，資方認為我提出的主張很多，他都一再退讓，此事不肯再讓，反將我一軍，說是要把主管值日趕跑。可是兩三個月來，這些主管值日后，都把這間辦公室造得不像話，我得隨后打掃收拾，不勝其煩、不得安寧！

三個月后我鐵了心，堅決要收回辦公室的專屬使用權，因此就在一天之內我連發三道公文，說明工會辦公室的撥用是明文列於團體協約之中，並不是我個人的異想天開，更不是我的無理要求，如果不完整交付，我將進一步陳報到本會，由本會代為向電信總局交涉，看你地方局臉上可有光彩？最后張局長下達指示，主管值日改到其他地方，爭執到此劃下休止符。

之後我陸續到台北參加電信工會的會議，我們稱為本會或總會，全國或全省四十個分會工頭齊聚一堂開會及交流，到高雄參加管理局福利分會會議，跟南區分會工頭及管理局長官開會及講習，交流之下才發現各路工頭品流不一，出乎意料之外者不在少數。我加以了解並分析發現，進入各地分會擔任工頭者有五種類型，一、對工會及事業單位均懷抱理想與期望，獨立參選或聯合志同道合參選者，具勞方色彩，為真工會。二、為事業單位所規劃及輔選者，具資方色彩，為假工會。三、利用工會遂行自己升遷者，為假工會。四、對事業單位主管不滿意者，為假工會。五、在事業單位升遷不順利者，為假工會。由此可見工頭當中，以西貝貨為多，也就不足為奇了！

九月份我透過電信總局的王煌科長幫助，他是十多年前我們金門電信局的老局長，也是一個老帥哥，舉辦一場金門員工台北自強之旅，當年沒有長途電話，聯系的管道是通過電報。一團二十人的活動受到總局長李炳耀的高度重視，不但親自接見，還承蒙在總局的福利餐廳設宴兩桌，盛情款待來自前線的電信員工。

他還慎重其事地邀請副局長兼任福利會主委的薛承弼陪同招待，做介紹時說副局長的姓氏算是比較少見的，可把我們大夥都說笑了，有同事就說我們常務理事就是姓薛，可是他的本家，也是他的福建小同鄉。同仁們首次享受到這麼高規格的接待，都大呼驚喜，除了感受到長官濃濃的關愛盛情之外，不由得心生對事業的忠誠之心及奮鬥之情。第二天王科長安排我們上陽明山參觀總局所屬的衛星地面電台，下山后到新店參觀調查局總部。回來之后我寫下一篇台北自強之旅，刊登在局內刊物上分享其他同仁。

十二月二十八日是電信節，我們在局內舉辦歌唱活動慶祝我們的專屬節日，這時節大街小巷盛行卡拉ＯＫ，三步一家、五步一店，因此我們租用視聽器材、妝點會議室彩紙及鏡球，把會場布置得有模有樣有氣氛。歌唱比賽由徐玉宏演唱粵語歌上海灘奪冠，翟耀中獻唱台語歌茫茫到深更，胡煇煌點唱國語歌遲來的愛，贏得聽眾的一片叫好聲，原來高手在民間，也在同事間。

雖然說我在會務上收穫頗多，但是，我知道我最艱鉅的任務還在后面等待考驗呢！那就是機房違法值班表的平反，同事們也在看著我使出程咬金的三板斧之后又能如何呢？此時機房的值班已經改回從前的班表了，既知今日，何必當初！不過，光是改回正確班表，僅僅完成一半而已，還有另外一半呢！我認為這三、四年違法的事實，以及損害的權利如何交代呢？我的態度很明確，你違法的事情我可以不追究，但你損害的權利我要你負責、要你賠償。於是，我在局務會議及其他場合提出損害權利的賠償事宜，唬得局長及一干主管驚嚇不已，無人敢置一詞。

退一步說，即使不用賠償這個詞彙，至少也該補償，賠錢了事。許多同事聽說我要求賠償，紛紛對我說「那怎麼可能？你在電信局上班，就算電信局做錯事，也不可能賠你錢呀」？我的堅持只有我自己相信能完成，別人不相信我也沒有辦法，但我可是不會半途而廢的！我一提再提，震得資方面無人色，不知如何是好？只知一味閃躲，避之唯恐不及。看來在地方局交涉難有結果，我準備到上一級的管理局或電信總局開闢第二戰場，雖然會充滿凶險，仍願直搗黃龍，做一決斷。

第二年春天三月，我們工會三位理事包括我在內赴管理局開會，局長李志仁在散會后特別約見我們三位，逐一詢問對金門電信局有何意見？我估計他分明就是衝著我來的，我在金門發飆，震波已經傳到台灣了，他們兩位都回說沒有意見，我則回說「我對金門電信局很不滿意，對於這一件勞資爭議遲遲不能解決，我反映半年多毫無下文，我希望儘速妥善處理。

如果在二個月內還不解決，我預訂在五月一日到法院採取法律行動，到時候電信局員工控告電信局的新聞一見報，那對電信局的形象傷害會有多大？難道長官忍心看見那一幕場景出現嗎」？李局長聽完我的說法這麼強硬，默默無語，只輕輕說一聲「我知道了，我會考慮的」。我們回到金門，張局長立即找我去談話，說我在高雄跟李局長的報告內容他都知道了，我再復述一遍之后說，李局長是你的頂頭上司，事實確屬如此，結果如何，我們拭目以待吧！

兩周后管理局發來公文，指示金門局立即對機房違法班表進行處理事宜，超時部分以改發加班費計算，盡速結案。想不到這結局來得這麼快，白紙黑字，有憑有據，我看過公文后，欣喜若狂，維護權利之戰，大獲全勝，同時把公文送交機房同事傳閱，分享喜悅。人事室立刻蒐集有關輪班人員的簽到簿進行統計時數，這幾年的輪班人員共計十人，補發加班費的金額超過一百萬元，大快人心。當初對我說電信局不可能賠錢的同仁，這時說真是想不到的事情也會變成真的！我自認事在人為，有志者事竟成，我做事就是認定目標，百折不撓，盡力就好，成功與否，留與旁人說。不到一年時間，在我繃緊神經、充滿戰鬥意志之下，把工會的會務確實幹得轟轟烈烈，已經完成自己設定的大部分目標，尤其是最為艱難的討回補償、還我公道。

我本無意痛打落水狗，也沒有被勝利沖昏了頭，只是冷眼旁觀，仔細注視賠錢完畢事業單位的善后和問責。果不其然，沒過多久管理局一紙公文發來，局長及事務課長雙雙拔官改調高雄，反而是罪魁禍首的工務課長毫髮無傷、全身而退，明顯是責任與懲罰不相對等。蓋那事務課長雖然兼任人事主管，但是在班表的製作及變更上，並無插手之餘地，只有機房班長、工務課長、局長三個人蓋章的份。城門失火，池魚遭殃的事務課長年逾六十歲，遭此打擊，立馬打報告提早退休，落得一個晚節不保。到底那元凶如何脫身？實在是不得而知，三角眼此刻只是一副縮頭烏龜的模樣，只能說他是好狗運了，找到一個替罪羊或者是墊背的人，這也可以說是符合金門俗話所說的「黑狗偷吃，白狗受罪」，叫人無語了！這個人是專以犧牲別人，成就自己的。

一場變化之后幾家歡樂幾家愁，新局長黃水慶喜孜孜走馬上任，他是從金門走出去歷練之后，第一位金門出身的局長，這是本土化政策之下的受益者。可是上任不到一年他就急著推動金門局等的升等，我雖期期以為不必，也不方便唱反調，蓋因升等前的局長職等是十職等，升等后的職等還是十職等，但是，管理局的政策是局長不能坐升，必須再調回管理局歷練，至於將來何時再回任，那就不得而知了。那麼此項升等的必要性，究竟是什麼呢？

倒是在一九九二年十月底，我和黃局長聯手主辦慶生會聚餐活動，席開七桌，榮邀金防部司令官葉競榮將軍，率六位金防部長官暨國民黨金門縣黨部黃廷川主委參加。席中，我借敬酒之便向司令官報告珠山大樓乃我們薛氏宗親會所有之產業，自一九四九年被軍方占用四十多年之后，反客為主，無端變成軍方產業，能否派人來與我們商討使用事宜？當場即蒙司令官允諾，指定由我與黃主委逕行討論，再由主委向他做報告。出乎意料和想像之外，四十天后珠山大樓的軍方人員及裝備遷走，並行點交歸還薛氏宗親會。

我隨即前往黃主委跟前致謝，並請代轉司令官的謝忱，主委說金門這種軍佔民地的例子所在多有，各地民眾反映收回的呼聲很多，但是從未有一件獲得妥善解決，你們珠山大樓的歸還是首開先例，開了第一槍，此后便會形成多米諾的骨牌效應，成為軍方處理還地的模式，果然之后的歸還民地率多採取比照此例。這一場杯酒收大樓的例子，原本臨時起意，實屬無心插柳柳成蔭，而且得來全不費工夫，不但意外地為自己爭取到權利，還能為造福其他金門鄉親創立條件，誠所謂社會風氣之改變，繫乎一二人之間也。

同年底，我與黃局長聯袂赴高雄出差同宿電信招待所之夜閑談，聽聞此時金門局升等之事仍在推動，我當面提出個人淺見說「升等之后員額不變，固然基層及中層主管從十名增加到二、三十名，可以暢通人事升遷管道，但是你的犧牲卻是最大，又要調往高雄歷練，實在不可不慎呀」！他回說「我也知道自己沒有什麼好處，但是我寧願一家哭，不要一路哭」！

他這話引喻失當，讓我當時心裡一陣發涼，立刻聯想到一九八三年金門發生六六空難事件，軍方運輸機在金門機場起飛不久，一頭栽進料羅灣，死亡數十人，導致金門一片淒風苦雨，愁雲慘霧，吊死撫傷，那真是一路哭的慘狀。如今出言不吉利，我可是深自警惕，金門俗話說詛咒別人不會死，詛咒自己會死人，所以勸誡人們逢人但說好話，對自己也不例外。后來他二度出任局長不久，鞠躬盡瘁，死而后已，壯志未酬身先死，常使家人淚滿襟，真是一語成讖，此是后話不表。

春節之前我聽聞線路部門有位同事倪君，假日值班駕駛工程車撞上路旁行道樹，車輛毀損嚴重，幸好人員無傷。車輛送修后，管車部門依照規章要求他寫一報告以憑報銷修理費，詎料，倪君避而不寫多日，最后，管車部門只好上簽呈，準備開鍘懲罰。我立即找他詢問可有此事，他說確有其事，他也感到不妙，但不知如何是好？我一向認為工會是弱勢工人的代表，更是弱勢工人的靠山，那些神通廣大的人，能夠直通天聽的人，他們是工人中的強項，可以不需要工會，因為工會的力量還不如他們呢，所以保護弱勢應該是工會的天職。此時不出，更待何時？我是義不容辭，拔刀相助。

我跟他說我馬上去找黃局長協調，在局長面前我先說倪君駕車肇事有三不該，一不該駕駛有故障的汽車上路，二不該發生行車事故，三不該不打報告，管車部門依規行事，完全正確無誤。局長一聽，說工頭也知道此事錯在倪君，這件簽呈在我桌上已經好幾天，也在等待我的批示。我接著說，倪君是有三不該，但是他在值班在工作狀態中，不是開車去玩也不是公器私用，說到底還是情有可原，何必動用處分呢？他接著問，你的意思是不要處分他嗎？他要確定我的意向究竟何在。我回說，最好不要處分他，何況再過幾天就是春節，這一處分下去，叫他怎麼過年呢？他說，那好，我叫管車部門把簽呈撤回去重簽，當然是簽不一樣的。談話完畢，一天的烏雲就此煙消雲散。

一九九三年暮春三、四月，工會發布選舉公告，召開第四屆第一次會員大會，改選第四屆理監事暨常務理事，六月中旬投票，七月一日交接。我宣布不再參選，歡迎有志會員踴躍參選，共襄盛舉。很快的，在工會三年的任期中算得上是高潮層出不窮，一浪高過一浪，如今接近尾聲，自己稍事盤點一下，我對自己的要求，第一是功成弗居，努力做事做出一點成績來，不居功也不邀功，第二是全身而退，避開禍害，不要受到一點傷害的離開，功成、弗居、身退，正是道家的哲學。

我的想法是任期制的職務，本來就是言明有上台有下台的，上台看機會，下台看智慧，見好就收，不好也收。更何況，如果你把事情做好了下台，自然會留給別人的念想，反之如果你事情做不好，更應該下台把機會留給別人。至於說到頭銜，如果工頭是一項榮譽的話，我願意跟大家分享，如果工頭是一項責任的話，我願意跟大家分擔。再說了，凡是曾經走過，必然留下痕跡，只要你是金子，走到哪裡都會發光發亮，不會埋沒的。

一九九三年初，金門局奉喻勉強升等，局長走馬換將，由翁文雄代理局長，到了六月再度換將，接任的是十多年前的老局長劉坤松，他是現任的高雄分會工頭，算是跟我同期的工會，此回重作馮婦。劉局長生來一表人才，堪稱是帥哥一枚，而且個性豪爽，廣交朋友，上回任期中結交金門黨政軍各界朋友無數，情深義重，此回舊地重遊，友情回饋，好比潮水湧來，真個是如魚得水。

月底召開局務會議，是我工會任期的最后一次列席，會中，劉局長特別邀請薛常務理事發表講話。我說三年任期中歷經四位局長，勞資雙方在衝突摩擦中相互成長，相互進步，都是基於職務和角色的需要，並不涉及任何個人恩怨情仇。我卸任后仍然在機房當班，我來自哪裡，就回歸哪裡，一身鐵肩，兩袖清風，揮揮手不帶走一片雲彩。散會后，劉局長問我今天會議中誰講得最好？我哈哈一笑說「那當然是我講得最好了，我在總局長、司令官面前照樣侃侃而談，暢所欲言，依然面不改色，不卑不亢正是我的本色」！要抓住男人的心，先要抓住他的胃。

2021/02/22

第七十七回　又是一種復古風
——練就一手好廚藝

以前勸誡別人夫妻和好之道，總會提醒女人說，「要抓住男人的心，先要抓住他的胃」，特別是在結婚之前，無不千叮嚀萬囑咐，要求女性在走入婚姻之前先行練就一手好廚藝備用。具體的操作方式就是要女人學好一手廚藝，做出幾道可口美味的好菜，引得老公天天回家吃晚飯，這話說的不無道理。可幾何時，這句話不再受重視，為了掌管家庭經濟大權，卻變成了「要抓住男人的心，先要抓住他的錢」，這一來相差不可以道里計也！

我們知道每一個人都是來自家庭，成年之后組織家庭，可見得每個人呱呱墜地之初都離不開家庭，成年之前也是離不開家庭的。一個人出生第一年是嬰兒階段，第二年是幼兒階段，第六年是兒童階段，十三歲是少年，十六歲是青少年，二十歲是成年人，如果還在求學期間，一切生活來源都是來自家庭。由此可知一個人仰賴家庭的撫養和照顧時間，長達二十年，所以一個人必須回報他的家庭應該也要二十年，或者十年，方才稱得上事理衡平。

組織家庭的正常要件是一男一女經過結婚生活在一起，然后生兒育女，傳遞基因、繁衍下一代，達到薪火相傳，傳宗接代。所以家庭的要素離不開婚姻及生育，婚姻是男女兩性的結合，再通過婚姻的結晶生兒育女，一代傳過一代形成物種傳遞的規律。所以說女人最好的歸宿是婚姻、是良人、是家庭，男人是支撐家庭的頂梁柱、主心骨，男人無妻，如屋無樑，形將六神無主，坍塌在地矣。至於家庭組合的模式，多數屬於男主外、女主內，少數也有女主外、男主內，或者是男女搭配、幹活不累，均無不可。

城裡人生活中防備心太重，千家萬戶率多關門閉戶，鄉下人則是大開門戶，家家不設防，出入別人的家門只要喊兩聲就算通報的意思到了，晚上睡覺前才會關上大門，城鄉之間的生活習慣明顯有別，此其一。其次是吃飯時間遇到客人上門時，城裡人頂多問一句對方吃飯沒有？鄉下人問完之后，還會緊接著邀請對方坐下來一起吃飯，吩咐家人添加碗筷，真是說得到也做得到。再次是鄉下人素來喜歡說，民以食為天，衣食既有餘，時時會親友。只要生活有剩餘，首先想到的便是和親朋好友聚會及餐敘，聯絡親友之間的情誼，因此便會互相觀摩及切磋彼此的廚藝，互相進步。小時候，每個家庭的飯桌都會擺上一瓶烏醋或白醋，用餐時會在某些菜或湯上面灑上一些醋，原來醋對人體能起到一些好的作用，但是，近年來幾乎不再見到如此擺設了！

見識過很多大家庭裡邊的種種婆媳不和、妯娌爭鬥，因此后來人都興起組織小家庭的生活，年輕人結婚之后立馬自立門戶另過，以為如此擺脫大家庭就能迎來幸福日子。果然如此，新家庭的兩人世界起初也是甜如蜜糖，如膠似漆，可是一旦生下嬰兒時，兩口子開始手忙腳亂起來，只好張嘴向兩邊父母搬取救兵。俗話說「養兒方知父母恩」，養育嬰幼兒可不是一件簡單的事，一方面知道感謝父母的養育之恩，另方面需要父母指導與貢獻育嬰的寶貴經驗。如果是雙薪小家庭，猶如家裡擁有兩具馬達，比傳統上單薪家庭的經濟條件要優越，可這時候卻要苦于脫不開身來哺育嬰兒，亟需外來的幫助，尤其是可以信賴的親人幫助，這也就是職業婦女最難兼顧的時期。從嬰幼兒到十二歲的兒童階段，都免不了需要父母的幫助。

至此，方才體認到傳統大家庭固然有諸多的缺點，可小家庭也不是那麼的完美無缺，家中的老人家更不再是一無可取了，不但父母可以貢獻經驗也可以奉獻時間，家中一老好比一寶，有時候也能高唱雲霄呢！因此又出現修正主義或者折衷主義了，認為大家庭應該走入歷史，但是，小家庭並不足以取而代之，于是小家庭加上父母的組合成為兩全其美的核心家庭，特別是在三代同堂的情況之下，所以這類型也算得是走上復古風了。另一種復古風則是，要抓住男人的心，先要抓住他的胃，那就必須先要練就一手好廚藝。

三年前，遠嫁美國的小女兒／次女帶著剛滿周歲的小外孫回來看阿公和姥姥，小女兒看見他姥姥做了一桌子的好菜，讚不絕口，邊吃邊說起這些年美國社會的一個現象，她說「現如今美國社會最吃香的行業並不是金融業、電子業，而是家政業，特別是能做一手好菜的家政。因為大家都投入工作中學習專長，反而把我們自己生活關係最密切的廚藝給荒廢了，最多是偶爾到餐館吃一頓好的飯菜打打牙祭，平常大都是在家裡吃那幾樣半成品的速食，加熱一下充飢得了，毫無美味及可口之處」。聽完她的這一番說法之后，我也暗自觀察身邊的左鄰右舍、親朋好友，我發現大家在忙著工作和賺錢之外，也把這一手廚藝都丟到一旁去了，特別是那些雙薪家庭中的職業婦女，居然都不怎麼會做菜了，至于用電鍋做飯倒是沒有問題。

眼看著多數家庭的經濟條件越來越好，怎麼反而生活條件越來越差呢？歸根究柢就是家裡掌勺的人把廚藝給耽擱下來，一日三餐的水準不如從前了！

二十年前小三通開航之后，金門鄉親去廈門觀光旅遊、采風文化絡繹不絕，金門與廈門一衣帶水，相距不過十公里，自古相通，使用閩南話，風土民情相同。如今廈門人口四、五百萬人，其都市化的程度漸漸趕上台北市的水平，市面上的繁華熱鬧，狠狠地把金門甩在背后好幾條街了，叫金門人的內心失落，感慨無言以對！街上的房產仲介業及家政仲介業商店林立，家政業的雇傭，除了按月計酬外，也有按時計酬制，稱為鐘點工，每天哪個時段上工？工作項目如何？上工多長時間？每小時工資多少錢？金門居住人口不過十來萬人，沒有家政仲介業，家務活都得自己動手，親力親為。

我很幸運的是，我的大連媳婦／老婆不僅能做一手正宗的北方麵食，還能做出一手美味可口的家常飯菜，真的是品嘗美食不用上館子。但是，我說的美食並不是指廚師級或者大飯店的那種水平，而是美味可口的飲食，包括麵食及各種小菜，因此，我越來越樂意在家裡吃飯，最好是再邀請幾位朋友一起品嘗，時時會親友，把酒話桑麻。有幾位從部隊當兵吃過軍中伙食的退伍軍人說，退伍好多年沒有再吃過軍中麵食，經常還會思念起來，想到牙根癢癢也無可奈何，因為當前擅長做麵食的外省第一代及第二代逐漸凋零，后繼無人呀！難得還能在我們家吃到這麼道地的麵食真是倍感欣喜，要是能夠在自己家裡傳承下去該有多好！要抓住男人的胃，先學習一手廚藝。

第七十七回　又是一種復古風

大連媳婦去年十一月初回到金門二個月，迎接我今年元旦的退休日，我們送出去分享的麵食有二十次，招待親朋好友來家裡品嘗麵食有十次，把我養胖了二公斤，真的謝謝她。顏恩威社長說我很有肚量，樂意和朋友分享正宗的北方麵食。說起麵食，當然少不了饅頭、包子、麵條，這些在街上很容易買得到，也都做得很好吃，自然不在話下。另外，還有餃子、韭菜盒子、手擀麵，餃子在小吃店也常吃得到，做得也不錯，只可惜店裡的餃子皮大都是麵店裡用機器壓製出來的，皮厚又硬，跟手擀麵皮又薄又Q，相差甚遠，口感大不相同。我媳婦包餃子、韭菜盒子、炸醬麵用的都是自己和麵、自己手擀出來的麵皮，所以送出去分享的都是餃子和韭菜盒子，來家裡品嘗的有餃子、韭菜盒子，還有炸醬麵。

可是，每當我想起邀約朋友來分享麵食時，總會有得糾結，那就是一個順序問題，本來是應該先邀請好了人數，再來採購食材，這樣子採購的數量比較好控制。只是考慮到市場的採購問題，往往又得倒過來安排，先採購好食材再來邀請人數。因為包餃子買豬肉、絞肉時，金門市場是周一及周四兩天不殺豬、不賣豬肉，因此一周裡面有兩天是買不著豬肉的，此其一。

市場上賣的大韭菜不少，可我們做韭菜盒子用的小韭菜不多，我們做十個盒子需要一斤小韭菜，通常都要準備兩斤小韭菜，早上八點以前到市場還能買到一兩斤，九點過后一斤也沒有，此其二。小韭菜一斤大約四、五把，市場上頂多四、五攤在賣，每攤只有一兩斤而已。在大連買豬肉是天天有，小韭菜多的是，跟大白菜、高麗菜一樣多，一把大約是一斤，一攤幾十斤在賣。此所以我們必須先買到小韭菜或豬肉以后，才能邀請朋友來品嘗了！

八點之前我騎著老爺牌摩托車載上我老婆去市場買菜，雞鴨魚肉蔬菜水果一、二十斤往車前的踏板上一扔，輕鬆載回家一放，我只管去上我的班了。老婆開始在家忙著摘菜洗菜，切肉滷肉兩三個小時后大致就緒，吃過午飯再來和麵揉麵，午休之后下午三點又開始忙活起來。等到晚上六點約好的朋友上門，小菜隨即上桌開動，客人到齊后，熱騰騰的餃子、韭菜盒子就能出鍋上桌。常見的小菜有紅燒肉、豬皮凍、涼拌雞爪、洋蔥及黃瓜蘸大醬／豆瓣醬，還有自個兒熬的小米粥，北方的菜色中常見四冷四熱，有熱炒也有冷盤，或者生菜蘸大醬。小吃店也有豬皮和豬肉凍這兩道菜色，但是，極少見到豬皮凍，其工序複雜許多，可是口感極佳，而且百吃不膩，還極富膠原蛋白呢！

米食者和麵食者有一道區別，在於米食者僅在乎吃飽而已，沒有什麼特別的迷戀，不得米食可以其他的主食代替之，而麵食者不僅在乎吃飽，還在乎那股咀嚼和咬勁，未得麵食便無法取而代之，當思戀那股咬勁而不可得時，牙根會癢癢到難受。泡麵中有一款維力炸醬麵是從前一上市就讓人口齒留香的麵，即使到今天我也會偶爾留戀一下這口味，但是，這與正宗的炸醬麵相比，那可是小巫見大巫，瞠乎其后了！炸醬是要用五花肉和大醬下鍋去炒製，然后和黃瓜絲、紅蘿蔔絲、黑木耳絲一起鋪在煮好的麵上面攪拌，便是一盤色香味俱全的炸醬麵。雖然一般的麵條或拉麵都可以用，不過，如果用手擀的麵條來攪拌，那麼它的口感及咬勁更是最佳拍檔了。

提起美食，以前總是以大魚大肉、珍饈佳餚為主，現如今飲食強調營養均衡與粗糧搭配，更注重生機飲食，烹調主張避免重油重鹽，要吃出營養吃出健康來。所以掌勺的人可是一家子掌管腸胃及健康的把關者，不只是火頭軍那麼簡單了，我們都應該好好服從家庭廚師的掌上功夫。五女婿千裡挑一，千里之外的台灣。

2021/04/13

第七十八回　陪伴媳婦回山東娘家

緣起是今年二月一日年關將近了，我按往例早早給丈母娘孝敬新年紅包一份，到了二月四日是農曆臘月二十三日，南方稱為送神日／送灶王爺上天庭述職，北方稱為小年，正式進入過年的氣氛。由于五女婿我在元月一日退休，想要跟丈母娘分享一下我工作四十幾年的勞動成果，便和我媳婦商量給老人家再孝敬一份新年紅包，是否可行？她一聽完立馬舉雙手贊成，說當然可行，我一指神通就把紅包發過去了！

她還說五女婿的孝心做到了，可五女兒的孝心卻做不到，要是能回娘家看望老娘，陪她住幾天、給她做幾天可口的飯菜，也算是五女兒的一點點孝心，那該有多好？我說現在到底是疫情期間，已經整整一年還不能消停，我們最好是乖乖呆在家裡，不要給國家添亂，看看能不能排上接種疫苗？如果能打上疫苗，行動就會比較方便。雖然媳婦沒有再說什麼，但是她的一番孝心我完全贊同，她的話我也記在心裡了。

第七十八回　陪伴媳婦回山東娘家

過完春節一個多月到了三月下旬，社區居委會／里公所在網上發布通知說，居民可以開始在網上報名預約施打新冠疫苗，我們倆立馬完成報名，剩下來的就是等候進一步通知了！到四月中旬，大連市台灣事務辦公室／市台辦也在網上發布通知謂，在大連居住的台灣同胞即將展開疫苗接種工作，台胞可向市台辦登記等候接種。我們倆照舊登記報名，將來哪一方先接種的話，就取消另一方的登記。

過了兩天，社區居委會通知，我們排定在四月二十日下午第一波施打疫苗。當天中午一點到社區衛生服務中心／衛生所排隊打疫苗，二點半打上一針，留下觀察半小時正常之后回家，隨即通知市台辦我們已經在社區打好疫苗，那一邊就不用去了。這回打疫苗正好落在我的期望之中，而且還是提前一兩個月，所以我們決定后天回山東看望丈母娘，好讓媳婦盡到她的孝心，順便去度假一周后再回來，晚上立馬訂好往返機票。

二十二日陪我媳婦回娘家，十點在樓下坐車，半小時后抵達大連機場。要先出示行程碼／健康碼才能進入機場，十二點半準點起飛，一小時之后平安降落青島機場，也是先出示行程碼才能離開機場，買二點半的長途車票坐中巴前往百公里之外的高密。四點到達市區藍海酒店，內弟開車來接，又過半小時回到鄉下丈母娘家裡。見面一會兒，我就當著媳婦的面拿出一個見面紅包來孝敬丈母娘，可把她笑得合不攏嘴了，難怪孫中山先生說中國人最愛發財了！我以為我們做晚輩的怎麼省自己都行，就是不能省掉長輩的禮數。

十年前我們第一次回去拜望岳父母，我給老人家孝敬一份紅包，岳父母也餽贈我一份紅包，夜裡我拆開一看是一千元外加一塊錢，不解其意，媳婦告訴我這是山東的習俗，寓意這女婿是千裡挑一的，最佳的乘龍快婿。我說不但千裡挑一，還是千里之外，遠從台灣的金門挑選出來的。六點吃晚飯，大小十二口人分成兩桌，內兄弟倆和大姐夫三姐夫，我們五人一桌，丈母娘和三女五女大兒媳及孫媳與兩個曾孫女，七個人一桌吃飯，九菜一湯，五葷五素，吃著喝著到七點半酒足飯飽。

上一次探望丈母娘是四年前的夏天，我們兩口子由金門出發從廈門飛青島轉高密，當時內弟正在家裡院子加蓋一間作坊準備加工鞋子，四個姐夫都參加施工，我到達之后也不偷懶。今年再回來，院子又加蓋一間小的車間。丈母娘的卧室加裝衛浴設備，成為一間套房，居住條件更方便。而村子裡面的巷道已經鋪上水泥路，幹道兩側也鋪設排水溝，村莊變得乾淨又平坦，環境條件改善很多。鄰近的村莊，大多進行巷道鋪設水泥，大部份都完成了。

第二天早上我和美國孫子、四歲的春哥視頻了一會兒，還沒看見春妹，小春跟阿公及姥姥說了一會，我把手機拿給太姥姥看看小春，這小春一看見太姥姥就自我介紹說，我是春春，把太姥姥給樂得！太姥姥直誇春春長得真好看。我對小春說，你說阿祖，妳好。小春立馬用閩南語說，「阿祖，妳好」。把太姥姥樂得不行了！第三天早上，我第一次看見小美人春妹了，她剛剛洗完澡睜開眼睛，她的眼睛好大好漂亮呦！今天是她出生第八天，春媽抱著她跟阿公及姥姥見面，她的頭居然也能抬起來，真棒哦！隨后太姥姥也過來看看小美人，說真好看，小春看見太姥姥，又說，阿祖，妳好。可把太姥姥樂得都不行了。美國小美人真是一個天使，太好玩了。

今天周末中午舉行家庭餐會，八十三歲的丈母娘擔任會長，五位女兒五位女婿，只缺一位四女婿未到場，二位兒子二位兒媳均到，三位孫子二位孫媳來到，八位曾孫也到，正是四代同堂，總計二十七人。席開三桌，一子四婿三孫同坐一桌，其餘丈母娘率一子五女二媳二孫媳八曾孫另坐二桌。從鎮上飯店叫來兩份各六道菜，將近六百元，家裡也準備各六道菜，還有一條水煮魚達十六斤，十二點開席，一小時后酒足飯飽撤席，我出門上馬路去散步來回五十分鐘。

我跟丈母娘說我和媳婦倆分工合作，我出錢監督她出力干活，丈母娘說這樣子可好了。我媳婦果然每天給老娘和大家煮三餐，熱飯熱菜、可口合吃的飯菜供應無缺，還給老人家洗澡，晚上陪獨居的老娘在炕上說話睡一小會兒，的確盡到了孝心。然后她告訴我老人家的生活及身體狀況，她說老娘年輕的時候孩子生得多，子女成群五女二子，當年生活條件不好，家務活多又吃不上，身體一直沒有調理好，從前都是病病歪歪的，一到冬天隔三差五就要生病住院好幾天，直到五年前吃上五女婿從台灣提供的安利／安麗高蛋白以來，冬天幾乎不用去住院了。

可是她的身子骨到底不良，身上的肉及腿腳的肉都是鬆鬆垮垮包著骨頭，她使不上力呀，每回上炕下炕都得費好大力氣、好長時間。出門到巷子口走動必須推著四個輪子的椅子走，換成拄著四隻腳的枴杖，身子容易失去平衡摔倒。

我聽后去測量一下那張炕的高度是六十五厘米，超出標準人體工學床鋪五十五厘米的高度十厘米，這個高度本來已經偏高，而老人家身高不到一米六，加上年老體衰，上炕猶如爬山一樣吃力。炕的製作非常堅固牢靠，無法降低高度，解決之道，應該是加設踏腳的墊板，高二十厘米、寬五十厘米、長三十厘米，可以就近找木匠製作一塊使用。在沒有製作合乎理想的踏板之前，可以先找出一個代替性的小箱子來用。我再回到房間量一下我們睡的那張床鋪的高度是六十厘米，還是比標準高度超出五厘米呢！儘快解決老娘上炕的踏板問題，應該是目前的當務之急。

我們再談到獨居老娘的奉養問題，老娘八十三歲本屬高齡，更加身體虛弱，雖然能夠身體自理，但是，做飯做菜實在無能為力，她的身體條件做不到啊！然而一個人要維持身體的機能和健康，絕對離不開飲食，不但要能粗菜淡飯吃飽，更需要攝取營養及蛋白質，即使老年人的活動能量比較小，食量也比較小，仍然不能缺少營養的。此所以為什麼我媳婦要回到老娘身邊親手為她做幾天可口合吃的飯菜，就是能給老人家增加攝取一些營養，維持她的健康，延長她的壽命，我完全理解並支持媳婦的做法。所以奉養之道，是要有人代勞給老娘做飯做菜，如果不是三餐，至少也要有午餐及晚餐，要求是熱飯熱菜搭配營養。至于具體作法，不妨由兄弟姐妹召開家庭會議，大家集思廣益，共同決定，而且要盡快在兩三個月之內付諸實行。

談到孝順，人們都津津樂道說是中國人幾千年的傳統美德，此話誠然不假，是值得推崇、傳承、發揚的品德。但是，隨著時代的變遷，很多想法及觀念也應該與時俱進，做一些適度的調整。古時代極力推動孝道，漢朝由地方官考察孝廉人才出仕，晉朝以孝治天下，說忠臣必出孝子之門。

若以社會型態的演進可區分為農業時代、商業時代、工業時代，現如今我們所處為后工業時代，或稱資訊時代，價值觀及行為規範雖然源自農業時代，究其實已經不可同日而語了，自然不適合把農業時代的社會準則硬搬硬套到今天來，必須經過一番汰蕪存菁、重新詮釋的功夫了。

再論城鄉的差異，城裡人只要進入職場謀得一份工作，以工作為核心的社會保險及醫療保險統統包括在內，這是進入社會連帶安全體系之內，等到退休的時候，生活有退休工資，醫病有保障，真是功成身退，功德圓滿，人生第二春無憂無慮。可是鄉下人農民沒有雇主沒有保險，自然沒有退休制度，沒有下地干活就沒有生活來源。因此兩代之間的關係完全顛倒，老一代的生活變成是依賴下一代，吃飯及用錢必須向下一代伸手了，經濟大權翻轉之后，主從關係也跟著改變了。

我們可以清楚的看到在一個家庭裡面，誰掌握經濟誰就掌握支配權及發言權了，傳統的大家庭中威風八面的大家長，固然他的輩分最高、地位最高，更重要的是他掌握了家庭的經濟大權。城裡人養老可以靠自己不用靠子女，因為享受退休金手裡有錢，說這話的底氣十足，可鄉下人年老身上沒錢，養老還得指著子女，說不得靠自己不用靠子女啊！

很快地到了二十八日，即將離開山東，班師回朝了。中午提前到十點半吃飯，十二點內弟開車送俺們去高密市區坐一點的中巴前往青島機場，出門時丈母娘、三姐伉儷、哥哥伉儷送到大門口，大家互道珍重再會。我說「回家的感覺真好」，大家聽了笑呵呵、喜孜孜，我又說「我會早去早回，還會再回來」，大家說歡迎你們再回家。行車四十分鐘到達市區藍海酒店——青島機場高密候機樓，買長途車票兩張。一點正準時發車，二點抵達青島機場，五十分鐘后進入登機口等候。班機於六點半降落大連，等待行李半小時，打車回到溫馨的家七點半，最小的女兒煮碗麵給我們吃，不但暖胃還能暖心。

拜網絡時代及電子商務時代的方便，遠距離解決上炕踏板問題變得容易又便捷了。回到大連第二天的夜裡，我媳婦就按照我的規劃嘗試從網路上拚多多電商去下訂單，合乎所需規格的踏板就從廣西發貨到山東。一周后如期到達手裡，經過簡單組裝，實地試用一下，非常的合適方便，把丈母娘開心得直說五女婿真是細心周到，同時也稱許我的秘書為人民服務表現不錯。冷血冷酷的台灣，有情有義的中國。

2021/05/05

第七十九回　報名施打疫苗有譜了

今天凌晨小魏姐睡不著爬起來看手機，偶然看見社區居委會／里公所在網上發布通知，居民可以開始在網上報名預約施打新冠疫苗，可把她高興壞了！早上起床立刻馬上告訴我這個好消息，她知道我準備打疫苗，方便將來出入境，說完她就用我的台胞證號碼完成報名了。沒想到，過一會居委會通知用台胞證登記無效，必須用居住証／居民身份証，或者台灣身份証報名，這個不成問題，我前年已經辦好居住証了，號碼跟當地使用的居民身份証一樣都是十八碼，小魏姐拍照后傳送過去，一下子就順利完成報名。

我這次護送媳婦回大連目的，一則是回來過春節，連續十年在一起吃團圓的年夜飯，二則是長時間在此地居住，夫唱婦隨、形影不離，三則是在當地施打新冠疫苗，雖然不是我的規劃卻是我的期望，何況想在台灣打疫苗，不知要等到猴年馬月？看到今天的消息，我報完名在四、五月份打上疫苗，沒有什麼問題了。一月初離開金門時一路向北飛去，我已經預備五、六月份可能還要回金門一趟去報稅，因為我把健保卡放在家裏面、鑰匙寄放在隔壁葉老師家裡，如果拜託同事去家裡拿健保卡可以代替我報稅的話，我甚至都可以不用再跑這一趟路。

因為今后國際之間終究要開放邊境管制，接種疫苗必然是其中的一項必要條件，而且可以縮短一半的集中隔離時間，甚至是免除隔離，那是本國的接種率達到六成以上時。所以有出入國境需要的人，她就必須提前完成疫苗的接種，取得接種証明文件，要不然到時候出入境就沒有那麼方便了。

小三通停航一周年，金門縣長楊鎮浯於三月十日召開記者會，要求中央重啟小三通，呼籲開動「金廈防疫泡泡」，縮短集中隔離的時間。金門始終保持零確診，廈門控制疫情得當，兩門交流不宜停滯，初步單向開放金門鄉親與大陸配偶往來金廈。我認為解鈴還須繫鈴人，當初也是縣長兩度召開記者會，限時限日要求關閉小三通，一年之后也該由他來呼籲重開船班，要不然金門鎖島，經濟會全面衰退。不過，小三通的停航是從去年二月十日開始的，到昨天三月十日是一年又一個月，而不是一周年，頭腦不清的楊縣長大概也是一時口誤吧？防疫泡泡，是在疫情期間，針對疫情穩定的國家之間與地區之間互相開放邊境，讓雙方的旅客在入境之后，不需要進行隔離。

海基會代理董事長許勝雄在三月十三日說，在大陸投資的台商大約十萬家，台灣一年對大陸的出口佔總出口百分之四十三，兩岸的經濟交流、人民往來，都需要更多的互動。台商建議實施「防疫泡泡」縮短隔離時間，會向上反映。

陸委會於三月十二日說重啟小三通，客觀條件不成熟，但是，聽到海基會的呼聲，第二天卻改口說只要疫情可控，會盡速恢復小三通，而且還會提升服務。

金門縣長於三月二十六日率團拜訪陸委會，提出重啟小三通船班，每兩周一班船，最多七十七人，抵達金門必須隔離十四天，以金門鄉親及大陸配偶為開放對象。並建議開放金廈防疫泡泡，縮短隔離時間。陸委會回應說，所提建議可以研究參考。

到三月二十日為止，中國施打新冠疫苗人數達七千四百萬人。到三月二十七日為止，中國施打新冠疫苗人數達到一億二百萬人。此后四月一日起，每天施打人數將以五百萬人計算。

四月二十日中午一點我們倆到社區衛生服務中心／衛生所排隊打疫苗，二點半打上第一針，留下觀察半小時正常之后離開回家，隨即通知市台辦我已經在社區打好疫苗，那一邊就不用去了。三月二十七日我們先在社區報名，四月十五日又在市台辦報名，四月十七日社區通知我們二十日下午到衛生中心打針。這次打疫苗正好落在我的期望之中，而且還是提前一兩個月。

五月十三日中午一點，我們到社區衛生服務中心／衛生所排隊施打第二針疫苗，其他人排隊都是打第一針，居委會特別給台胞通融，開綠色通道先打第二針，二點打完，留下觀察半小時正常后回家了。打完二針新冠疫苗，至此功德圓滿了，打完之后最大的感受如下，「冷血冷酷、毫無人性是台灣政府；有情有義、仁民愛物是中國政府」。台灣虛假防疫，不敵病毒肆虐。

2021/05/13

第八十回　台灣疫情大爆發

台灣疫情爆發！二〇二一年五月十五日新增一百八十例新冠病毒本土確診，昨天是二十九例，宣佈從今天起台北市及新北市防疫等級升至第三級，到二十八日止，為期二周。若是連續七天每日新增確診一百例以上，便會進入到防疫第四級，就會施行封城。

但是，仍然堅持不普篩、不封城，依舊不停班、不停課。不篩查就沒有確診，就沒有感染，就把疫情掩蓋起來，隱匿起來，疫情轉為地下化、轉成黑數，這是鋸箭法，箭桿鋸掉之后留下帶毒箭頭在肉裡潰爛，后果更形嚴重。一年前美國專家已經認定台灣進入社區傳播階段，蔡英文、陳時中發文堅決否認，只肯承認是零星確診案件。所以台灣防疫，上半場是政治防疫，下半場是騙術防疫，終究自食惡果，不堪聞問矣！

台灣這一波確診數量爆炸的原因是，台北市及新北市在五月十三日起開始快篩檢測，開放一批移動檢測點所致，市民可以自由檢測。這一輪確診爆炸的緣故是，疫情指揮中心眼看疫情掩蓋不住，企圖甩鍋給台北市及新北市，因此雙北乾脆自五月十三日主動快篩，提供市民自由檢測。結果薄如窗戶紙的防疫神話一戳就破，立刻打回原形，隨后各縣市紛紛起而效尤，開設快篩站，國王的新衣至此完全被掀開來。

台灣虛假的防疫模式，只能自欺欺人，既不能外防輸入，也不能內防擴散，病毒傳播鏈早已深入社區，而且無從查起。十六個月以來的台灣防疫，成也政治，敗也政治，最終落得兵敗如山倒，蓋子再也捂不住了，「裝神弄鬼假防疫，口罩之亂真撈錢。防疫神話高高掛，兩百多天零確診。防疫模範變笑話，疫苗之亂終為錢。去年戲言封城事，今朝都到眼前來」。

還好意思到國際上贈送口罩說是 Taiwan Can Help。去年笑別人一年，今天慢全球一年。民進黨玩政治防疫玩得過了頭，歹戲拖棚一年多，目前的疫情爆發在全台遍地開花。現如今台灣是缺水、缺電、缺德、缺疫苗、缺安心，真個是五缺齊全，可是小市民的心聲只有一句話「政府給我疫苗，什麼都不必說」！

顯而易見，這是疫情中心苟且十六個月之后，沒有檢測就沒有感染的假話是經不起檢驗的，不要說是全民普篩，就連最起碼的入境普篩也不做，作假造假導致防疫神話徹底破功的一天，明天起又是台灣防疫的生死考驗期，民進黨病毒最終反噬台灣人。不普篩，就沒有感染，就沒有確診，就是零確診兩百多天，國外高風險地區入境人員也不做普篩，還有就是沒有快篩試劑，沒有普篩的能力。不普篩，是隱匿疫情，就是一種蓋牌行為，也就是盲人騎瞎馬，只有馬兒掉進水溝才知道錯了。台灣藝人會做事，台灣官員會演戲。

2021/05/15

台灣疫情大爆發

裝神弄鬼假防疫，口罩之亂真撈錢。
防疫神話高高掛，兩百多天零確診。
防疫模範變笑話，疫苗之亂終為錢。
去年戲言封城事，今朝都到眼前來。

2021/05/15

第八十一回　台灣疫情爆發一百天

台灣疫情自從五月十五日本土確診一百八十例大爆發之后，十九日起台灣全島防疫升到第三級，距離第四級的封城僅僅一步之遙！于是島內島外四面八方檢討疫情爆發的原因不一而足，萬方有罪，民進黨政府無罪，真是笑掉全世界公民的大牙！完全執政，完全造假，無能無良，一無是處；厚顏無恥，無以復加，倒行逆施，人神共憤。台灣防疫的失敗和疫情的爆發，看似偶然，實屬必然。

想不通台灣在世界上到處自我吹噓是防疫模範生，說什麼世界怎麼跟得上台灣？卻是在一夕之間疫情大爆發，一發不可收拾。說穿了，是牛皮吹大了、吹爆了，事實上，台灣式的政治防疫，只能是成也政治、敗也政治！不能採取科學防疫，實事求是，自然無法長治久安，一路造假，只是製造一場泡沫，越吹越大，早晚破滅落地，原形畢露。去年疫情初起，世界各國都在盡力檢測，以便找出確診者加以隔離和治療，偏偏台灣抵死不做快篩、不做廣篩、不做全員檢測，就連機場第一線的入境普篩也不做，只因為快篩試劑嚴重缺乏。唯有發病者才能做篩查，採用天價阻斷自費做核酸檢測者，其用意在源頭控制病患感染數，降低和美化確診數目，標榜防疫成績用來驕人。

社會各界賢達和地方政府再三呼籲做檢測，疫情中心堅決抗拒，一意孤行到底。因為不做篩查，就沒有確診、沒有感染、更沒有致死病例，當局牢牢把持住疫情的數據，在疫情數據上做假，長期隱瞞疫情的真實狀況。這分明就是防疫造假，沒有全員檢測做基礎的防疫神話，就好比沙灘上建造高樓，根基不穩當然是靠不住的。這也是師法美國特朗普/川普政府的防疫絕招，沒有檢測就沒有感染！民眾要做核酸檢測，必須層層通報到副總統批准始可。大陸評論台灣防疫失敗，是謎一樣的防疫。

防疫手段有好幾種，最有力最有效的首推疫苗的施打，所以採購疫苗便是首要之務，可是去年代理公司談好的三千萬劑德國BNT疫苗，偏偏廢棄不買，等到今年疫情爆發之后，所有的超前部署什麼都沒有準備到位，望苗興嘆，叫天天不應，叫地地不靈，只剩「抄錢部署」一項而已，這裡面充滿了骯髒齷齪、見不得人的交易。而且很多國家和地區隨后都發現台灣輸出不少的病例，台灣只是厚著臉皮死不承認，毫無愧疚之心也沒有改正之意，笑罵由你狗官我自為之。疫情爆發之后台北市、新北市臨危受命接手防疫，開設免費快篩站，台北萬華區的陽性率高達百分之十，至此防疫神話一捅就破，病毒早已深入社區流竄，無從追查。

疫情大爆發第三天，大陸國台辦立即發表聲明「願意盡最大努力，幫助廣大台灣同胞盡快戰勝疫情」。之后又說明「病毒無情，人間有愛，願意迅速做出安排，讓廣大台灣同胞盡快有大陸疫苗可用」。但是，台灣陸委會兩次都回絕大陸的一番好意，還惡言相向，阻止大陸疫苗入台，將台灣人的健康及生命置于不聞不問的境地。國台辦隨后要台灣清楚回答「大陸疫苗，要還是不要」？

有人評論說，台灣的防疫是建立在與大陸互別苗頭的心態上，逢中必反，凡是大陸做過的，我們偏偏不做，結果是害慘台灣人。他封城我就是不封城，他普篩我才不要普篩呢，他蓋方艙醫院我偏不蓋方艙醫院，輕症及無症狀患者沒有方艙醫院收容，就呆在自己家裡，一轉成重症只有死翹翹的份。大陸疫苗安全有效，又有世界衛生組織WHO的認証，我就是不要用他的。

五月二十二日台灣本土確診高達七百二十一人，疫情中心竟然在全世界面前公然造假將確診數一分為二，只記三百二十一人，其餘四百人列為之前的「校正回歸」數目，一時天下嘩然，其公信力徹底喪失，居然還有這樣子不要臉的人！台灣繞過上海復星醫藥集團的代理權，違反商業原則要跟德國BNT藥企直接訂購不得后，反中仇中的領導人蔡英文公然甩鍋給大陸，真正符合假博士從未說實話的一貫作風。在這救人如救火的當口，社會團體與民間企業及宗教團體要洽購疫苗捐贈，卻遭到重重的刁難，缺疫苗還要擋疫苗。台灣當局利用疫情緊張製造兩岸對立和對抗，挑動台灣人仇視大陸，被國台辦一眼看穿手腳，稱其以疫謀獨。五月三十日死亡人數破一百人。

六月一日中國宣佈，台灣同胞到大陸接種疫苗，享受與大陸同胞同等免費待遇，這是祖國對血濃于水的同胞愛。此后台灣人赴大陸打疫苗的人絡繹不絕于途，知名人士有郁慕明、洪秀柱、黃智賢、邱毅、濫嵐、蕭敬騰等人。台灣疫情嚴峻，疫苗嚴重不足，六月三日台北市長柯文哲預言，如果疫情時間拖得越久，未來死亡病例也會出現「校正回歸」。六月四日台灣確診總數突破一萬人，其中境外輸入一千一百人，本土確診九千二百人。同一天日本宣布捐贈台灣一百二十四萬劑AZ阿斯利康疫苗，這是日本國內拒絕使用的疫苗。

兩天后三名美國參議員由韓國飛抵台北，宣布捐贈七十五萬劑疫苗。而台灣自購到貨的疫苗僅僅八十七萬劑，次日被台北市議員羅智強諷刺說超前部署，就是當「疫苗乞丐」，一言擊中蔡英文的痛腳。台灣病死二百六十人，致死率達到百分之二點四，超過全球平均值的百分之二點一，令人不寒而慄。

疫情之下，台灣死后確診、浮屍確診、車禍確診、自殺還確診，到處怵目驚心，一片人間煉獄景象，竟不知伊于胡底？外界喊話說，蓋牌一年的疫情黑數該曝光了！藝人賈永婕捐贈救命神器給所需的醫院，贏得社會的一片讚譽，為悲苦的台灣注入一股暖流，正好形成一個對比是，台灣藝人比官員會做事，台灣官員比藝人會演戲。

六月十四日台灣連續三十一天本土確診超過一百例，次日開始施打日本贈送的AZ阿斯利康疫苗，兩天有十三人施打后猝死，四天有四十人猝死，不打不好，打也不好，如何是好？六月十八日郭台銘發表攤牌聲明后與蔡英文會面，台灣宣布授權永齡基金會和台積電洽購一千萬劑德國BNT疫苗。這波疫情已經突破本土確診一萬四千人，死亡破五百人，不可不謂災情慘重。眼看台灣政權立于風雨飄搖之中，六月十九日向來講究利害關係交換的美國，突然宣佈追加捐贈一百七十五萬劑默德納疫苗給台灣，共計二百五十萬劑，再度坐實台灣淪為「疫苗乞丐」頭銜。

難怪拜登死了一條狗，蔡英文連夜發文哀悼，台灣病死五百多人卻不聞不問，台灣五百條人命不如美國一條狗命。日本于六月二十五日宣布追加一百萬劑AZ阿斯利康疫苗給台灣，然而打了十天日本捐贈疫苗已經猝死一百七十八人。同一日台灣病死破六百人，致死率高達百分之四點二，是全球平均值的兩倍，這項高死亡率也可以顯示確診黑數大，真實確診是公佈確診的兩倍，這便是拒絕普篩的后果。同一天永齡基金會和台積電正式取得行政機構的授權，為淒風苦雨中的台灣注入一股暖流，隨后慈濟功德會也比照辦理，取得授權洽購五百萬劑德國BNT疫苗。

七月三日永齡基金會和台積電，與德國BNT代理商上海復星醫藥簽訂採購協議，預訂在九月份開始供貨。七月七日台灣病死破七百人，致死率百分之四點六。三級防疫五十五天之后，台灣宣佈自七月十三日起第三級防疫實施「微解封」，但是大多數地方政府不敢放鬆。七月十五日打了一個月的AZ阿斯利康疫苗，發生猝死超過三百五十人，哀哉、痛哉！八月七日台灣公佈疫情，病死破八百人，竟連死亡人數也用上「校正回歸」，兩個月前的六月三日柯文哲就預言過了。

都說這場疫情是一面照妖鏡，照見國家體制的良窳，照見人類本性的善惡，既然人有千種百樣，自然會有千姿百態。八月二十二日本土確診七人，難得降到個位數。自五月十五日爆發疫情起至八月二十二日止總計一百天，台灣確診人數由一千一百人增加到一萬五千九百人，死亡人數由十二人增加到八百二十八人，疫情一百天付出八百多條人命，這些病患及死者大都死于官僚殺人與草菅人命，死得多冤啊！中國研發疫苗，五條路線齊發。

2021/08/22

第八十二回　五路疫苗齊研發

——中國新冠疫苗是怎麼誕生的？

常見的疫苗，如水痘疫苗、乳突病毒疫苗……，從研發到上市動輒十幾二十年，最快也要五年，不但費時長、燒錢多，而且還不一定會成功。

二〇二〇年一月二十二日中國疫情爆發前一天，中國科技部召開緊急會議，決定全力研發新冠疫苗。研發疫苗有五條路線，一是滅活疫苗，二是重組蛋白質疫苗，三是核酸核醣疫苗，四是腺病毒載體疫苗，五是流感病毒載體疫苗。西方國家都是選擇一條到兩條路線投入研發，中國卻是決定「五路疫苗齊研發」！其理由是第一，因為失敗率高，要做多手準備；第二，多種疫苗，可以適用不同年齡、不同身體狀況；第三，未來病毒可能發生變異，可以多一種后手。

陳薇院士率先投入研發腺病毒載體疫苗，二個月后成為第一個獲准進入臨床試驗，就是后來取得國家緊急授權使用的康希諾疫苗，只需打一針即可生效。中國國藥緊隨其后，也研發出滅活疫苗。但不幸的是，趙振東在辛苦工作八個月后，心臟病突發離世，令人扼腕不已！科興集團隨后也研發出滅活疫苗，智飛集團也研發出重組蛋白質疫苗。一年之后，國藥及科興不但取得國家緊急授權使用，也取得WHO世界衛生組織的緊急使用認証，與西方國家的輝瑞疫苗、強生疫苗、莫德納疫苗、阿斯利康疫苗並駕齊驅，卻沒有像西方疫苗那樣具有致命的副作用。

疫苗的研發路線有幾款，其中滅活疫苗及重組蛋白質疫苗是比較成熟的傳統疫苗，安全性高，副作用較小。信使核酸核糖疫苗及腺病毒載體疫苗和流感病毒載體疫苗，則是比較新型的后期疫苗，有效性高，但是副作用較大。研發疫苗的用途有二項，第一是預防力，發現病毒入侵時自動阻絕于人體之外，拒敵于城門之外，預防更勝于保護，這正是疫苗的最大價值所在。第二是保護力，打入身體的疫苗一旦遭遇病毒入侵到體內，自動起而保護人體的重要器官，讓病毒對身體的傷害減到最低，使重症的機率減低。

俄羅斯的衛星五號疫苗、英國的阿斯利康疫苗、美國的強生疫苗都是腺病毒載體，美國的輝瑞疫苗、莫德納疫苗均是信使核酸核糖，中國的國藥疫苗、科興疫苗都是滅活疫苗、康希諾疫苗是腺病毒載體、智飛疫苗是重組蛋白質，台灣的高端疫苗、聯亞疫苗均是重組蛋白質。其中只有康希諾疫苗只打一劑，其他疫苗都要打二劑。

美國強生疫苗會發生血栓，造成死亡，英國阿斯利康疫苗也會造成血栓作用，有中風、癱瘓、死亡案例多，被歐盟國家拒絕使用，也被日本列入拒絕使用。美國輝瑞疫苗的副作用有心肌炎，會致人于死地，美國莫德納疫苗也有心肌炎的副作用，由於美國的三款疫苗均有副作用，難怪很多美國人拒絕施打疫苗。強生、輝瑞、莫德納、阿斯利康這四款疫苗的副作用大，安全性低，打疫苗本來是為了保命，卻變成要命來了！

常見的防控疫情手段甚多，勤洗手，避免病毒上身，噴酒精，直接消除病毒，出門戴口罩，出入公共場所戴口罩，保護自己也保護別人。測量體溫，防止發燒的人員攜帶病毒，維持人員之間的社交距離，至少在一米以上。建方艙醫院/野戰醫院收治輕症及無症狀感染者，達到收容病患分流作用，避免排擠正規的醫院功能。施打疫苗，具備直接預防和對抗病毒的能力，封城，用來控制人員流動，是強度最高、效果最強的手段，但對於人民的生活造成極大不便，對於社會經濟發展造成近乎窒息及停滯，是一把雙刃刀。在疫苗尚未研發問世之前，各種防疫手段應該盡量齊備，以防萬一，施打疫苗之后也不能放棄其他防控手段的並用。南京機場引爆疫情，止步于小區家門口。

2021/07/07

第八十三回　新冠疫情逼人而來

自從七月二十日南京祿口機場發生疫情以來，一天比一天擴散，短短一周就產生蝴蝶效應，五省八市陸續傳出一百多例疫情，人人綳緊神經做好全套防疫工作。可是俗話說，怕什麼來什麼，二十七日一早九點，我們小區外的一家大型市場開門一個多小時突然就給防疫人員拉下大門停止營業，原來是發生疫情了。

拜互聯網的便捷，任何正面或負面的信息傳遞都非常迅速，政府的末梢神經單位居民委與小區居民的聯系最直接了，從居民委的群組裡就能獲得正面及充分的消息。我們所住的A小區南側是B小區，西側是C小區，而C小區的南側是D小區，四個小區之間的間隔就是二條垂直交叉十幾米寬的道路。每個小區大約一、兩萬平方米，好幾十棟住宅樓，一、二萬人口。

各小區的外圍都是公建/商店，但是，只有A小區南側設置一家大型市場，雞鴨魚肉、蔬菜水果、日常用品，一應俱全。D小區有一位住戶某女士，二十五日從廣州轉機回來大連，晚上到這家市場買菜，第二天到單位上班時身體不適，下班之后到醫院看診，做核酸檢測是陽性，醫院立馬通報到疾病控制中心，此所以第三天一大早九點就把市場給關停了，雖然是僅僅一例確診。

D小區隨后被列為中風險地區進行封閉管理，所有出入口一概關閉，人員只許進不許出，外圍的商店全部停止營業，大型市場緊鄰的兩側商店通通暫停營業，市場內的所有營業人員送去集中隔離點。防疫單位立即組織人員開展流行病學調查，某女士在市場內購物的幾個定點劃為第一級、第二級密切接觸點，在她購物時間點之后的一密二密購物者，必須去醫院做核酸檢測，再給予集中隔離或居家隔離十四天，做核酸檢測四次。中午居民委發布通知，在大型市場左側空地設置核酸檢測點，請曾經進入市場購物者前往檢測。小區一旦進行封閉管理，對于居民的生活機能立馬產生極大的壓縮及不便，雖然近在咫尺，僥倖我們沒有被列入封閉範圍內真是幸運！

原本我們每天晚上五點吃飯，六點過后前往小型運動場走路半小時，徒步二十分鐘穿越D小區，一看出現疫情，還是決定取消例行運動，連著兩天乖乖在家呆著不要給國家添亂。直到第三天晚上，沒有更多的疫情消息，兩口子決定出去溜達一圈，順便觀察一下地形地勢。我們A小區一切照常，一走出小區的道上行人倏然冷清許多，走上C小區南側的道上，看見隔著十幾米道路的D小區北側，銀行及商店都緊閉大門，而且在門上貼著封條，門外拉起隔離警識帶。

我們繞過小區西側進入運動場，不見往日熙來攘往、摩肩擦踵的景象，運動人數三三兩兩，僅得往常十停中的一停而已。走完一圈回程沿著小區南側，再繞經東側回來，沿途只見所有邊門小門全部關閉，但是隔著柵欄看到外頭送東西的人交給裡頭接收的親友或客人，比起去年的封閉管理要緩和一些。回到我們小區的南側，大型市場以及兩旁的商店全部關停，銀行也關門，門上都貼著封條，門外拉起警識帶。

本例中的某女士足跡是從大連前往河南鄭州觀光幾天，再轉往湖南張家界旅游數日，在當地觀賞大型文化娛樂節目「魅力湘西」時，和另一名南京機場確診者發生近距離交集，之后經由廣州轉機回到大連。而南京機場疫情中一百多例確診者，絕大部份已經完成疫苗接種，可見得施打疫苗不能保証萬無一失，因為疫苗研發的對象是早期的毒株，但是，目前最猖獗的毒株是來自印度的變異病毒Delta德爾塔，其傳播力及病毒數量都比早前英國的變異病毒Alpha阿爾法毒株還要強大。疫苗雖然有保護效力，只是效力卻有一定程度的下降，何況疫苗最重要的預防效力已經被病毒擊穿，所以做好完善的防疫措施仍然是非常必要的，戴上口罩和保持社交距離都是不能避免的。躲得過初一，躲不過十五。

2021/07/29

第八十四回　在家閉關為疫情

自從二〇二一年十一月四日大連市以東一百七十公里的莊河市出現新冠病例確診，一時風聲鶴唳、草木皆兵，市民的心神緊繃，雙眼盯住疫情的走勢。大連市有七百四十萬人口，其中莊河占有九十萬，而且莊河人有許多居住在市區的，一旦往返兩地立馬就會傳播開來，果不其然，莊河連續三天確診之后也傳進市區來，我們住家位于大連市的郊區，就有許多居民來自莊河，因此首當其衝。這一帶附近大約六十個社區六十萬人口左右，其中有些社區已經有人確診，東面三、四公里處的小區有一例確診，該區立即實施核酸檢測，兩天后施行小區封閉管理。

七日我們小區也開始做全員核酸檢測，由于第一輪核酸檢測效率不佳、速度緩慢，加上天氣降溫，到了傍晚時候開始下雨又加下雪，居民在室外大排長龍等待特別慢又辛苦。九日早上九點開始進行小區封閉管理，只許進不許出，下班的人只能自投羅網，居民的生活一概按下暫停健。好在我媳婦已經察覺到一絲風吹草動的消息，判斷隨時都會有一聲令下就執行小區封閉的可能，一大早七點就出門採購大量的食材，生鮮魚蝦、蔬菜水果足足有三、四十斤的重量，待她進門沒多久果然宣佈封閉小區。這一趟採買足夠我們一家三口吃上一周了，然后搭配家裡的存貨也能夠再支持一周，到那時說不定就能夠解封、恢復正常生活了。

十日執行完全封閉，東西南三個大門只留東門管制出入，另外二個大門及六個小門全部關閉加鎖，滴水不進、油鹽不入。從這天起我們的生活按下暫停健，只能宅在家裡宅在小區裡，同日做第二輪全員核酸檢測，十四日做第三輪，十六日接著做第四輪。幸好我們是封區不封樓也不封門，可以出門和下樓在小區道路上散步，中午與晚上飯后就是我們兩口子帶著姑娘一起出門的散步及嘮嗑時光，日子就這樣平心靜氣、一天重復一天的過去。到了二十二日晚上，我自己估算一下已經封閉十三天，若以兩周計算，明天似乎已到可能解封的日子，今晚或明早看看有沒有好消息發布，不過，直到第二天晚上也沒有盼來好消息的通知，在小區網上群組看到好多失望的歎息聲此起彼落，甚至還有沉不住氣的抱怨聲了，但是又何奈！

封閉進入第三周，居民對何時解封不敢再抱太大的期望，還是心平氣和的過好每一天最要緊，也就是以不變應萬變吧。封區若以三周計算，應該是三十日才有可能解封，不成想，二十八日傍晚突然看見解封的好消息，居委會正式在網上發佈通知，明天凌晨零時正式解封，拆除圍擋路障，居民一時不敢相信，對這意想不到的好消息只能將信將疑的接受。我們從九日上午起開始封閉社區，到二十九日凌晨零時解封，整整二十天。第二天一大早我們小區有才的居民就在網上發表他的《大連解封贊》：

疫情封區二十天，八次核酸已做完。
感謝政府愛居民，安全度過風險關。
白衣天使肩重任，社區領導走在前。
大連人民有覺悟，再苦再難能闖關。

中國的疫情防控政策是動態清零，只要出現一例兩例確診，就是要徹底撲滅，不惜任何成本跟代價，不計人力物力財力的消耗。

回首來時路，大連這一波疫情從十一月四日發生第一例，從莊河市的冷凍食品倉庫工作人員確診，疫情防控指揮部立刻就從源頭一路封閉起來，阻斷病毒的傳播鏈，病毒傳到哪裡就封閉到哪裡毫不手軟，到十四日迅速達到三百二十一例確診。將近二年的疫情期間，大連遭遇五波疫情感染，其中有三波都是從冷凍食品開頭的，因為從國外進口的冷凍食品上的外包裝帶有病毒，一進來就傳染給工作人員。

去年一月底疫情初起時判定是人傳人，所有的預防措施都是針對人員的攜帶病毒，沒有人想到物品也會夾帶病毒，大連因此就吃了大虧，吸取教訓之后就制定冷凍食品的預防之道，想不到百密一疏，又讓病毒鑽了第三次的空子。不過，這一回的抗疫有二項優良的表現，一是零外溢，病毒全部圍堵在大連市內，沒有外溢到外省市，二是零死亡，全部確診三百九十四例無一病例死亡，把傷害降到最低的程度。

自十一月二十日開始零確診，然后連續十四天都是零確診，大連市宣佈從十二月四日起全市疫情防控從中風險地區降為低風險地區，也就是安全地區。單槍匹馬返家鄉，防疫旅館十四天。

2021/12/06

第八十五回　疫情中單獨出行

疫情中出入國境的關卡繁多又困難，而且成本非常龐大，一則是隔離期間吃住的經濟成本，二則是隔離期間至少十四天起算的時間成本，唯有啟用疫苗護照才能免除或減低隔離。此外是一個人單獨出行的難處，我因為少了生活秘書的照料，真是步步維艱，出行第一天的行程果然不怎麼順利。由大連飛抵上海是十一點，而中轉班機是十二點登機，我下機后一路緊趕慢趕那一條一千米長的中轉通道總算剛剛趕上，卻又少了填寫出境海關要查驗的電子版健康聲明書，好在工作人員給我指導下載聲明書，然后逐項填寫，花了五分鐘交卷，差點沒把我給急死了！

到達台北桃園時兩支手機都不能用，一支台灣門號一支大陸門號，我收不到衛生部的簡訊也不能填報入境海關要查驗的健康聲明書。幸好工作人員細心幫我下載填寫台灣的健康聲明書，完了做核酸才能搭乘防疫計程車前往防疫旅館進行隔離，真是關關難過關關過！

今年四月下旬陪我媳婦回山東娘家看望丈母娘，五女二男加上另一半都能承歡膝下，老人家成日裡笑逐顏開、眉開眼笑。我老婆是么女卻單飛大連，又是隔著山隔著海的遠離故土，不像姐姐們和兄弟都住在老母親左近的地方，對于無法善盡一份子女的孝心而耿耿於懷。這次難得能回到老娘身邊，天天為母親及大伙做好熱騰騰的飯菜，然后三代同堂或者四代同堂，圍坐一桌或二桌共進一餐，也是她的一點心意。每晚陪老人家在炕上拉呱，完了再回屋裡伺候我上床，真是一個好女兒好太太。在山東小住一周，從媳婦嘴裡才知道高齡八十出頭的老娘身體狀況非常虛弱，生活狀態非常不便，一個人住在農村五間瓦房內單獨生活非常無趣，一日三餐的料理非常困難，所以營養的攝取遠遠不足。

這十年來我深深知道，丈母娘的二男五女確實十分孝順，而且和樂團結，只是她們都有子女和子孫，要撐起自己的家，實在沒有多餘的能力和時間來對母親做最好的照顧。我冷眼旁觀，只能就自己的能力範圍之內做最妥善的安排，我就對內人說，今年牛年的春節我們在大連過年，而且已經連續十年在大連過春節，明年虎年的春節我們預訂回山東陪丈母娘過年，讓她過一個不一樣的新年，到時候給所有孫字輩的孩子發紅包，沾一個喜氣洋洋。但是，由于疫情是一個很大的變數，到時候能不能成行還是一個未知數，暫時先不要告訴老人家，等到年前十日確定之后再通報，過完年我再準備回去一趟金門，我的提議和做法也獲得老婆的認可。

這一趟行程原本規劃在五月份就要回來台灣報稅的，一年一度的報稅那可是好國民的頭等大事，我向來都是如期完成。不成想，五月十五日台灣疫情突然大爆發，疫情最嚴重的台北市及新北市進入第三級警戒，距離封城的第四級警戒僅僅一步之遙。不得已，我只好取消返台之行，委託人在金門的大女兒代為報稅，第二天就順利完成。疫情爆發的頭兩個月，台灣籠罩在一片愁雲慘霧之中，因為指揮中心夸夸其言的超前部署，原來是只出一張嘴，什麼事都沒做、什麼物質都沒有準備，真的是有政府不做事。

陳文茜發文說，端午節我們在等疫苗，最后是什麼也沒有等到。台灣淪為疫苗乞丐，從此揚名世界，台灣南波萬。后來郭台銘、台積電、慈濟各捐五百萬劑德國疫苗，在中秋節終於等到了疫苗。政府費盡力氣買不到的外國疫苗，民間人士快買加鞭迅速買進台灣，老百姓嘲笑說，去年笑別人一年，今天慢全球一年。又說，台灣藝人比官員會做事，台灣官員比藝人會演戲。

韓國和加拿大宣布自今年七月一日起，本國人民打完兩針疫苗，核酸檢測陰性者，返國不必再做隔離。美國隨后宣布凡是打完兩針疫苗，核酸報告陰性者，入境美國無須隔離。十月份日本宣布打完疫苗、核酸檢測陰性者，入境只需隔離三天。看得出這個疫苗護照已經在各國啟用，對于入境隔離越來越寬鬆。

但是，十月份台灣宣布春節入境隔離專案，也就是說還不是通案的狀態，專案期間從十二月十四日起，為期兩個月，分ABC三種由入境旅客自行選報。A是集中檢疫／隔離十四天，維持原樣，B是集中檢疫／隔離十天加上居家檢疫／隔離四天，差別不大，C是集中檢疫／隔離七天加上居家檢疫／隔離七天，各占一半。這個入境隔離專案比上述四個國家嚴格很多，換句話說，台灣對自己的防疫成果是沒有信心的，何況目前還是處在第二級警戒階段。

我本來打算年后才會動身返台，因此對于這項年前春節專案也不會心動，可是，十二月初聽見媳婦和丈母娘通電話，要求老娘把最后一桶蛋白粉／安麗高蛋白打開食用。等她們通完電話，我問媳婦是怎麼回事？她說那大桶蛋白粉標示九十日份，只要用內附的量杯一日一杯，有九十杯，可老娘再怎麼量都只有七十杯，一年份蛋白粉只能吃十個月，剩下最后一桶捨不得吃，她勸老娘照常吃，完了再想辦法補上。

我說原來如此，我們今年一月份從金門帶回來一年份的蛋白粉孝敬老人家，跟去年買的價錢一樣，外包裝也一樣，誰知他的內容量縮水了，只有去年的八成而已，這等于是變相漲價，真是無奸不成商。我說既然如此，我便提前回去金門處理一些事務，同時順便採購一年份的蛋白粉，好孝順丈母娘。於是七日下午就上網訂購機票，一查還有二段式的聯程機票／套票，第一段班機下機后，人走中轉櫃台登上第二段班機，行李由第一段班機直接送上第二段班機，不用領取也不用查驗，這個好，十二月十六日的機票就給他拿下了。

訂好大連飛上海再飛台北機票的第二天，我們開始行動起來，媳婦從市場和網上購買一些土特產讓我帶回家饋贈親友。我則通知人在台灣的大兒子關于我的行程，請他代訂代墊防疫旅館，我想選用C方案，就是集中檢疫及居家檢疫各七天。他說可能行不通哦，他立馬打電話詢問金門縣政府承辦人，對方回說金門不適用C方案，只能選用A方案。

因此我們馬上選定防疫旅館入住十五天，也訂下檢疫結束當天下午機票返回金門。這一趟返鄉之行，前半段的后勤準備工作我媳婦出力最大，后半段的前置作業大兒子幫助最多，感謝我的家人用心用力。我把打完兩針疫苗的証明找出來，十四日上午去醫院做核酸檢測，第二天早上拿到陰性報告，第三天早上七點出門前往機場，搭乘九點班機從大連出發。十一點降落上海，一小時后登機，下午一點起飛，二小時后落地台北桃園，六點入住新北市三重防疫旅館開始閉關十四天。只為丈母娘著想，臨時決定提前返。

2021/12/16

第八十六回　千里返鄉走單騎

這一趟返鄉之行本來打算過完春節之後才會動身的，可是，十二月初聽見我媳婦和丈母娘通電話，要求老娘把最後一桶蛋白粉／安麗高蛋白打開食用。原來一年份蛋白粉的內容量縮水八成，只能吃十個月，剩下最後一桶老人家捨不得吃，她勸老娘照常吃，完了再想辦法補上。我說既然如此，我便提前回去金門處理一些事務，同時順便採購一年份的蛋白粉，好孝順丈母娘。於是七日下午就上網訂購機票，一查還有二段式的聯程機票／套票，第一段班機下機後，人走中轉櫃台登上第二段班機，行李由第一段班機直接送上第二段班機，不用領取也不用查驗，這個好，十二月十六日的機票就給他拿下了。

因為我買的是聯程機票／套票，就是二段式的機票，第一段在大連登機和托運行李之後，九點準時起飛十一點降落，到上海下機後走中轉通道需要十多分鐘，第二段在中轉櫃台劃位以及十二點登機，行李直接送上班機。可是我少了填寫電子版的健康聲明書，十一點半在中轉通道被攔下來補填，佔用很寶貴的五分鐘，那是爭分奪秒的有限時間中，給我嚇出一身冷汗，到達登機口剛好開始登機了。

一點起飛三點降落台北桃園，入境海關又因為手機收不到衛福部簡訊填寫電子版健康聲明書被擋下來，等旅客全部入境後工作人員才用他的手機幫我填寫聲明書交卷。通過海關入境領取行李，先去檢測單位吐一份口水送檢核酸，再排隊坐上防疫計程車，我訂的是三重的防疫旅館，司機說我只需支付一千元車資，超出的部分由政府補助，我在四點半入住防疫旅館。第一晚的便當／盒飯是雞腿便當，還有三個青菜，飯量不是很多，剛好夠我吃到七分飽。

第二天一早就開了洋葷，這家旅館是新裝修開張的，房間裡面有安裝自動噴出溫水沖洗屁股的新型馬桶，一噴溫水老舒服了，不快不慢，反復噴水沖洗，大概有五分鐘。噴完擦手紙沒有一丁點黃顏色，再擦濕巾也毫無黃顏色，可乾淨了。昨晚是開空調／冷氣睡的，很舒服，今晚應該不用開空調了，室內溫度大概是二十度左右吧。今天山東大漢劉元周大哥看見我傳的文章《在家閉關為疫情》及小青的照片有回應了，他說「真是辛苦了，吉人自有天相。小娃兒很漂亮，祝福貴府全家健康平安，這一波的疫情傳播更利害，防疫要做確實」。我媳婦說「山東大漢劉大哥，看來身體還挺好」。我姑娘說「喔……原來大連就是要讓大大流連忘返的好地方」。

早餐是一大塊三明治、一小杯咖啡，也是七分飽。午餐和晚餐都是叫外送的便當，菜色一般，飯量不多，剛好符合我的七分飽，但是，三餐的送飯時間不準點，都延遲半小時以上。一年前在上海的隔離酒店房間比這次台北防疫旅館房間大一倍，還是星級酒店，三餐都是酒店製作供應的，菜色豐富又多樣化，我每天三餐飯後在屋內散步總計五千步以上。台北的旅館面積只有二十五平米房費台幣三千／人民幣六百，而上海的酒店面積五十平米房費人民幣二百五十／台幣一千二百五十，也就是說台北的面積小一半房費高一倍，所以兩邊相差四倍，台北比上海貴四倍，三餐又比上海差一半，可見得台北又貴又不好，現在我只能設定每天繞著床鋪四周走路三千步以上了。

上周台北市防疫旅館有兩個相鄰的隔離房客，一前一後結束隔離回家才發現確診，很可能是兩人在開門拿飯或者丟垃圾時有過交談幾次，幸好是我開門的時候都沒有看見任何人。以前台灣作家柏楊說醜陋的中國人真是小樣的，現在該說最醜陋的是台灣人。美國出一個賈伯斯，世界稱讚；台灣出一個假博士，全球嘲笑。古人說竊鉤者誅，竊國者侯，不正是那個假博士嗎？

今天二十四號，閉關已經過半了，倒計時還剩下七天。在旅途中寫這一篇文章《疫情中單獨出行》完成百分之九十九了，這一篇文章有情有愛有溫暖。我媳婦說「疫情期間出門真的代價太大，為了丈母娘五女婿好用心哦！我看一遍寫的非常棒，給你打一百分」。春媽說「原來你這一趟回金門是為了買蛋白粉呀，呵……呵……」。我說買蛋白粉是一半原因，另一半是交電話費，原來的轉帳代繳被停掉，一年來必須拜託我同事吳振城每個月去營業廳交現金將近一千塊，我又沒有留給同事現金，麻煩他代繳代墊，真是不好意思，必須處理掉。

我媳婦說「春媽還以為老爸為丈母娘也太拼了，冒著疫情危險跑回金門購買高蛋白」。我姑娘說「老爸，我仔細看完了，是一篇有溫度的好文章，可就是辛苦你了，特殊時期還要冒險出行，隔離期間要照顧好自己，等你來家吃餃子哦」！另外，謝玉戀說「早安，你的文筆越來越流暢，能把心想化成文字，真棒。很期盼看到你的旅遊劄記，真是文采斐然」。

今天英國一天確診超過十萬人，法國超過九萬人，真是大哥不用笑二哥，兩個哥哥一般樣。晚上在賴恩LINE網上收到許志新發來的短片，席琳・狄翁演唱的聖誕節快樂歌，老同學大概是想念我了！西安市這一輪疫情自十二月九日以來本土確診二百二十七人，宣佈從前天二十二號起實行小區封閉管理，一千三百萬人口的生活按下暫停鍵。

踏遍青山人未老，都說大連風景好。

眺望廈門莒光樓，江山留與後人愁。

東風吹過戰鼓擂，當今世界誰怕誰？

我媳婦說「才子老公，給你圈在酒店，開始詩性大發」。我說可不是嗎？在家日日好，出門時時難！大連有小保母在身旁，吃喝拉撒都給伺候的妥妥的，舒服當個大爺千金不換啊！春媽說「感謝小魏姐的細心照顧，以後沒有她在身邊的話，哪兒也不去了」。我媳婦說「以後我們秤桿不離秤砣、老公不離老婆，給老爸伺候妥妥的，讓他們姐妹安心照顧好各自的生活」。我說，保母最會伺候祖宗和親爹哪！我媳婦說「愛你愛不夠，伺候你也開心」。同學鄭易明說「阿千，辛苦你了，從新聞得知大陸疫情又起，政府篩檢及封城，令人感到疫情嚴峻，請多保重。金門目前零疫情，期望能早日回故鄉」。我媳婦說「千哥聽到友愛的鄭易明同學的呼喚，快馬加鞭趕回金門避難」。

兩年前走小三通從金門經廈門到大連一趟的時間大約十一個小時，船票加機票大概是台幣六千元。現如今走大三通從金門經台灣轉上海到大連一趟的時間大約十五天，是小三通的三十倍，三段機票大概是台幣一萬六千元，加上集中隔離酒店大概是台幣二萬四千元，是小三通的七倍。如果是由大連經上海轉台灣往金門走，集中隔離酒店大概是四萬八千元，是上海的二倍。

我媳婦說「疫情期間出門，時間、金錢、精力的消耗太大，辛苦老公啦」。以前船票加機票台幣六千元，現在酒店加機票六萬元，相差十倍，時間由半天變成十五天，相差三十倍。疫情改變了人們的生活步調，大陸防控疫情是不惜任何代價，也不計任何成本。小三通對金門太重要了，無奈這一關閉將近二年，重開的時機遙遙無期耶！我媳婦說「金門現任縣長沒能力防控，為了自己政績，只能把金門島封鎖起來，一隻鳥也別想飛進來」。

今天二十九號，明天深夜閉關期滿，要做一次核酸檢測，早上九點半做完核酸捅鼻子好難受哦！今天西方世界大變天了，美國確診破五十六萬人，英國破三十一萬人，西班牙破二十一萬人，真正嚇死人！晚上六點核酸報告通知為陰性，後天一早就可以出關了。剛才跟老同學許寬通電話，聽他說話聲音很洪亮，身體健康及精神狀態應該很好。我媳婦說「許大哥去年生病，看來恢復挺好」。

今天三十一號，哇塞，今天饅頭吃完早上就可以出關了！大兒子阿樸說大概十點之前到飯店接我。十點半我們回到阿樸他住家附近的地鐵車站喝咖啡聊是非，一個小時以後吃午飯。我媳婦說「幸福老爸，今天總算出門見陽光啦，穿小棉襖不會冷吧」？我在旅館十五天，好像只有一天中午見到太陽，大概是害臊了。今天雖然天亮了，也沒有看到太陽露臉。我們在機場地鐵車站商業街吃完午餐，這是十五天以來吃得最好的飯，有酸辣湯、小米粥、豬頭肉、牛肉餡餅、韭菜蒸餃、櫻花蝦炒飯，除了炒飯是大盤的，其他都是小盤小量的，不到一小時，全部吃光光。

吃完飯我們站在大街上聊天，二點才上車前往台北松山機場，半小時後到機場劃位／值機完了，就在候機廳嘮嗑許久，四點半我才過安檢到登機口，一切順風順水，咱們金門再見。喔……剛才過安檢時，她要看我的檢疫通知書，從手機裡面拿出來給她看完就好了。五點過五分鐘之後起飛了，Baye。六點十分飛機落地金門，我心中的一塊石頭終于落地，金門，我回來了。現在提領行李很快，半小時之後我就坐上計程車回去我們家了。

首先送給隔壁葉長雯老師一個柿餅、香菇、木耳、葡萄乾，他送我一張帳單及三萬三千元，其次請同事送吳振城來家裏一趟，還他一萬元代墊的電信費用，送他一個柿餅、香菇，到同事徐明才家裡，送他一個柿餅，他交給我代收的二千四百元禮券。我晚上忙得忘了吃飯，十點二十從徐明才家走回來才想到肚子餓，回家找不到方便麵或什麼吃的，只找出十幾個密封很好的核桃，只能湊合一下吧！我媳婦說「一年不在家，你也太激動了吧，竟然忘記吃飯」。晚上做衛生幹到十一點，也是幹不完，又累又餓，洗完澡跨年夜鞭炮聲已經響徹雲霄了。送別情景不久，倏忽已經一年。

2021/12/31

第八十七回　睽違一年兄弟再聚會

去歲一月四號晚上，瓜子鎮長做東宴請諸位兄弟，以及為即將遠行的我們夫妻倆餞行。大夥相聚于山外餐廳，酒酣耳熱之后，大家殷殷惜別，互道珍重再會，就在今夜，我們兄弟重逢于濃情烈酒之中。

去年會后第三天下午我們倆飛往台北，搭車前往桃園機場，次日中午飛到上海，經過繁複的層層關卡于晚上入住星級的防疫酒店集中隔離。幸運的是，一人一間的隔離政策下，對我攜帶半個手提包的血糖藥，特別通融讓我們兩人一間隔離十四天。隔離結束晚上搭機飛往大連，社區居委會／里公所派專車接送到家，隨即進行居家隔離七天，最小的女兒暫時搬出門借宿她表姐家，隔離解除后迎接除夕夜來臨。

但是，這一次單獨出行返回故鄉也是關關難過關關過，十二月十六日上午由大連飛到上海，中午再飛往桃園機場，通關完畢搭乘防疫計程車前往三重一家防疫旅館集中隔離十四天。三十一日上午隔離結束，下午搭機返回金門，開始自主健康管理七天，一月六日隔離期滿自己做核酸檢測陰性，全部的隔離措施終于大功告成。

一月八日晚上六點忠哥和一哥邀宴為我接風，實在愧不敢當，但是又卻之不恭。全部出席兄弟有一哥、忠哥、泰哥、興哥、光哥、仁哥、瓜哥、丕哥、千哥、萬祿、文顧等十一人，一年不見，大家別來無恙，更覺珍貴，到了九點酒足飯飽，互道珍重，士農工商，各回各家，各找各媽。

一月二十五日我邀請諸位兄弟再來餐敘，順便給大家拜個早年，再過一周就是虎年來臨，祝福大家虎虎生風，萬事如意。六點半陸續到齊了，有文顧、宗院、光哥、一哥、忠哥、丕哥、瓜哥、徐哥、興哥、仁哥、成哥、千哥、萬山伉儷共十四人。酒過三巡，菜上五道，氣氛熱烈，酒興高漲，划拳之聲此起彼落。瓜哥說今天不能再玩報紙拳了，以前每次他都是他輸得最慘，原來這種拳是會作弊的，要玩就玩台灣拳、數字拳，一翻兩瞪眼，完全真本事。還說晚上他不用找人組織聯合艦隊，要單槍匹馬打通關，三拳不過就回馬。大伙為他的豪情壯志喝采，他第一個打通關，只不過，理想很豐滿，現實很苗條，右手打過去，半路給回馬，左手打過來，又遇回馬槍。

最後瓜哥只好退兵，換別人兩人一組都能順利通關，到了九點有人提議散場，四方響應，立馬來一個說走就走。飯後光哥邀請萬山和我首度參觀他的三樓新居，距離山外大約二公里，那是住宅兼公司，基地面積非常大，建築物室內的設計和裝潢特別氣派新穎。這也難怪，他現在已經從冷凍食品業跨行到房屋建設業，而且觀念創新，走在同行的前面引領建築風格，風生水起獲利頗豐，我們為他高興為他慶賀，參觀及泡茶一個小時方才依依道別。萬山為了晚上喝酒能夠痛快，預先安排酒後代駕，請出他的太太出席，我們只管盡興喝酒，他太座負責開車接送，這樣子確保萬無一失。什麼時候，被人盯上？

2021/01//25

第八十八回　被熟人偶遇

昨天三八婦女節，現在都稱為女神節了！九點過後我到沙美圖書館參觀，順便看望一下老朋友吳秀嬌女士，祝賀她女神節快樂，她是好朋友蕭永奇的夫人。到達時她正在門口與何開忠夫人站在門口盛開的豆梨花下觀賞白色花朵，三個人打過招呼相互問候一聲，我跟她們兩位女士賀節完，順便為她們拍一張合照一張獨照，留下一個美好的記憶。何太太隨即離開，秀嬌就領我進館參觀，這座圖書館和金沙國中圍牆連在一起，正好位在我的沙美嬸嬸住家後面二、三十米處。沙美館落成將近二十年，當時設計不但新穎，而且親子化，贏得許多佳評，可是我三番五次要進館參觀卻總是吃上閉門羹，深以為憾！

我們家都是愛看書的人，一家六口在文化局圖書館擁有六張借書証，金湖圖書館我也有借書証，可是每次去沙美探望嬸嬸總想就近進館看書，不巧都是不得其門而入！今天總算得償宿願，而且還有專人導覽，果然設計為開放書架，還有親子圖書室，閱讀環境真是愉快舒適，叫我不虛此行。告辭後順道彎去文化園區拜訪老兄弟蔡水田，見面後他先帶我進去民俗文物館參觀，這也是我第一次進入民俗館，步上臺階進入大廳裏面有三位女性解說員都不認識，我照樣先祝賀她們節日快樂，不成想第一位開口就說「你是薛芳千」。

我心裡一喜一驚，怎麼有人認識我呢？我說是呀，那請問妳貴姓大名？妳認識我嗎？我好像並不認識妳啊！她說她是陳美玲，跟黃美玲是朋友，在珠山見過面，我還送過她一本書，她現在嫁到西山前。喔……那是將近二十年前了，我想起來我們有一次三人在傅錫琪紀念館前方小吃店一起吃晚飯，兩位女賓都叫美玲，一個就是妳。水田兄說要是提前她父親你肯定認識，我問說是誰呢？他說是陳添財老師，我說當然認識，他是中正國小的老師，喜歡請朋友吃飯喝酒，我曾經跟他同桌共飲過。

一說起緣故來頓時氣氛愉悅，我接著請教第二位貴姓芳名？她說叫張碧蘭，阿蘭這名字是個菜市仔名，正好她就是住在沙美菜市場旁邊，我說我老丈人張延忠就住在菜市場後面，她說原來你就是萬忠伯仔的女婿。我又問第三位貴姓？她說姓吳，是吳昕芮，住金城鳳翔新村，她的公公叫陳滄源，我說我也住鳳翔，滄源兄是我的電信局同事和前輩，現在八十多歲身體和精神都很好，而且他還是我的表哥，那妳應該是陳丕陽的太太，還得管我叫表叔呢！今天是美玲帶我參觀和解說，從大廳往下觀賞各館，繞一圈再走上大廳原點，美玲的解說深入淺出又生動活潑，不愧是金牌解說員，感謝她也感謝大家。

今天下午五點我想到總兵署看望老朋友三叔公李尚仁，立馬說走就走，一跨進大門二位不認識的女性解說員要我噴酒精，我乖乖配合，第一位看我一眼就說你好像是姓薛？我心想什麼好像是還好像不是呢？我堂堂大丈夫是行不改姓坐不改名的，我說是呀，我叫薛芳千，我們認識嗎？誰知她說不認識，我說我們不認識妳又怎麼會問我姓薛呢？她說她在報紙上看過我寫的文章，我說原來如此，居然能把報紙上的名字跟初次見面的人連結在一起真是神奇哦！

我便請問她貴姓大名？她說叫黃敏芳，住前水頭，我說我確定不認識妳，今天可是認識了。然後告知來意要看望三叔公，帶來一篇文章《罷韓啟示錄》請他參觀一下，不曉得他什麼時候值班？她說李尚仁已經沒有在值班了，他有糖尿病，目前暴瘦又兼腳腫，沒辦法站立行走。我說這樣的情況就很不好，應該在家好好養病了，那麼我就把這篇文章轉送給妳參觀好了，全文七千八百字。

2022/03/09

吃米飯與麵食區別何在

早上八點半到「愛私醫診所」／大同之家右側方，空腹量血糖一二一，挺好的，上個月是一三六，陳道實醫師說血糖藥就可以不用再調整了。量血壓一五○／九○，上個月是一三五／七六，稍微高一點，他說問題不大，可能跟睡眠不佳、情緒不好也有關係。然後他就問我吃米飯與吃麵食有何區別？哈……哈……我就樂了，我心想你真是問對人了，因為吃米飯和麵食的差別我略有心得，我還曾經寫成文字稿呢！

我就回說吃米飯純粹只是填飽肚子而已，沒有什麼特別吸引人的地方，雖然米飯稱為主食，其實只是一個配角，菜色稱作副食，他才是飯桌上的主角。剛煮熟的米飯掀開鍋蓋會有一些飯香，但不很吸引人，中國最好的稻米是東北出產的五常大米，他是一年一熟，台灣的稻米雖多，真的趕不上五常大米好吃，因為他是一年二熟甚至三熟。凡是食物生長期越長的越好吃、越有營養，大米是這樣，雞肉也是如此，養雞場的飼料雞四個月就能賣，農家自養的土雞至少十個月才能殺，那個口感及營養相差有多大？

吃米飯的人看重的是什麼菜色，鮮少看中米飯本身，此所以我喜歡吃炒飯而不喜歡吃白飯。至於吃麵食，不論饅頭、麵條、餃子，注重咀嚼、咬勁，幾天不吃麵食，會思之念之，會牙根發癢，不趕緊找麵食吃一口很難受，但是，不吃米飯牙根不會發癢。我說的這是我個人的生活常識，以及總結出來的根由。

接下來陳醫師講的是醫學上、營養學上的常識，他說米飯所含蛋白質非常少，不到百分之一，絕大部分是澱粉質而已。麵粉所含蛋白質高很多，低筋麵粉含百分之六、中筋百分之八、高筋百分之十二，所以麵食所含蛋白質將近米飯的十倍，吃一碗陽春麵加一個雞蛋大概就夠營養了，但是一碗米飯加蛋可就不夠了。在中國北方人大都人高馬大，跟他們飲食習慣息息相關，因為他們以麵食為主，南方人小巧可愛，是以米飯為主。再看日本、韓國、泰國、越南人都是以米飯為主食，也都是小鳥依人的。還有西方人每天攝取的蛋白質大約十五個單位，東方人只有五個單位，在體質上有相當差距。

說到營養跟體質關係密切，我舉我的小女兒在美國的生活已經十五年了，她還是不能跟美國女人相提並論。她生頭胎已經是三十八歲的高齡產婦，需要她媽媽從台灣飛去美國給她坐月子。而美國產婦生完孩子就像母雞下蛋一樣簡單，沒有坐月子這回事，第二天該幹什麼就幹什麼，都不會受到耽誤。

今天的醫病交談各有收穫，教學相長，受益匪淺。宗教信仰自由，大家都是朋友。

2022/03/25

第八十九回　鄉親道親大家親

二〇二二年三月十二日植樹節，這是一個春天來臨、鳥語花開好時節開始的日子。也是我連續起早貪黑坐在電腦桌前奮戰二十天之後的文稿終於告一段落的時刻，好不容易結束這種高強度的腦力工作。十點鐘蔡其光的太太小高／高若綺，來信息相約下午二點半去一貫道的「天規佛堂」會面喝下午茶，並且拜會從台灣過來的歐開言經理及岳姐和賴姐。岳姐和李姐一個月前來的時候見過面，一起在佛堂喝過二次咖啡吃過二次飯，李姐掌廚做的素食飯菜清口合吃，停留一周後李姐回台北岳姐返回台中。

下午二點半我準時進入佛堂，岳姐介紹初見面的歐經理／點傳師及賴姐／講師，這是道務人員中的幹部階層了。歐經理相貌堂堂，額頭方正，精神奕奕，年齡似乎七、八十歲，正在跟我對面沙發上的陳先生親切交談，陳先生從台灣過來金門工作，他的弟弟是歐經理的好朋友，專程代表弟弟來拜訪的，他今年七十五歲，身體及精神都顯得健康良好。歐經理的台語口音和陳先生還不太一樣，講話語速語調平穩緩和不急不徐，聽得很清楚明白。二個小時後陳先生告辭，歐經理留飯也留不住。

接下來是歐經理和我對談了，敘起年齡才知道他七十二歲，年長我四歲。我首先提到他的台語講得非常清楚明白，和台南謝龍介完全不同風格，謝龍介的台語出口成章、妙語如珠，講得比陳水扁還溜，更受歡迎。龍介仙的台語應該是布袋戲的腔調，抑揚頓挫，高低有致，確實非常吸引人。歐經理說他是澎湖桶盤嶼人，自成當地口音，而我講的台語／閩南話大概只有國語／普通話五成的水準，真的有點對不住我的母語了。談話中歐經理講到生活用語，我大概能聽懂九成，但是講到四書五經／古書中的句子我聽得懂不到五成，幸好賴姐會適時給我充當翻譯，用國語唸出來，謝謝她的協助。他對孔子和孟子的語錄引用蠻多的，如同背誦一樣，這份功力實在了不得。

話題轉到他的姓氏和源流來，他說他的姓氏來自金門歐厝村的歐陽氏第五房，以前澎湖縣長歐堅壯來金門歐厝尋根認祖，就是和他同屬五房的，他和珠沙村老村歐贊隊均以宗親相稱，他們一直都有聯絡的。我說百家姓只有複姓歐陽，沒有單姓歐的，那是日據時代被日本人硬把陽字去掉的，現在金門的歐姓大都把歐陽恢復過來了。另外，在金門的薛氏和歐陽氏還有一層特別的關係，兩姓子女互稱表親，但是不得通婚。此因珠山單姓薛，向東五百米是東沙村單姓王，東沙村再向東五百米是歐厝單姓歐陽。歐陽的始祖夫人，俗稱祖婆來自珠山薛家女兒，兩姓為表親，自古前輩囑咐後代子孫不得通婚，後輩不敢違背。所以溯根追源，歐經理祖先來自歐厝，歐陽是我們的表親，歐經理自然也是我的表親，絲毫無誤，表親自遠方來，不亦悅乎！

而我們珠山跟東沙也有一些特別的關係，第一層關係是地緣近，兩村相鄰不過五百米，第二層關係是姻緣親，兩村通婚多，東沙王家女兒嫁到珠山多一點，而且都是優秀媳婦，著名的有薛崇武夫人，薛永化夫人，薛祖炎夫人等。話題最後轉到求道一事來，三人細數道統來源，求道領進師門後，不但造福自己還可以庇蔭先人，功德無量。我對宗教一視同仁、充分尊重信仰自由，我也知道早期一貫道遭受莫名的汙衊，直到一九八〇年左右中央研究院瞿海源研究員發表調查報告後，才還給一貫道清白無瑕的真實面貌，走上合法傳教之途。承蒙看得起區區不才，邀請加入求道，返回道親大家門，只是我目前俗務纏身，不克分心他事。歐經理留我吃晚飯，一桌正好十人，吃完七點半告辭回家，下午停留五小時，談話內容愉快，語氣親切溫和。

話說禮尚往來，往而不來非禮也，所以兩天後的今天我也邀請歐經理及岳姐和賴姐，下午一點半來到我家奉茶，加上小高及林姐也就近從我們社區後面的診所走過來茶敘。林姐和小高小坐一會先回去上班，我們四人繼續國台語會談下去，三個小時後下課，今天談話的重點，還是跟前天五個小時的內容相同，結果還是一樣。

今天下午和前天下午的談話大同小異，結果也沒有兩樣，原來是放在我身上。但是，我的生涯規劃是退休後放鬆一兩年，然後準備寫作一本小說二十萬字估計要兩年左右，那我已經退休一年三個月了，自從二月二十日開始處理一些前置事務，預計十天完成，不承想，超出十天才能結束。三月十二日中午剛剛告一段落，下午二點半到佛堂一談話加上晚飯，整整花掉五個小時。因為我準備的書稿已經傳送到台北，那邊安排審查，大概一個月才能知道結果，如果通過自然是喜事一樁，若是不通過，我還得大費周章另起爐灶，沒有人可以幫上我的忙，我當然不能分心其他事務，所以方命之處尚請見諒。上山進廟拜佛，一片心地明淨。

2022/03/14

第九十回　坐上公車去太武山

今天早上和朋友陳駿棚相約八點在山外車站會合，搭乘專用公車上太武山海印寺拜佛，這是農曆每月十七日公車處派車的中、小型巴士作為上山的接駁車。陳兄是經老朋友張清忠兄介紹認識的陽翟「集源書院」老師，略通儒釋道三教經典，是金門導遊也是一位命理老師。一大早長長的人龍排隊的大部分是老太太，小部分是老先生，排在我們後面十幾個人中有王世宗校長伉儷，多年不見，趕緊過去打個招呼問候一下。半個小時後上車，輕鬆上山只需十二分鐘，如果是徒步上山大約費時三、四十分鐘，而且徒步攻頂會消耗掉一半體能，可見得在對的時間做對的事情多麼重要！

陳兄是知名導遊，他為了解說海印寺的寺廟及仙佛，特地上山到海印寺當志工多年，博覽佛書經典，的確是一位有心人。這十來年海印寺的規劃及建設飛躍成長，首先在寺廟正前方百米處建立正門石梯，這是寺廟最規範的面貌，比如嵩山少林寺設有山門，進入山門才算是少林寺的範圍了。石梯兩側各有一具高大石像，陳兄說這是哼哈二將，石梯最頂端兩側分別是各立一支石柱華表，就好像北京天安門前的華表。登上平台左側是一座水流控制的轉法輪，平台正中央是一座笑口常開、笑看人生、大肚能容的彌勒佛，佛像後面右側是鐘樓，左側是鼓樓，晨鐘暮鼓用意在警醒世人，日出而作，日入而息，生活作息規律有序也。

彌勒佛正後面是一座蘸月池，該池是太武山的龍穴所在，泉水終年不息，而且水位保持恆常不變。三十年前的香客習慣把這池當成許願池，因此投入無數硬幣，寺內僧人為此不定期還要去打撈這裡頭的硬幣，現如今在牆壁上貼出告示，禁止拋入硬幣。登上兩側階梯即可進入海印寺佛廳，供奉的是觀世音菩薩，佛廳中央是大門，大門兩側各有一個小門，一般善男信女必須由小門進出、不走大門，我們上香禮佛之後退出大廳。轉往佛廳後面的安心石室，供奉著一塊好大的、未加雕琢的巨石，室外懸掛的門匾是由右向左寫的安心石室，在室內的楹柱上嵌著安心二字的楹聯乃金門有名的書法家吳鼎仁所書寫的，上聯居右下聯居左，但是，在楹聯中間的橫批上寫的安心石室卻是由左向右，這是錯誤的寫法，我當即把錯誤指給陳兄看。

再往後進入大雄寶殿，看過佛光山的廟園及其他各地的大寺廟都會看見氣派雄偉莊嚴的大雄寶殿，我都不知道意義何在？陳兄告訴我說，釋迦牟尼佛在他的國度裡被尊稱為大英雄，所以大雄寶殿就是專為供奉佛祖的所在，入內一看果然是一尊巨大的釋迦牟尼佛的金身。禮佛之後退出寶殿，再轉到後面看見山石下面一尊站立的小號石像，那便是海印寺的開創者「通遠仙翁」，這有載入金門縣志的。再來轉往右側山坡上，露天豎立著好幾十尊的觀世音普薩的佛像，各式各樣的面貌及穿著打扮，表示她的化身是千姿百態、聞聲救苦救難。

走下山坡在通道上正好不期而遇我的兄弟王世塗、李瑞芳賢伉儷，王世塗正是王世宗的親弟弟，阿塗是前天我好不容易才聯絡上的，前天下午四點去到他的住處、他太太的叔叔嬸嬸家裡拜會。叔叔李再欣、嬸嬸薛亞玉，兩人都八十多歲，身體和精神都很好，我跟他們都認識，亞玉是我們珠山的薛家女兒，還得叫我芳千叔。五個人談話二個小時還是意猶未盡、欲罷不能，相約改天到我家來茶敘，兩家相距不過五百米而已，不承想，今天能在山上偶遇到，我趕快煩請陳兄為我們仨合影拍照留念。

和陳兄分開後我獨自到餐廳還能吃上一碗麵線補充體力，再到服務台看望多年不見的老朋友陳文經，問候完他遞給我一杯普洱茶，我請問他退休之後到海印寺來當志工多少年了？他說三十年，我說三十年如一日的奉獻精神，值得我敬佩，然後我告訴他安心石室內楹聯中間的橫批順序寫錯了，他說那塊橫批是香客贈送的，不是寺裡製作的，他們只是照著原樣掛上去的。說完旁邊有人在喊我的名字阿千，我抬頭一看原來是老同學鄭易明的姐姐鄭淑珍，她問我有沒有去看阿明？我說過年前我剛回金門有打電話給他，約他出來吃飯會面，他才說媽媽過世不久，不方便出門。

我離開後在餐廳外面看見陳兄在為幾位香客解說牆壁上那一幅雕像的「八相成道圖」，講得深入淺出、鉅細靡遺，其中帶頭的那位陳璿煜先生是海軍中校退伍，還要求跟陳兄加上賴恩LINE，用來保持聯絡。我一看時間十點，就告辭陳兄先行坐車下山了，專車一路駛回山外車站也是只用十二分鐘。我下車後看見張清忠兄剛剛坐上接駁車，立即趨前打過招呼，說我是剛下的山來，目送他的專車離去。然後我就近轉到長春書店找陳長慶大哥喝茶聊天，兩個人天南海北暢聊一個小時，我才騎車回到冷清孤寂的家裡。遭遇挫折放空一切，徐圖后進從頭再來。

2022/03/19

第九十一回　一日遊的心情

我昨天晚上被台北出版公司打槍，新書無法出版，心情很不美麗，今天就專程騎上機車去小金門散散心，拜訪五個朋友，所以帶了五包貢糖作伴手禮／見面禮。十點差一分在水頭碼頭上船，十點整開船去小金門，十分鐘抵達九宮碼頭就開始下船。第一站要拜訪的是高中同學羅德勝，就是以前我帶大連老婆去二次找不見的那一家，我在船上就打電話他，接通電話他說人在台灣帶孫子二年了不在家。所以下船后我就直奔第二站，三年前給我修機車的那位老闆洪志堅，他對著我笑一笑，我問他認不認識我？他搖搖頭，我說是你哥哥的中華電信同事，三年前來你這裡修過機車，他說哦……想起來了，我說那台老機車騎了十六年早該報廢，現在換成這一台新車，送他一包貢糖說我還要到處去轉一轉就告辭了。

第三站首次登門造訪老大哥鄭興國，跟他母親問候完了不久，他從外面回家，很高興接待我喝茶講古，他大我四歲，也講起忠哥來，他母親留我吃午飯，我說多謝了，我還要去埔頭參觀洪成發的旅館就告辭了。第四站就近詢問一家賣菜店老闆娘鄭明福大哥家在何處？她就打電話給鄭大哥說有人來找你，然后把電話交給我講，我說是薛芳千剛到小金門來，他說要過來帶我，二分鐘他就到達，我跟在他車子后面，原來就在這家店后面一百米左右，他家一共三棟房子，他一個人住右邊的樓房，兒子媳婦住左邊的樓房，中間是沒人住的閩南古厝老房子作為倉庫。

我們就在他家門前陰涼的地方泡茶嘮嗑，說起老房子是他岳父姓許的，兩邊樓房都是他蓋的，老婆是他在當地當連長認識結婚的，退伍后就在小金門做起軍方的生意，賺到很多錢。但是，十五年前老婆去世，再娶一個長沙的女人，沒多久就離婚，在長沙聘請律師打了三年官司才完成。又娶一個洛陽的女人叢大姐，願意跟他回到金門在一起生活。我和鄭大哥嘮嗑很合拍，他也很開心，講起他在小金門的生活種種，希望我經常過去看他，我說好的一定會再去看他，中午跟鄭大哥吃飽聊夠才離開。小媳婦說「跟鄭大哥第一次見面，聊天就很愉快，他跟老公一樣也是個正直善良的的人」。我先去埔頭參觀洪成發的旅館，可是大門緊閉沒有在營業了。差二分一點半到達九宮碼頭就上船，二分鐘后開船，十分鐘抵達水頭碼頭下船，一點五十來妳家找不見人。

二點跟王世塗的太太李瑞芳／阿芬約好，晚上六點到她們家吃飯，她在餐廳訂了五個菜，現在飯店／餐廳大都不能內用／堂食，只能外帶而已。早上買五包貢糖去小金門看五個朋友，結果看見三個朋友卻只送出二包貢糖，因為送給鄭明福大哥二包，他不吃叫我帶回去，所以去阿塗住所吃飯，正好再帶二包過去。四月十七日星期日正好農曆三月十七日，我打算要獨自一個人坐上公車去太武山。

朋友忠哥問我說「我有位同學二、三年前要出版一本有關介紹金門某軍事裝備的書，也是耗盡心思，起步價您猜猜要多少」？我回說，一本書印刷出版費用最高的是排版費，我很早就聽楊哥談過，他就是做這一行的，至於印刷費並非很高，而且是以一千本為規模印製的話，平均印刷費會降低，再來是看篇幅大小，一般是十萬字左右一本書，二十萬字以上大概要拆成兩冊了，現在一本書的出版費用大約十萬元上下吧！這只是我的猜想。忠哥說「八百本，排版加上美編和印刷，大約二十萬元」。我說不出預料，這大概是行情價。八百本和一千百本可能相差只有一兩萬元，行有行規，自然是該隨行就市了。

五點半吃飯前我給高雄同事鄭志鴻發信息說「志鴻兄，我剛剛接到台北郭修旭老長官來電話了，今年八十三歲，身體健康極差，講電話有氣無力，只能向他報告我的名字而已」。郭修旭是我們以前的老長官，二十年前他曾經很照顧過我。小媳婦說「老領導八十三歲還記得你，主動聯系是有什麼事嗎」？我說不是的，我先打電話到高雄退休協會問老長官電話，他說高雄沒有，老長官住在台北，我又打電話到台北退休協會，他說這是個資不能告訴我電話，但是我可以留下姓名及電話問他要不要跟我聯系？不久，長官夫人來電話，讓我跟長官通電話。

六點我在阿塗的住所，和他太太李阿芬，以及阿芬的叔叔李再欣、嬸嬸薛亞玉在家裡吃飯喝酒，還有阿塗的兒子王融，阿芬的酒量又好又爽快，很對我的口味，所以我就喝很高了，應該超過一百西西，吃飽喝茶。阿塗本來好酒量，這兩年突然酒量消退，只能喝十西西而已，他們周末十六號就要回台灣自己家裡。小媳婦說「老公今天可是超量了，好久沒有喝這麼多了吧」？原來前天是阿芬的生日，現在還可以吃上她的蛋糕。小媳婦說「吃到最后，才公佈王太太過生日」。

我說那倒不是，吃飯並沒有任何主題，單純家庭聚會，只是加上我一個外賓，開飯時又進來一個主人的朋友陳滄源，他是我的同事和前輩又是我的表哥。吃完飯四個男人上桌打麻雀，二個女人收拾殘局打掃桌面，只有我坐沙發喝茶，阿塗在休息的空檔拿一碟蛋糕給我，說是前天他太太生日吃的蛋糕。李再欣、陳滄源都是八十七歲、薛亞玉八十三歲，她做過小學老師、也當過小學校長，我們薛家的女兒真是頂呱呱，王世塗、薛芳千都是六十八歲。我要告辭的時候，阿芬就到屋外的汽車上拿兩本書送給我，一本是蔡禮旭老師主講的《細講弟子規》四十一講，這是蔡禮旭在每一場演講的文字稿，跟以前我所讀過的國學大師南懷瑾的演講書一樣，口語化的書稿。另一本是《超級生命密碼》，似乎是生活中或生命中的探索，且待我看分明再說。回到家酒點了，酒足飯飽之后，我要去海邊散步半小時。長官愛護晚輩，不吝提攜后進。

2022/04/13

第九十二回 歲月不饒人的長官

四月十五號晚上我意外聯系上兩位老長官，知道郭修旭先生八十三歲，講電話的聲音極為虛弱，我判斷他的身體狀況極差。王煌先生不知道幾歲，但是講電話的聲音很亮堂，中氣十足，跟我談很久很開心，還說見了面要跟我拼高粱酒。我就想盡快去登門拜訪問候，況且台灣疫情又處於大爆發的關鍵階段，台灣到金門的班機隨時都會大幅減班，要去就要快。

所以十七號晚上我跟郭太太聯系要去府上拜訪是否方便？她說方便，歡迎來訪，第二天我就出發，到機場補位，班機上只有六位旅客。十八號中午第一站到達郭先生家裡，他的健康情形果然不出所料，大部份都是和郭太太交談，夫妻倆同齡都是電信公司員工。一九九八年我和郭先生有一面之緣，當時我去高雄，同事帶我到醫院看望身體微恙住院的郭先生。二年後在高雄一場會議上再度碰面，郭先生對我關照及愛護之情，溢於言表，從此天各一方，睽違二十二年之久。

第二站拜訪新朋友曾志明兄和李阿滿姐及詹進明兄，看他們為退休同人犧牲奉獻，非常佩服。第三站到王先生家門口看見他，大出意料之外，他拄著拐杖佝僂著身子，舉步維艱朝我走近。進屋坐下之后他說已經九十三歲，太太小他一歲，今天老同事小老弟來看他叫他太高興了。

我們上次在台北見面是三十二年前，當時他英姿挺拔，穿著短袖白襯衫打領帶，就是一個老帥哥，笑眯眯的接待我們從前方來的參訪團，一手安排超規格的招待。一九九〇年金門電信工會組織台北自強活動，當時沒有電話我只能用電報跟你電信總局王科長聯絡，誰叫你以前是我們的王局長。一兩個月之後成行，首站到達總局，承蒙李炳耀總局長接見和座談，晚上在福利餐廳擺兩桌酒席犒賞前方來的員工，並邀請副總局長薛承弼作陪。次日上午參觀陽明山地面衛星電台，完了驅車參訪新店的調查局，招待一客豐盛的美食便當，贈送一個鑰匙圈，第三天快樂賦歸。

他說歲月催人老，現在就是一個彎腰駝背的小老頭，我說這是人體老化的自然現象。他說后腰脊椎突出就是摔倒造成的，第一次在捷運車站摔得最重，但是醫生說不用開刀就落下病根，后來又摔倒三次，現在請印尼看護來家裡照顧四年了，醫生說喝酒只能一點點再也不能拼酒了！我講到人說，家有一老好比一寶，你們家卻有兩寶呢！古人說，人生七十古來稀，今人說，活到八十了不起！你今天九十三，更加了不起，再過幾年就是百歲人瑞！

2022/04/18

中華電信退休協會好平台

早上八點半打電話到台北中華電信退休協會找李阿滿，對方說阿滿要九點才會來，我說我是金門退休同人，去年退休算是退協的新兵，他說他是今年退休的新兵。我說我是四十四年次去年退休，那你是四十五年次了，他問我姓名，我回答薛芳千，也請問他大名，他說是曾志明。他說退協在各縣市都成立服務處，唯獨金馬澎三個離島沒有服務處，分別掛在基隆、台南、高雄裡面，馬祖因為只有一位退休同人，無話可說，金門不知道有多少位？我說去年我們這一梯次有八位，加上前后四、五年將近二十位了，澎湖員工數多我們一倍，退休同人大概也會多一些。他說成立服務處需要有一兩位熱心熱腸的傻瓜精神，我說那當然，凡事無人莫辦。

他也談到電信工會，我說七十九年我當選金門分會常務理事，跟北三分會的蔡勝和同期，本會理事長是郭詩綿，張緒中是八十二年高雄分會的常務理事。他說郭詩綿之后的理事長是陳潤洲，他是總幹事。我說為了公務員俸給法修改后，我們電信總局有十五位高普考及格人員卻不能提敘薪級，總局人事處謝清風辛苦爭取二年多徒勞無功，我告訴他由我來接棒，當時金門有二席立法委員，一個是我同學一個是我朋友，都跟我講有什麼需要他幫忙的地方只管跟他說。我接手這件事后，用我個人名義寫一張公文給中華電信公司，副本給中華電信工會，我同時打電話給陳潤洲，請他就這件事多多協助，結果不到幾個月中華電信公司就下發公文同意給這十五位提敘薪級，這張公文原稿我仍然保存在手裡。

末了他問我找阿滿何事？我說前天下午我先打電話到高雄退休協會問南分公司協理郭修旭電話，他說高雄沒有，郭協理住在台北，我又打電話到台北退休協會，他說這是個資不能告訴我電話，但是我可以留下姓名及電話問他要不要跟我聯系？不久，郭夫人來電話，讓我跟郭協理通電話，他今年八十三歲，身體健康極差，講電話有氣無力，只能向他報告我的名字而已，郭協理在二十年前曾經很照顧過我，所以我想跟他致意，也跟他致謝一聲。

九點過后我再打電話找阿滿，跟她說起前天晚上六點多她打電話給我的時候，我正在朋友家裡吃飯有十來個人，電話聽不清楚。她對我談起我和郭協理只有一面之緣，卻能對他念念不忘深表興趣。她還說前天金門有你找台北的人，也有台北的王局長找金門的人，真是趕巧了！我一聽說王局長，立刻馬上追問莫非是王煌局長？她說正是他。我說我也想要找他呢，能不能告訴我電話號碼？她沒有猶豫就報出號碼來，隨后我說我是去年退休四十四年次，請問她年紀多大了？她說八十歲了三十一年次屬羊，我說我也屬羊，應該是三十二年次呀，她說那是報戶口的關係。

掛完電話，我立即打電話過去，接聽后聲音響亮，我就問他請問你是那位老帥哥王局長嗎？他還不承認，回說這裡沒有帥哥。他那個家鄉口音一聽就知道，我說別騙人了，我是金門的薛芳千，這下可把他嚇壞了，他說「原來是你呀！我前天打電話到金門找了幾個人都找不到，反而叫你找到我了」。我說七十九年金門電信工會組織台北自強活動，當時台金之間沒有長途電話我只能用電報跟你電信總局王科長聯絡，誰叫你以前是我們的王局長。一兩個月之後成行，首站到達總局，承蒙李炳耀總局長接見和座談，晚上在福利餐廳擺兩桌酒席犒賞前方來的員工，並邀請副總局長薛承弼作陪。次日上午參觀陽明山地面衛星電台，完了驅車參訪新店的調查局，招待一客豐盛的美食便當，贈送一個鑰匙圈，第三天快樂賦歸。回來后我寫了一篇短文《台北自強之旅》，刊登在局內刊物上。

台北一別迄今三十二年，很高興再度聽見你健康的談話聲音，期間也曾聽說你榮升新竹電信局長，後來在八十四年屆齡退休。今天說起歷任金門局長中，最值得大書特書的人就是你了，因為你到任之後大力推動金門電信局籃球運動，雖然你也不打籃球，但是樂於播下籃球種子，電信籃球隊成立後，十幾二十年也頗受地區球迷的稱讚和期許。說到這裡你也笑呵呵了，就指示我來寫下這一段經過，我想應該是恭敬不如從命了。

2022/04/15

台北拜會一日行

早上出門之前量體重八八公斤，胖了二公斤哦！不到九點同事黃伯勳來載我，九點到機場補位，有一班十點一班十點二十，我買十點后托運行李，九點半到登機門。班機晚點十五分鐘，十點開始登機了，旅客只有六位。十一點二十降落台北，下機后等待行李二十分鐘就坐上計程車直奔第一站，郭修旭府上是金山南路二段十巷十二號三樓。十二點進屋面見郭先生夫妻倆大家都很開心，兩人同齡八十三歲，我送上三包貢糖六瓶高粱酒。交談以郭太太張美惠為主，他們看完我所寫的頭兩篇文章后，給我好一頓誇獎，我顧不上吃飯只吃了一盤木瓜。

我說起八十七年我和郭協理有一面之緣，當時我去高雄，同事帶我到醫院看望身體微恙住院的郭先生。二年后在高雄一場會議上再度碰面，那是南分公司召開考績委員會議對我進行處罰，叫我到場答辯，委員十幾位，他是主席。郭先生說開會是因為金門營運處行文南分公司要求議處，工作人員宣讀公文對我指控十大罪狀，宣讀完畢，委員紛紛問我說「薛芳千，這些理由是不是事實？你還對你的課長開罵，有沒有冤枉你」？我回答全部都是事實，沒有冤枉，這叫供認不諱。

可是，主席卻說「薛兄的文章寫得很好，那是妙筆生花，算得上是我們公司的人才」。這些委員聽出主席的口風不同，頓時竊竊私語一番。最后主席宣布結論「薛兄，今天就這樣子，你回金門之後跟你們課長當面道歉，寫個書面悔過書就算了，你能不能做到」？我回說可以，我做得到，滿天的風雲到此塵埃落定。郭協理對我的關照及愛護之情，溢於言表，我牢記在心，從此天各一方，睽違二十二年之久。

一點半我告辭就近去公司拜會尚未謀面的新朋友曾志明、李阿滿，郭太太陪我到巷子口坐上計程車並預付車資二百元，其實用不到一半。不用十分鐘到達第二站，曾兄跟我同年到門口接我，看見他佝僂的身軀我好意外，他說這是僵直性脊椎炎遺傳造成的，五十多歲才發病。落座后阿滿姐給我一杯咖啡，我也送上三包貢糖給大家分享，談了一個小時后退休協會理事長詹進明進來介紹認識，詹兄大我四歲，改換泡茶，談得更多。不承想，退協的紛紛擾擾幾乎跟電信工會不相上下，工會方面十幾年來都是勞勞相爭，痛不欲生！

我提到一九九〇年當選金門電信工會工頭，台南電信局老前輩喻志焌勉勵我從事工會要——無私無我，無往不利。我完全贊同，我再加上一句——盡心盡力，不求名利。我說政府機關裡面多的是爭權奪利，曾幾何時，人民團體及社會團體也淪為爭名逐利的場所，小小的團體也是名利場所，叫人不堪聞問！詹兄說「是呀！人格特質不同，錢財使人失去理性，面對豺狼虎豹好累……」。談到四點我起身告辭，曾兄送我去附近坐捷運／輕軌，還陪我坐了一站才下車，真是個熱心熱腸的漢子，原來曾兄和詹兄都是海軍陸戰隊退伍下來的，那體格和體能都是鐵打鍛鍊出來的，當然啦，我也不比他們次一點，哈……哈！

我在捷運車上已經跟老局長王煌聯系上，四點半下車后在車站前看見一個小老頭拄著拐杖佝僂著身子在向我招手，我不敢相信，因為他身高跟我不相上下，怎麼就變了樣呢？走近一瞅，五官毫無疑問，不是別個就是王局長。進屋坐定才知他九十三歲，太太小他一歲，家裡聘請印尼看護四年了。我講到人說，家有一老好比一寶，你們家卻有兩寶呢！古人說，人生七十古來稀，今人說，活到八十了不起！你今天九十三，更加了不起，再過幾年就是百歲人瑞！

我們上次在台北見面是三十二年前，當時他英姿挺拔，穿著短袖白襯衫打領帶，就是一個老帥哥，笑眯眯的接待我們從前方來的參訪團，一手安排超規格的招待。七十九年金門電信工會組織台北自強活動，當時沒有長途電話我只能用電報跟你電信總局王科長聯絡，誰叫你以前是我們的王局長。一兩個月之後成行，首站到達總局，承蒙李炳耀總局長接見和座談，晚上在福利餐廳擺兩桌酒席犒賞前方來的員工，並邀請副總局長薛承弼作陪。次日上午參觀陽明山地面衛星電台，完了驅車參訪新店的調查局，中午招待一客豐盛的美食便當，贈送一個鑰匙圈，第三天快樂賦歸。回來后我寫了一篇短文《台北自強之旅》，刊登在局內刊物上，算是我的處女作了。

他說歲月催人老，現在就是一個彎腰駝背的小老頭，我說這是人體老化的自然現象。他說后腰脊椎突出就是摔倒造成的，第一次在捷運車站摔得最重，但是醫生說不用開刀就落下病根，后來又摔倒三次，現在請印尼看護來家裡照顧四年了，醫生說喝酒只能一點點再也不能拼酒了！我們不停地講話，不斷地喝茶，我送局長三包貢糖六瓶高粱酒。他也在屋子裡翻箱倒櫃的找東西，最後找出兩小瓶大陸白酒、兩小罐茶葉送給我，我可是卻之不恭地收下了。吃飯的時候，他小兒子王化育才上桌，他還刻意去找出一瓶陳年洋酒來犒賞小老弟，他喝了二十西西，我喝下一百多西西。九點半酒足飯飽離開，他送我到巷子口坐計程車，不讓我坐捷運，我服從長官的指示照辦，前往國軍英雄館住宿。

2023/2/04/18

金門電信籃球運動的推手

這名推手當然非民國六十八年到任金門電信局的王煌局長莫屬了，今天說起歷任金門局長中，最值得大書特書的人就是王局長了。因為自從他到任之後大力推動金門電信局籃球運動，雖然年近五十的他自己也不打籃球，但是樂於播下籃球種子，電信籃球隊成立後，十幾二十年也頗受金門地區球迷的稱讚和期許，王煌局長功不唐捐。

都說創業維艱，守成不易，又說萬事起頭難，從無到有最困難，從有到好不容易。當年金門電信局員工不過六、七十人，二十多歲的年輕人佔了一大半，可是沒有幾個人會打籃球，只不過唸書時代在學校上體育課摸過籃球、玩過籃球而已，沒有一個打過學校籃球隊、受過正規訓練的，要組織一支籃球隊談何容易。最初勉強從傳輸機房挑出三人、電話機房三人、線路二人、報房二人，總算湊出一隊十個人來，而且都要從頭練習，從基本動作學起。在短期集訓期間，王局長還特別強調球員營養的重要性，交代廚房每天的早餐必須加上雞蛋和豆漿，當時局內辦有伙食團，廚師叫李炎憲。

不久招聘一位高職籃球隊的應屆畢業生李逢時入局到報房上班，他一米八的身高彈性奇佳無比，輕輕一躍就能抓到三米高的籃框，而我們在助跑之下也只能偶而摸到籃框而已。而且他打球的位置是主力中鋒，包辦大部份的防守籃板球和進攻籃板球，因此前鋒的進攻和後衛的防守都輕鬆不少，這下子終於組成完整的隊形，真的有模有樣了。電信隊開始馳騁球場時，雖然球技尚未成熟，戰績不盡理想，但是，球員的紀律和風度廣受好評，有口皆碑。之後，又陸續進用四位高中、高職籃球隊的畢業生加入陣容，增添生力軍，球隊的實力提升不少，在金門地區的大型籃球賽中偶爾還有角逐冠亞軍決賽的機會。

由於當年台金之間的交通不便，主要是以每周一個航次的軍方運輸艦為主，所以離島金門的資訊特別閉塞，對於政府的政策走向也都是一知半解，不甚了了！原來在民國五十七年的時候行政院頒布全民體育政策，電信總局於六十一年首度組成電信女子籃球隊，所以六十八年王局長推動籃球運動原來是有所依據的。組隊之初我們沒有專屬籃球場，只能借用金門中學的籃球場練習，每天下午四點帶隊去練球。那時節我們也常到金門縣政府和他們的籃球隊切磋球技做友誼賽，縣政府大樓后面的左側是網球場、右側是籃球場，縣政府也是每天下午四點以後按規定在府內運動。

幾年后電信局為了在金城蓋市內電話交換機房，原有局舍／寬三十米、長五十米，地上一樓，地下一層已經不敷使用。便在這局舍後面增購二倍以上的土地連成一片／寬三十米、長一百米，機房在地下二層，辦公室在地上二樓，前後二棟局舍之間的廣場長五十米，寬三十米，劃設一座標準籃球場綽綽有餘，從此以後我們擁有一座局內的專屬籃球場了，不需借用學校的球場。

王局長除了推動籃球運動成立籃球隊之外，他更是鼓勵年輕同事們在工作當中儘量利用時間看書，以便參加電信特考及格以取得正式任用資格。因為當年我們這些年輕員工大部分都是未通過特考及格的半正式員工、非正式的臨時員工，沒有考績、不能升級、不能加薪，工作權並沒有獲得保障。六十七年考試院舉辦電信特考，少數幾位同事考試及格，六十九年又辦特考，半數同仁通過考試，七十二年再辦特考，又有幾位金榜題名。所以我們不能忘記四十年前他愛護青年、提攜後進的苦口婆心，我們才有機會取得正式員工的身份，工作權才能獲得最好的保障。養兒防老，也為希望。

2022/04/30

第九十三回　養兒育女為哪樁

古人說，「不孝有三，無后為大。舜不告而娶，為無后也」。原意說的是不孝順的形式有三種，而以沒有盡到做后輩的責任為最大。舜帝沒有告知父母而娶妻，就是沒有盡到做后輩的責任。但是，一傳再傳，這句話卻變成是沒有后代延續香火、傳宗接代，就是最大的不孝順。祭上這一頂大帽子，就是要催促子女們早日結婚成家，延續香火，基本上也可以說得上是一項美麗的錯誤了。現代最時髦的說詞，又把傳宗接代，說成是傳遞基因了。現如今真要溯源歸根，只怕會淪為不知伊於胡底了！

金門話常勸誡人說，未生孩子，不要說別人的孩子。因為人生的軌道，你沒有經歷過的，你就沒有資格去批評別人，何況你將來不一定有孩子，你的孩子將來不一定比別人的孩子好，與其評論別人不如反省自己。我結婚早生孩子也早，二十一歲結婚，當年就生老大，每隔兩年生一個，生完四個孩子備感心餘力絀只得喊停，每天看著孩子嗷嗷待哺，自覺生活的擔子重逾萬斤，但是，我仍然不曾隨便評論過別人家的孩子。我只是時常思考自己養兒育女是為了哪樁？思前想后，就是找不出答案，看著別人為家辛苦為家忙，我跟著照做就好，也算是見賢思齊吧！

年屆不惑之年，我的孩子逐漸成年，停止求學之后，他們必須自立自強了，再過幾年我的孩子也結婚生子了，我開始關注親友們與孫子間的相處之道，才發現到父母與子女相處，跟祖父母與孫子女的相處大不相同。經詢問過那些耳順之年的長輩，他們說天生一物剋一物，有時候也會表現在祖孫之間，孫子就是祖父母的剋星，因為祖父對孫子是百依百順、寵愛有加，紅樓夢書中的賈寶玉，不就是老祖母手中的小祖宗、命根子嗎？父母對子女的管教唯恐不嚴格，而祖父母對孫子的疼愛卻是唯恐不周到呢！

父子之間與祖孫之間相處之道是很大的不同，確實不可相提並論呢。中國古代以禮教治國，有的朝代甚至是以孝治國，所以中國人長期在孝道的要求下生活，孝順當然是一項美德，不過，也是一項無形的壓力，往往變成身為子女想要逃避的一張網。孝順若是對自己的要求，或許會比父母或別人對自己的要求要好一些，因為自己的要求是自律，而別人的要求是他律。再說法律的基本原理之一，是權利與義務的對等，今日權利的享受，成為他日義務的付出。即使說不用孝順的要求，我養你小，你養我老，這是養兒防老的真諦，也是符合事理的平等。撫養一個孩子到成年少說也有二十年，贍養一個老人至少也該十年吧，這是兩代人之間可以好好協商的議題。

再說養兒育女為哪樁？前思后想，年過知天命，我自己終于歸納出一個最簡單的理由，撫養子女其實是為了希望，所以希望無窮。傳宗接代，養兒防老，揚名顯親，自然也都是在希望的範圍之內。老萊子娛親，在古代也是被列入孝親，二十四孝的典型之中。古人云：兒孫本是解憂花，就是說明在撫養兒女成長的過程中，不是只有辛苦而已，還能帶給雙親的歡笑及希望，足夠解除父母親的憂愁了！這與現代人說的開心果、小可愛，殊無二致。

養兒防老的觀念，人盡皆知，雖然說越來越靠不住，但無疑仍是最大的功用，而且這一項作用不只存在於個人及家庭中，其實也存在于國家及社會中，君不見一個國家當出生人口低于死亡人口，人口出現負增長時，這個國家就會緊張了，因為將來沒有足夠的年輕人來支撐稅捐，財政就會陷入困窘，此時必須鼓勵人們增加生產，養育子女。當一個人在社會上有其貢獻度及知名度，自然就會揚名立萬，連帶也會引起別人對其父母的稱許及景仰，這就是揚名顯親了。

近日網上瘋傳一則新聞說，「央視名主持人李瑞英退休幾年后，因為要出門旅游而拒絕帶孫子，遭到兒媳婦的惡言相向，威脅說不帶孫子，將來就不給妳養老。引得李瑞瑛說，一是帶孫子不是我的義務，給妳們帶孩子是情份，不帶是本份，二是我有自己的生活，而且年紀大了，帶孫子力不從心，三是帶孫子就要跟妳們一起生活，以后矛盾不斷，四是我生兒養子已經耗盡心力，現在只想頤養天年。這一番話獲得無數老人的同聲讚好，說李瑞英做得太對了，因為帶孫焦慮症，如今已經成為老人的一種社會文明病」。

所以這些年來兩代之間相處的摩擦問題一一浮上檯面，變成老人防子女如同防賊一般，這難道是正確或良好的相處之道嗎？為什麼沒有跟著時代的腳步而與時俱進時呢？有的老人還特別撰文質疑子女，「我們撫養你、拉拔你長大成人，這個固然是我們的責任，但你長大就該獨立生活，不能凡事伸手索取，我們並不欠你們，別問這個家庭為你做什麼？先問你為這個家庭做什麼」？

如果拿台灣社會做一個比較，我想大陸同胞可以輕鬆獲得一個參考，第一項，子女結婚，特別是兒子結婚，在台灣結婚的主角是兒子，所以結婚的一切費用由兒子承擔，父母只是配角，或多或少贊助一下，兒子有錢買婚房，沒錢租婚房，或者是在家裡騰出一個房間當新房。女兒出嫁時，對家庭有出力的才給嫁妝，沒出力的可給可不給。

在大陸兒子結婚的責任是父母、主角是父母，兒子只是婚禮上的主角而已，因此結婚的費用由父母張羅，買婚房也是。嫁女兒一律給予一份嫁妝，對家庭有無出力在所不問。第二項，孫子托嬰、托幼，在台灣帶孩子要雇請保母托幼，費用自負，祖父母原則上不帶孫子，如果要求祖父母帶孫子，保母費按照市價支付，沒有免費，奶粉及尿布，費用自付。在大陸帶孫子是祖父母的責任，不但免費托幼，還要補貼奶粉、尿布，假如不是住在附近，還要入住到子女家裡。以上存在于海峽兩岸的兩種做法，你以為哪一種比較適合你呢？為了事業和前途，難免冷落家裡人。

2021/03/28

第九十四回　做為男人的難處在哪裡

人們常說，男人的重心在事業，女人的重心在家庭，大家也都照著這句話去做，身體力行之餘，深感說的在理。一個男人在社會上工作十年出人頭地不多，二十年之后出頭不多不少，三十年之后出頭不少。不出頭不行，出頭也不行，不出頭最怕家裡拿別人來比他，說什麼張三李四都已經干到處級，你還停在科級，比較之下，總有人爬得比你高，自尊心遭受打擊。出頭也不行，出頭也怕家裡拿他來比自己，說家裡的什麼人你都不能照顧，親戚的什麼人你沒有照顧好，把你錯看成像是通天教主那般神通廣大！

其實，一個男人在社會上立足三十年，如果沒有一點成績和成就，就怕家裡人看不起，好像自己庸庸碌碌。相反地，如果在社會上有成就和成績，有知名度和影響力，實在不容易，本該值得自己安慰及自我肯定，可是這時候家裡人還是不滿意，說你的事業及名聲與時間都用在外頭，成天不著家，只是把家裡當做吃飯的飯店及睡覺的酒店！妳說男人難不難？也就是說，一個男人好不容易在社會上有一點好名聲或者受歡迎，往往這時候反而是最受家裡抱怨和不受歡迎，只因為他不在家的時候越來越多，這樣便是他的錯。

特別是當男人做為一個單位的一把手或者干部時，他的很多工作並非全在辦公室及會議室裡面處理的，有時候向上面爭取的，有時候向下面分配的，或者跟其他單位協調和商量的，需要在餐廳擺桌，需要在酒席上張嘴的，這就是交際應酬的手段了。往往權力越大，責任越重的領導，他的應酬及飯局就越多，即使有些可以迴避，仍然會有一些推辭不掉的，這也是人在江湖、身不由己的寫照。在飯局中的飲酒如果超過自己的酒量太多，日久年深，鐵打的身體也扛不住的，不死也會落下一身疾病，真是無可奈何呀！

男人的難處，是本來應該以事業為重心的，好不容易經過在社會上奮鬥幾十年才建立起一點貢獻度及知名度，自認不負生平、無忝所生時，卻要受到來自家裡的埋怨，怪其關心家人不足，在家的時間太少，你說是不是有欠公平呢？究其實這並不是身為男人的失職，而是分身乏術，魚與熊掌不能兼得之故也！所以當某些領導功成身退，稍卸仔肩之后，在臨別感言時總是不忘感謝家人的陪伴與諒解，對于自己在家庭中的虧欠和缺席，加倍彌補，可見得他多麼有自知之明也。

三月十三日仲春那一天，老王兄弟和小陳兩口子相約我們倆一起爬山，所以我就寫了一篇《新春踏青去爬山》記述一下。當下山要離開森林動物園時我們一路嘮嗑，我提起一個社會現象說，當一個男人事業有點成就在社會上受待見的時候，往往反而是在家裡不受待見，所以說做男人的難處就在這裡。這話說到老王的心坎裡，也引起小陳的興趣，建議我把這個現象說明白，最好是能把他寫成文字，以供參考，我這下子就恭敬不如從命，說一說男人的難處在哪裡了。中興以人才為本，社會進步原動力。

2021/03/15

第九十五回　人才是什麼

都說，「中興以人才為本」，可是，卻從來沒有聽說過人才的定義是什麼？也沒聽過有人敢說自己是人才，就算你自己說出來也沒有人會相信。如果採取望文生義，就字面上來說，人才是指具有一項才能或學問的人，或者是具有兩項以上才能或學問的人。也可以說是具有專門知識或專業技能的人，是各行各業中的領頭羊或領軍人物。只是我以個人的角度觀察可以看出一個規律來，而且屢試不爽，那就是任何一個行業能吸引好的人才投效進入，早晚這個行業必然會領先其他的行業，一個行業投入的人才越多領先其他行業的幅度越大。

一般而言，選拔人才最常見的方法是考試，也是大家最熟知的方法，考試的特色有兩項，一是選拔公平，二是選拔人才。所以考試的目標，就是通過公平的選拔過程，錄取合格合用的人才。考試的功用由此可知，就應試者之中選取最佳的人才，第一，雖不中亦不遠，第二，沒有其他更好的方法。

放到現實社會中的應用法則，如果我們主持一個單位、一家公司、一家工廠，需要挑選員工的話，一方面是工作崗位上現在馬上要起用的員工，一方面是工作崗位上將來要培養的員工。那麼站在用人單位的立場來講，首先是要制定一個客觀可行，甚至可以量化的標準或條件來選拔，這些標準大概不離性別、年齡、身高、體重、學歷、專長、經歷等，這叫以事擇人，而非因人設事。再放大到一個地方政府、一個中央政府，那個職位龐雜，那個人事眾多，更需要建立起一套選拔機制，和專職的選拔機關，稱為考選機關，台灣稱作考試院，下設考選部及銓敘部。

理論上的考試，還可以細分為筆試、口試、檢覈，密封考試是最秘密、最公平的，這是測試學問及內秀的方法，當面口試是測試個人儀表及口才的方法，一般而言，兩者常常加以合併採用，通常是以筆試為主、口試為輔，權重比例或者八二分配、或者七三分配。檢覈是另一種方法，主要是審查學歷、經歷、著作，取得什麼最高學歷，從事過什麼工作，有什麼做為或表現，有什麼著書作品等。這三種考試方法可以單獨施行，也可以兩者合併採用，或者三者合併採用，然后分配各種權重比例，比如筆試四成、口試三成、檢覈三成。

選拔人才首重公開、公平、公正的原則，但這只是形式上的要求，實質上卻會發現遺珠之憾的情形，又當如何彌補呢？所謂有原則必有例外，那麼例外的情形要不要加以補救呢？既然大家重視人才的功用，怎麼會忍心發生遺珠之憾呢？在台灣各項招生中，有依照身份加分的制度，在原始的考試分數之上加算分數，比如軍人或原住民。在大陸有按照身份減分的制度，在原始的考試分數之下減低錄取分數，稱為特招，是按照國家文件規定，對于具有一定技藝特長，且達到國家規定標準的學生，實行特定的招生政策，具有特長學生可以享受一定範圍內的降低分數錄取的待遇。特招有別于一般的單獨招生或聯合招生，應用很普遍，用于避免遺珠之憾。部隊特招，是部隊針對大學或專科學校的專業人才所辦的招生。

通常對于人才的解釋，最簡單的一句話就是學歷，最高學歷到什麼程度，學位到什麼地步，把學歷與人才劃上等號。大學畢業是學士，研究所是碩士、博士，本以為學歷越高學問越大，在同一個學問領域中也沒有錯，可是在社會上各行各業細分為三百六十行，甚至更多，因此需要各種的學問、各樣的人才。可以說各行各業中的頂尖人物，就是人才，比如一流的開車司傅，也是人才。把學歷當作人才，又未免失之過于簡約，並不靠譜。人才不等于學歷，又不能沒有學歷做支撐，學歷也不等于人才，但是沒有學歷也不能等于人才，不是嗎？學歷其實也可以說是學力，指的是學問上的能力，學歷高自然也可以說是能力大。至於說學歷無用論，那就是失之以偏概全了！

而且放諸社會這個大舞台檢視之后發現，學歷高的人雖然是個專才，卻未必是符合社會期待和需要的通才，高智商也未必是高情商，反而是跟社會高度脫節，往往不接地氣，不食人間煙火一般，與社會及人群隔閡竟是那麼遙遠！社會角色和功能分工之后，每一個角色很少要求單一功能，專才角色中需要通才功能，而通才角色中也會需要專才功能，只是側重在哪一方面而已。所以后來大學裡發起一項通識教育的政策，文科和理科之間必須交互修讀對方的基本學科才能准予畢業，避免先前淪為窄化的白色巨塔人！

我記得當年高唸高中一年級戴著大盤帽時，遇見親友長輩總是在打完招呼之后，喊我一聲高中生，好像這三個字代表著一個階級的樣子，我聽完不甚了了。我知道他們多數是農夫、工人、商販，大都是小學讀到三、四年級而已，讀到初中的是少之又少，高中一年級好像是足夠人家仰視的程度，其實不然，高中能不能畢業還是一個未知數呢？不過，從他們看重的眼色裡，深深感受到他們對讀書人發自內心的尊重，確實是無聲勝有聲的一種表達。

簡而言之，人才說的是會做事的人，會把事情做好的人，不但能勝任工作，還能在工作上推陳出新的人。人才未必是有學歷，或者是高學歷的人，有學歷的人將來可能是個人才，或者將來具備人才的要件而已，目前還不是。有能力的人，能把工作做好的人，方才稱得上是人才，至于有沒有高學歷，在所非問。至于能把別人做不好、做不到的事情，獨力完成的，那就不止是人才了，而是英雄事業。天才及奇才，也不在本文討論之內。

人才是社會進步的原動力，人才來之不易，養成更難，用才最難了！人才首重選拔，其次是培養，再其次起用，最后是留住人才。人生多采多姿，究竟得失如何？

2021/02/24

第九十六回　主委廟公心不老

八年前你六十六歲，打算再結婚，你說一個人老年生活無味，找一個對象結婚共同生活有三項好處，第一項有個人作伴，老來有伴比單身好過，第二項有人照顧生活，三餐都有熱飯熱菜，夜裡還有熱被窩，第三項有人照顧身體，知冷知熱的，有益身心健康，延年益壽。我聽完舉雙手贊成，這事情值得去做。很快的你就娶了一個福州美女夏某，年輕貌美，身材又高又好，年輕你二十八歲，雖然年齡差距大一點，但是，身高不是距離，體重不是壓力，年齡也不是問題，只要相親相愛，相處和諧融洽就好。

一轉眼兩人一起過了八年，福州老婆在前年也拿到台灣的身份証，一切都能越來越好了。你說的對、做的好，我完全贊同，何況泡妞人不老，偷情心情好。你看那楊振寧八十二歲再結婚時，新娘子翁帆才二十八歲，兩人相差五十四歲，引起中國社會的一片議論紛紛，以及各種揣測和中傷，巴不得人家早早散伙。可如今他們倆結婚十七年，婚姻幸福美滿，生活愉快，身體健康，楊振寧高壽九十九，明年就要邁進百歲人瑞，真是夕陽無限好，如果沒有這一場晚年婚姻，他可能活不到九十歲呀！

以你的年齡活到九十歲不成問題，距離今天還有至少十六年，不泡妞豈不是可惜了？楊翁的婚姻比起古時候，還要略遜半籌呢！有詩為証「十八新娘八十郎，蒼蒼白髮對紅妝。鴛鴦被裡成雙夜，一樹梨花壓海棠」。一對新人相差六十二歲，這是蘇東坡的友人所做的好事，他可是一個見證人哪。

你十八歲從軍報國去唸第三士官學校第一期，從此步入軍旅生涯，一年后畢業再到憲兵學校受訓，結訓后分發到總統官邸的衛士隊，同期的隊員總計一百零八人。服役五年后退伍，一年后有一位陳姓少婦年長一歲看中你，雖然是本地人又和你同姓，毅然決然與她的丈夫離婚，帶著三個女兒嫁給你，年底就生下一個女兒。

你又申請回役，改服陸軍憲兵，后來隨著部隊由金門調防台中，五年后再度退伍定居台中，轉到榮工處擔任司機的工作。五年后又轉到台中電信局改任警衛工作，此時三十六歲，十二年后調差到北屯區，就在此時讓你嚐到豔福非淺，原來門口有一麵攤的年輕老闆娘林某看上你，比你年輕八歲，每當你值夜班的時候，自動上門陪宿，惹得其他警衛及同事眼紅，還在暗地裡通報你老婆前來捉姦正著！三年之后你由台中請調金門電信局改任線路工作，從此夫妻分居兩地，薪水上繳公庫。

曾經聽你說過老婆大你一歲，精明能幹，控制欲又強，你的薪水涓滴歸公。我說你是姐弟戀，老婆拿你當小弟弟看待吧？你說不是當小弟看，而是當兒子看，而且是當作搖錢樹。喔……我說錢是人的膽子，更是做人的面子，沒有錢是萬萬不能，何況男人在外總有一些交際應酬需要用錢，口袋不能空空如也。我年輕的時候，口袋裡總會揣上一點零用錢，大約是每月薪水的十分之一水平，並不是每月固定拿走這麼多零用錢，而是維持這個水平而已，沒有開銷就不用再拿錢填補。你從部隊退伍下來在台中賃屋定居，家無恆產，又有五個女兒要撫養，那生活開銷龐大，不努力賺錢和節儉用度，是應付不過來的，你老婆的做法也是不得已，只是未能取得你的諒解和支持。

你五十七歲時結識廈門九甲戲的女演員林某，年輕你十八歲，一時像老房子著火一般地陷入熱戀中，三天兩頭不避舟車勞頓的趕往廈門約會。次年碰上公司結算年資，提前發放結算金／退休金，你拿到一大筆錢，一半上繳老婆公庫，一半進貢到情人的內褲，照舊是不亦樂乎！隔年你選擇優退方案，結束在金門八年的工作，再拿一小筆錢離開工作，追隨你的情人而去，前后進貢大約人民幣二十萬元。之后再跟老婆提起離婚官司，從此一刀兩斷，海闊天空任你翱翔了！但是，跟林某的戀情在阮囊羞澀之下，兩三年之后只能分道揚鑣，返回家鄉療傷止痛了。我從旁推測你這段經歷，是由于被長期管束之后所產生的一種逆反心理，因為老婆管你管得太深入了，你一定要掙脫束縛，自由自在，自己當家做主。

等到好了傷疤忘了疼，你重新進入繁華廈門城時，又結識一名南平女友吳某，比你年輕二十三歲，交往四、五年你提出結婚。吳女為此還帶著她父親專程到金門實地考察數日，誰知她既不首肯也不放手，你不甘示弱，自認條件優越，要找一個比她年輕漂亮的對象，還不是輕而易舉嗎？于是透過嫁到金門的福州媒人介紹她的老鄉夏某，年輕你二十八歲，正好跟你的小女兒同年，見面沒有幾天就在福州登記結婚領証，隨后帶到廈門在吳某面前好一頓炫耀示威，充分滿足了一個老男人的虛榮心！至于兩人是否相知相守？互信互諒？外人也就不得而知了。

等到你結婚一兩年之后才偶爾聽你談起，老婆年輕氣盛，認定你年紀大她那麼多，佔盡了她的便宜。你所以對她好，是因為你虧欠她的，應該補償她的，她不需要感激你、感謝你，或者照顧你、回報你，這也是老夫少妻的難處了。這一來跟你當時打算結婚所想像的初衷那三項好處，生活中有老伴、照顧生活起居、照顧身體健康，一概都沾不上邊了！聽你說結婚時花了人民幣二萬元的媒婆錢，二萬元的金項鏈，等老婆來到金門兩三個月，你賣了一塊地皮就進貢給她新台幣整整一百萬元，折合人民幣二十萬元，把她樂得臉上都開花了！

只有你們的閨房之樂倒是很相得，你說老婆年近四十，熱衷魚水之歡，雖然她能盡興，年近古稀的你卻感覺力有未逮，因此約定一周行房一次，老婆每每欲罷不能、意猶未盡，經常還要加碼演出。原來你老婆正當狼虎之年，身體健康、身材保養得宜，享受性愛正當其時，其實以你的體能和表現已經沒人比得上了，真是寶刀未老、老當益壯！

你年輕時棄農從軍，雖然讀書不多，但是社會歷練不少，在部隊服役前后十年，退伍后轉到榮工處擔任司機工作五年，再轉到電信局工作二十三年后退休。你對勞作或手工藝很有興趣，先把家裡的閩南古厝結合鐵工鋼架修建好，之后陸續在自家門前屋后空地上修建三、四處鐵皮房屋，或出租或自用，除了鋼骨結構雇請鐵工廠來施工外，其他整地、水電、水泥工、砌牆、鋪地磚都是自己動手，有模有樣，堪稱大工級的水準了！看你忙得不亦樂乎，動手又動腦的，也是一項生活的重心。

前些年你出任某政黨金門縣黨部主委一職，服務縣民，近些日你又擔任媽祖廟的廟公，服務蒼生，身兼二職，殊堪嘉許及欽佩，特為記述幾筆。能吃能睡就是福，失眠后果真嚴重。

2021/03/23

第九十七回　睡眠障礙

睡眠障礙，困擾了我一個多月，我真的有點扛不住了！

去年（二〇二〇年）十一月初，我媳婦間關千里之外回到我身邊迎接我即將到來的退休，我的生活真是如魚得水。今年元旦正式退休，我們倆攜手在一月六號出發一路逆風向北而行，第二天起在上海兩人一房隔離十四天，生活依然優哉悠哉。回到大連之后，生活更加寬敞舒適方便，可是卻有一件困擾隨之而來，由于蓋的被子是薄薄的蠶絲被，不如在上海那厚被子的保暖，因此睡得不踏實、不香沉。夜裡醒來看我媳婦裸睡在被子外頭，更年期的女人火力真旺盛，叫我無法張嘴說什麼被子不溫暖。硬撐四周后，睡眠的品質及時間直線下滑，白天的精神及力氣都蔫蔫的，眼睛總是含刺般的難受。

二月十九日上午難得姑娘帶上我們進大連城去逛恆隆廣場百貨公司，中午去撮了一頓攤羊肉，下午三點回到家，又累又睏的我趕緊一頭鑽進床裡邊，補睡了一個小時才緩過神來。之后每晚都不能睡好，淺睡也只有一兩個小時而已，無精打采之外，更是張不開眼睛，非常難過！二月二十二日我實在受不住，要求媳婦去藥房幫我買幾粒安定／安眠藥，晚上試用一下。誰知出去了一個下午，藥房及診所都買不到安定，原來大陸對安眠藥管制特別嚴苛，台灣只要到診所掛號就可以拿到一周的藥量。她只好求助于樓下鄰居宋太太，剛好她還有用剩的八粒藥丸，就全數借用給我們。

晚上睡前半小時吃下一粒安定，再過半小時就睡著了，而且一覺到天亮，中途也沒有起夜，不像之前每夜必然起床兩三次小解。第二天的精神好了不少，眼睛也不怎麼帶刺了，夜晚就考慮再三究竟是吃藥還是不吃呢？睡前終于決定不吃，嘗試結果如何？可是躺下之后翻來覆去，輾轉反側，就是沒有睡意，眼皮子就是沒有睏意，結果是一夜無眠到天明，真是累啊！

第三天天晚上又要做吃藥與不吃的抉擇了！鑑於前一晚不吃藥就睡不著覺的教訓，最終還是決定要吃藥，只是避開數量有限、藥效強勁的安定，改吃中藥配方的舒眠藥，試試看效果又是如何？睡前半小時吃下舒眠，上床后半小時就能入睡，估計四、五個小時之后起夜，再上床就沒有再入睡了。早上七點起床的精神也不錯，眼睛也不難受，估算體力及精神大概也能恢復七、八成了，接下來再試一試效果又將如何？

說到睡眠障礙，又可區分為心理方面／精神與生理方面／身體的障礙，雖然我剛退休，沒有工作壓力，也沒有財務、家庭、子女各方面的壓力和負擔，因此精神方面應該不會存在什麼障礙。但是，身體方面血壓、血糖、血脂多少還是超標的狀態，年齡已經到達六十五歲退休的上限了，每天都在吃慢性病的藥物，健康當然不是扛扛的，所以我的睡眠障礙很可能是在身體方面，不能達到上床臥倒就有睏意有睡意，即使醞釀又醞釀，還是不能順利進入夢鄉，因此必須借助藥物的助力。當然啦，同時從生活作息多方面調整做起，多少也可以起到幫助睡眠的作用，比如午休時間既然睡不著，乾脆就不要一上床躺倒兩三個小時，能不上床就不上床，如果上床最多一小時為限。生活步調如常，睡眠規律失調。

2021/02/25

第九十八回　生活作息的調整

我總結一下這個月來的生活調整，因為今年（二〇二一年）初回到大連定居的頭一兩個月就發現失眠嚴重的問題，想到服用安眠藥可以暫時改善睡眠問題，可是市面上多的是藥房，跑了十多家偏偏買不到一粒安眠藥，因為那是屬于處方藥，必須經過醫師看診之后才能開具藥方購買。萬般無奈之下，看來只能自求多福，幸好樓下好鄰居宋太太轉贈用剩的八粒安眠藥，服用見效之后兩三天，我媳婦又在藥房買到一盒三十六顆中藥製成的舒眠膠囊，每晚飯后吃三顆、睡前再吃三顆，一樣也能見效。如此改吃舒眠大半年期間，媳婦擔心我會上癮，我告訴她已經開始減藥了，只在睡前吃一次，睡前只有吃二顆而已。

本月一號我開始停藥，頭三天約莫只能入睡四、五個小時，然后慢慢增加睡眠時間，可是九、十號那兩天又不能入睡，我有一點擔心會失效。九號是應對大連新冠疫情來襲，開始實行小區封閉的第一天，幸虧之后都能正常入睡，而且睡眠時間能達到六、七個小時，我心上懸著的一塊石頭終于落地。下旬起睡眠規律也找到了，而且一定要照著這個規律運行才能入睡，一點也馬虎不得！第一點是喝茶習慣，在上午可以大量喝茶，能夠利尿和促進新陳代謝，可是中午和下午就只能少量喝茶，最好是不要喝，三合一咖啡也不能喝，晚飯之后千萬不要喝茶和咖啡，可以喝水，否則一定會干擾睡眠。

第二點是早睡早起身體好，這是眾人耳熟能詳的簡單規律，卻是千金不換的定理，對于年輕人的任性心理，總會把他理解成，晚睡晚起照樣好，只要我睡足了八小時就行，這個想法好像也沒有錯，因為年輕人他有任性的本錢，何況一般情形下的年輕人比較貪眠。但是，早睡早起的規律對老年人來講卻沒有任何伸縮的餘地，必須百分之百的做到位，為什麼？因為老年人他不能把睡眠時間延后，而以晚起來睡滿八小時做為準則，他必須在最佳入睡的時間點就寢，一經延后錯過了入睡點，就很難睡著、就要失眠了。此所以我們經常聽到有些老人說起在晚上八點上床，清晨四點起床，最多也只能賴床一個小時，就必須起床活動。我發現自己的入睡點是在晚上九點半前后，一旦過了十點半就難于入睡了，經過反復測試幾次之后，已經是屢試不爽。

本來我一直避免在晚飯之后喝水的，因為喝水會給夜裡造成排尿的需要，妨礙到睡眠的一貫性，不能達到一覺到天明的最佳狀態。無奈晚上總會乾咳，不得不喝一點點水來潤喉止咳，然而，喝過兩三次的潤喉開水，卻會在夜裡被尿憋醒，不得不起夜排尿，睡眠的連貫性便會因此被迫中斷。幸好上半夜準點入睡，到半夜兩三點起夜的時候，這一覺已經睡得很好，下半夜再度入睡通常會比較慢，可能再睡一兩個小時，到早上七點醒來就應該起床活動了，這樣的睡眠品質及時間就算是不錯的。

為了全力改善睡眠，我就把原來持之以恆的運動習慣，每天早起做體操及俯臥撐／伏地挺身暫時中斷了，等到一個月之后再重新恢復過來。到月末回顧一下睡眠狀態，確實已經恢復得不錯，晚上大約能睡上七個小時，午休的時候偶爾也能小睡半小時，雖然入睡次數不多。看樣子停藥的結果算是很不錯了，這個狀態必須繼續保持下去，以便重建我的身體健康及精神飽滿。

話說回頭，那麼到底老年人和年輕人是怎麼區分呢？兩者之間的劃線是在哪裡呢？其實，這個區分不能完全用物理或生理來加以劃線，也就是說還必須參考精神或心理來做區隔。一般而言，二十歲以上稱青年，三十歲以上叫中年，四十歲以上為壯年，五十歲以上是老年，六十歲叫花甲，七十歲稱古稀，這也是最普通的劃分，自然有他的道理存在。雖然現代人的壽命餘長向后延伸，改稱五十歲以前為年輕人，五十歲以后是老年人，至少也可稱之初級老人，可見得適合做為二分法的界限是五十歲。五十歲以前的各人之間身體健康與精神狀態幾乎毫無差異，可是邁過了五十歲這一條線的各人狀況就會顯露出來，身體好壞無所遁形，進入六十歲更是一眼就能看出好壞。不過，五十歲也只是一項主要的參考值，還要看個人條件的差異而定。

我二十歲開始進入職場參加工作，在單位內部的餐會上跟老前輩喝下幾杯酒之后無所不談，我們這些同齡的小老弟對于長輩及前輩都很尊敬，也很喜歡聆聽他們的人生經驗之談。那時候喝酒有一個不成文的約定，夏天喝啤酒、冬天喝高粱酒／白酒，年輕人愛喝啤酒，可以論瓶計算酒量，壯年人愛喝白酒以杯論酒量。在多次的酒席上常聽這些老前輩勸我們年輕人少喝啤酒，一則是啤酒生冷能刮除體內油脂，二則是啤酒會挫傷男人的性能力。

雖然我們嚐試幾次分別喝過兩種酒的結果毫無區別，仍然相信他們說的話是真實的，直到二十多年之后我們還記得這幾句話，但是結果依然沒有改變。再過十年（五十歲）我就親身體驗到了，喝完這兩種酒的結果確屬不同，喝完啤酒性能力的強度及硬度只有原來的一半，而喝完白酒的性能力及表現並無減低。后來我也曾經把我的這段聽聞與經歷告訴我的朋友和小老弟，他們聽完也是不怎麼相信。

二〇〇六年我的高中同學對我說「我今年五十歲，年滿半百我很服老，不敢不服，可是你跟三十年前高中畢業的時候卻沒有什麼兩樣，你可以不服老」。我比他大一歲，我一點都不覺得老，我的手腳靈活四肢暢通，我一點都找不到老化的感覺。十年后我照常做完每年的例行體檢，醫師問診時說「先生，你的年齡是六十歲，可是你的身體卻是四十歲的狀態，你是怎麼做到的」？我回說我沒有什麼特別的地方呀，唯一的區別是我的運動習慣，從二十歲開始養成每天早起運動半小時，四十年如一日，運動項目是柔軟體操、仰臥起坐、伏地挺身、倒立、舉重，其中，舉重和伏地挺身是我最熱愛的項目，我的上半身很結實，肺活量充沛，手臂膂力很強勁，比腕力從來沒有對手。

同年我有一個小我十歲的老弟，一身仙風道骨似的鴉片仙，他跟我說前兩天去做體檢，醫師看完他的體檢結果說「先生，你是五十歲的年紀，可是器官老化很厲害，卻是七十歲的身體」。他說他現在已經是髮蒼蒼視茫茫，而齒牙動搖矣！如今他自己也不知道如何是好？我跟他說了我的體檢結果和醫師的問診，他略有醒悟，明白自己的缺點所在，因為他是勞心不勞力，更是從來不運動。但是，一年半載之后我聽朋友說他去從事馬拉松長跑，先由十公里再到二十公里的半馬跑起，我沒有再看見他，對于他挑戰長跑的做法深感不安，恐怕他是欲速則不達，運動必須是漸進式的配速，不能跳躍式的晉級，否則很可能落得未蒙其利、反受其害的苦果！

維持身體健康的五大要素分別是，充分的睡眠、均衡的飲食、規律的作息、適當的運動、愉快的心情。這當中以睡眠排列第一位，特別是女性，俗話說女人是睡補超過吃補。再說運動固然有益健康，但是必須講究動作正確及適當適量，否則容易造成運動傷害，反而憑添損害身體健康、得不償失。

在獲得醫師對我的體檢肯定兩三年之后，我的生活作息、體能精神一如往常，歲月這把無情的殺豬刀並沒有在我身上留下什麼痕跡，我也自認為是處于凍齡的狀態下。但是，二〇二〇年一月底世紀大瘟疫新冠病毒從中國大陸橫空出世，我在大連過完春節后班師回朝立馬返回金門上班，二月十日金門關閉與廈門之間的小三通船班，開啟鎖島模式。

與此同時，我突然連續兩三天陷入失眠狀態，照講是應該去看醫師診斷的，自忖解決方案，一是就醫開具安眠藥，此是治標之法，由于偷懶不願去診所或醫院看診，二是強迫自己入睡，連著四五天依然不能入睡，居然我就這麼硬撐著讓他惡性循環下去，渾然不知長期失眠的害處有多大！每天沒有睡眠的情況下，個人的體能及精神萎靡不振，只能強撐著身體去上班，然后拖著疲憊不堪的身子下班回家，就是不能醒悟非看醫師不可了。

更糟糕的是，四月份突然發現身上胸腹部長出紅疹子、冒出水泡來，到皮膚科求醫，那位醫師說這是帶狀皰疹，擦藥兩三周就能治癒，我問好好的怎麼會出現皰疹呢？他說這是免疫力下降造成的，而免疫力的下降是由于睡眠嚴重不足。其實，這個時候我並未告訴他我的失眠狀況，擦藥好了之后，不能入睡的情況依然如此，每天精神不濟、身子疲憊，我還是硬撐著、硬扛著。直到十一月初，我媳婦輾轉從大連飛上海再轉往台灣隔離十四天之后，好不容易才飛到金門與我團聚，準備迎接我到年底屆齡的退休，這個時候起睡眠稍有些許改善，但是長期失眠達九個月，體能及精神嚴重不良。二〇二一年一月初我們倆攜手從金門飛台灣后轉往上海隔離十四天，再飛大連居家隔離七天，做完全部功課后迎接春節到來。

回到大連自己家裡，生活更加寬敞舒適方便，可是卻有一項困擾隨之而來，那就是睡眠不踏實、不深沉。一個月之內每晚都不能睡好，淺睡也只有一兩個小時而已，白天除了無精打采之外，更是張不開眼睛，非常難過！

二月底我實在受不住了，要求媳婦去藥房幫我買幾粒安定／安眠藥，誰知滿大街那麼多藥房及診所都買不到安定，因為那是屬于處方藥，必須經過醫師看診之后才能開具藥方購買。她只好求助于樓下好鄰居宋太太，剛好她還有用剩的八粒安眠藥，就全數送給我們。我媳婦又在藥房買到一盒中藥製成的舒眠膠囊，一樣也能見效，如此改吃舒眠大半年期間，睡眠時間及品質大加改善。

我們知道個人的身體狀態及生命周期是有波動的，有高峰有低谷，有時好有時壞交替進行，並非一成不變的，好比有時生病有時無病一身輕，生病時要盡快求醫就診，無病時也不要折騰身體。如果沒有受重傷或身患重病，即使一般輕微的傷病痛也要趕緊就醫，讓身體保持在健康的水平上，千萬不要拖延病情或者諱疾忌醫，導致病情惡化，不可收拾。我知道由于去年長期失眠，導致目前我的身體狀態仍處于低谷，所以恢復健康的首要之務，端在調整良好的生活作息，維持正常睡眠，必能回到正常體能及精神。漏接關鍵電話，后果不可想像。

2021/11/30

第九十九回　一通電話未接，有什麼後果

晚上飯后六點俺們兩口子照舊手拉手要往外走，我姑娘要求老爸幫她買一包洋芋片回來，我眼瞅著她哈喇子流滿地的那副饞樣，心裏已經同意了，嘴裡卻故意回應她，研究、研究。

由于中午加泡了一遍茶水，綠茶利尿的功能完全顯現無遺，下午就頻繁的上廁所，所以出門之后我就特別注意積尿的程度。出門到運動場的時間需要二十分，回程亦同，運動場走五圈要二十五分，快慢不會超過一分。晚上走完五圈陡然感覺尿意上升，運動場的廁所沒有開放，只能快步走回家解決，更快的方法是走到小區外商場裡面的公共廁所方便，因此一路加快腳步到達商場只花十分，水庫洩洪完換來一身無比的輕鬆及舒服。

然后我們倆很有默契地走進旁邊一家便利店，要給那熊孩子買洋芋片，挑選完她娘

就拍了照片傳給孩子看，再打電話問她確定是不是這款牌子？以免買錯牌子不順她的心意，誰知打了兩通未接，晚上乳燕歸巢，她是不會出門的，還是照樣買下兩包。幾分鐘之后進家，原來她還在衛生間墨跡呢！這下子她娘就不樂意了，先把洋芋片藏起來，十幾分后貴妃出浴了，就直奔她娘要洋芋片，她娘就唸叨起來，說妳洗澡早不洗晚不洗，偏在我們來家的時候洗，害我們等好久都不能上衛生間！然后說洋芋片沒有買，剛才給妳打電話誰叫妳不接聽呢？馬大哈孩子強辯說沒聽見電話鈴聲響，隨后就拿她娘的手機查看通話紀錄，五G時代來臨，凡是曾經走過，必然留下痕跡，任何事都可以留下痕跡的，她看完手機知道事實勝於雄辯。

姑娘因著一通電話未接，一晚落不到望眼欲滴的洋芋片入口，只能去夢裡問周公要了。關鍵時刻的電話未接，代價不小，關鍵時刻的電話不通，代價就更大了。

話說二〇〇六年廈門中山路步行街上，有一處單身酒店式公寓的期房／預售屋樓盤開賣，面積五十平米，售價五十萬元人民幣。因為前一年我們公司提早結算年資、發放退休金，我們員工每人身上都有一筆不菲的資金。因應低利率、微利率的時代已經來臨，傳統存款生息的理財方式已經落伍了，選擇投資工具的理財方式取而代之，因此我們都在尋找適當投資標的。之前已經有好幾位同仁前往該售樓處買房了，我也決定跟進，取得售樓處的服務人員聯系電話，就在出發的前一天與售樓人員聯系好，約定次日一早頭班船過去簽約、交付訂金，說定十一點抵達售樓處。

誰知第二天早上出門前再跟售樓小姐打電話時，卻傳出電話已停機的錄音播放，我一時為之傻眼不已，不知如何是好？可行程已確定，上船之后再撥電話，仍是相同的錄音，心情因此七上八下。等下船之后改打當地人禾祥西路上的陳淑娥大姐電話，承她盛情邀約共進午餐，進餐時大姐問我來此何為？我告以到中山路買房，她一聽是一居室的單身公寓，首先問我是自用還是投資？我答以自住或者度假使用。她聽完表示自用不恰當，投資是另當別論，她說我有家庭有孩子，至少需要八十平米以上的二居室才夠用，將來如果想要轉手的話，也比較容易脫手。

我聽完她的解說，立即舉雙手贊成，改變主意，就此打消原來計畫。飯后我獨自一人信馬由疆就近到中山路逛他一圈，走進售樓處找到那位約好的售樓人員，告知我從金門來定樓，卻一路上打不通她的電話，問是何故？她說是話費用完來不及充值，中午發現才充上的。但是，我沒有告訴她，一樁買賣已經取消了！關鍵時刻掉鏈子，有時候就會這樣子發生逆轉，至于買賣沒有成交，是利還是弊？那就說來話長了。廈門的房子沒有買成，一年后把僅有的資金拿來買下大連的一套房子一百平米，三房兩衛，房價一百萬元。

數年前我對姑娘說「妳是一個心地善良、孝順長輩的人，但是在生活習慣上卻有一身的公主病，別人是有錢人家才會給孩子慣出公主病，妳是沒錢人家怎麼也會養出這一身毛病呢」？她問我是哪些毛病，讓我給她指出來，她會一一改正過來。我說妳要是有一項兩項毛病，或者三五項毛病，我給妳條列出來讓妳明白，妳可以逐項改正過來，可是有一堆毛病，如何全部列舉出來呢？再說妳生長的年代跟我的年代相隔四十年，環境與背景截然不同，今非昔比，也不能回到從前，不適合拿來做對比。以前的家庭兄弟姐妹至少兩人以上，五人以上的比比皆是，現在呢？單操一個，一胎化政策下，都是獨生子女，沒有兄弟遑論姐妹了！

我們小時候生長在大家庭中，其特色一是家長權威大，一聲令下，俯首貼耳，家是最小的國，誰敢不服？二是規矩多禁忌多，說什麼沒有規矩不成方圓，說什麼這個不准那個不許，「囡仔人有耳無嘴」只許聽不准問，好比長了耳朵而沒有長嘴巴一樣，服從和順從就是我們小孩子的天職，服從性特別高。同齡的獨生子女，有個性有主張，更不順從，就像是一個小大人，我們都拿他沒輒都會排斥他。可現在的獨生子女哪一個不是小祖宗、小霸王？只有別人讓他們的份，哪有他們禮讓別人的份，等到將來獨生子和獨生女組成家庭以后，妳看到時候是誰讓誰來著？她雖然個頭長的小巧可愛，可是生活粗枝大葉，好比是馬大哈，一點也不像她外表那般精巧細緻。

我姑娘的性格是急躁和毛躁，做事情倒不是搶著出手，說話卻總是愛搶著出口，壓不住自己的性子，管不住自個兒的嘴巴。當然啦，她是典型的東北人、貨真價實的東北妹子，心直口快正是她的招牌，可是俗話說言多必失，嘴快自然錯誤也多，只能從失敗中一步步成長吧！不過，說也奇怪，她這性格的缺點這麼明顯，我們擔心她離開學校踏入社會進入職場，可有她的苦頭吃了，在家裡我們會讓妳，在社會誰肯讓妳啊？可是她自從幼師中專畢業之后八年來，先后進入公辦及民辦幼兒園有四家，跟同事相處從未有過矛盾或衝突，人際關係居然還能贏得同仁的有口皆碑，真是叫人跌破眼鏡！因此，我們似乎也有理由相信讓她自由發展，說不定將來她組建家庭也能夠和諧美滿，不必我們操心。免疫力一下降，各種病毒抬頭。

2021/02/26

第一百回　皰疹應該去看診

三月十三日早上九點到達長春路上「大連醫科大學第一醫院」看皮膚科，因為大前天我的皰疹又發作了，之前皰疹的循環先是起紅疹子，再來是起水泡，接著是潰爛，最后是結痂直到痊癒，一個循環下來大概是十四天，今天是起水泡的階段。醫生說是抵抗力下降造成的，也就是免疫力下降的因素，病毒趁機抬頭，這是通過性行為感染病毒。開三種藥，一是外擦一是內服治療皰疹，還有一樣內服是提升抵抗力的。看診不用排隊，繳費取完藥再回診察室聽醫生指導用藥，只需半小時完事。掛號費二十元，藥費五百七十元，沒有診察費。

我們夫妻是一月七日從台灣飛抵上海，隨即進住隔離酒店十四天，一月二十一日期滿再飛到大連進行居家隔離又十四天。在上海期間吃好睡好，可是不知為什麼，在大連第一晚就沒有睡好，我感覺蓋那一條薄薄的蠶絲被不保暖，遠遠不及上海的被褥溫暖好睡。可是夜裡看著我媳婦裸睡在被子外頭，佩服更年期的女人火力真旺盛，叫我無法張嘴要求更換被子。硬撐一個月后，睡眠的品質及時間直線下滑，白天的精神及力氣都蔫蔫的，眼睛總是帶刺一般的難受。

因為連著幾天睡不著，二月二十二日我終于受不住了，要求媳婦去藥房幫我買幾粒安定/安眠藥，晚上試用一下。不承想，出去了一個下午，走遍藥房及診所都買不到安定，原來大陸對安眠藥管制特別嚴苛，不像台灣只要到診所掛號就可以拿到一周的藥量。我媳婦只好求助于樓下鄰居宋太太，剛好她還有用剩的八粒藥丸，就全數借給我們。我吃下一粒安定才能睡好覺，之前一個多月一直睡不好。連續吃藥三天，都能睡著覺，第四天不吃藥也能入睡，就把藥給停了。因為配合姑娘上班需要，晚上我們一律在九點上床，醞釀一下大概半個小時后就能入睡。有時候十點上床，醞釀一下大多需要一個小時后才能入睡，可見得定時上床也是一個重要的因素。

今天韓醫生一看患部就肯定說是皰疹，問題不大，我請問他是什麼原因造成的？他說是抵抗力下降。我再問他抵抗力就是免疫力嗎？他說是的。我又問他抵抗力下降是怎麼來的？除了開藥他不再開口，也就沒有給出答案。不過，我記得去年三、四月在金門看皮膚科時，陳醫生告訴我，皰疹是因為免疫力下降造成的，而免疫力下降是由于睡眠不足。在之前幾次看診我從未提起我的睡眠狀況，他卻能斷定是睡眠嚴重不足，他說一個人的正常睡眠時間是八小時，低于六個小時是睡眠不足，低于四個小時則是嚴重不足，也就是說我的每天睡眠時間不足四個小時。

他又說人體的睡眠時間好比電池充電一樣，睡滿八小時就能充飽電，自然就會精神飽滿，睡上六小時只能充電八分，精神自然不夠了，睡上四小時只能充到五分六分而已，當然是無精打采了！所以睡眠不足就會一直處於低度充電狀態，而白天的上班和活動，都是屬於耗電的狀態，因此都會處于低度充電，一直不能達到充飽電的時候，精神就差了！相隔幾個月時間，他先后兩次談起我的皰疹和起因，說法完全一致，我也十分認同，但是苦于不知道究竟應該如何改進睡眠品質和時間啊？今天聽完韓醫生的診斷，我知道藥物治療皰疹只是治標之道，改善睡眠才是真正的治本之道，所以我應該先回溯一下去年失眠的緣起。

話說二〇二〇年一月底我從大連南歸回到金門，雖然此時新冠疫情剛剛横空出世，打亂許多人的正常生活步調，但值得慶幸的是，二月十日金門宣布關閉小三通之后，疫情一直掛零，所以一切生活步驟及上班上學完全照常。可是，我卻于此時突然陷入失眠的困擾之中，連續兩三天之后，我也曾考慮先服用安眠藥，等睡眠穩定再減藥或停藥，因為十幾年前我也曾經發生過失眠現象，就醫看診開給安眠藥，服用一段時間再減藥、后停藥，就順利恢復正常了。這一回失眠幾天后又能入睡，因此我就想免掉吃藥可以省事一些，只是睡眠品質不是很好、睡眠時間也不是很長。

大概一個月之后忽然發現陰部有些搔癢，一兩天后起紅疹子，又一兩天轉成水泡，兩三天后開始潰爛，就用家裡現有的皮膚科粉紅色藥膏擦拭，三、四天后慢慢結痂，四、五天后痊癒，總算鬆了一口氣。可是僅僅消停一周，陰部的搔癢和起疹子又在旁邊重復發作及循環起來，從發作到結束需時兩周，消停只有一周。四月中第三度發作時，我趕緊去看皮膚科，陳醫生查看患處后說這是皰疹，問題不大，擦藥就可以治好。因為一兩年前我曾經在腹部出現過帶狀皰疹，經過陳醫生看診擦藥兩三周就治好了，我問他又是帶狀皰疹嗎？他說不一樣，這是單一皰疹，帶狀皰疹也是由于免疫力下降引起的。那時候我以為皰疹發作和我的睡眠不足是風馬牛不相干的兩碼事，直到今天才發現兩者是具有連帶影響的關係，睡眠不足是原因，皰疹發作是結果。

再說二〇二〇年二月中旬我失眠幾天后又能入睡，我便沒有去就診開安眠藥來吃，可是睡眠不足。硬撐一個月之后，我發現每天早上起床后的臉上充滿疲倦感，沒有從前的那種精神飽滿及神采煥發，又一個月，臉上的疲倦越來越重，再一個月，我突然發現臉上的眼眶下方浮起兩個眼袋，好醜哦，著實把我嚇了一跳！這是人體老化的明顯象徵之一，因為我以前從來沒有眼袋，雖然已經六十五歲，可是我的作息向來規律，每天早上起床后在室內運動半小時，做柔軟體操、倒立一分鐘、舉重三十下、俯臥撐／伏地挺身四十下，這是四十年如一日的運動習慣，輕鬆自如，我的身體柔軟靈活、手腳關節順暢、手力臂力有勁，實在沒有什麼老化的現象，怎麼會浮出眼袋呢？又難看又衰老，不像我的本色及風格呀！

時序進入五月初夏，氣溫逐步回升，我每天中午飯后回家午休，就在一樓客廳的躺椅上歇著挺舒服，躺上半個多小時閉閉眼養養神再去上班，成為一項重要的補充休息。晚飯后到運動場走路十圈四公里多，也是每天固定的生活習慣，回家休息也是在躺椅上看手機收發信息，一躺兩三個小時好舒服，再上樓洗澡睡覺。可是遠在千里之外的大連老婆每每看我晚上走路回家后沒有立馬上樓洗澡，而是在躺椅上休息好長時間，直到睡覺前才上樓洗澡，大不以為然，屢屢勸告我應該先洗澡再下樓休息一段時間，等到有睡意的時候再上樓睡覺，不應該把順序弄顛倒了。

可是我聽不進去，因為我也不理解這話的道理，所以從來沒有把順序調整過來。這時候我才發現體能發生衰退，舉重不能到三十下，俯臥撐不能到四十下，這是四十年來從未有過的現象，不得已只好採取下修，舉重二十下，俯臥撐三十下，還好沒有困難！

因此每當我十點或十一點過后想要睡覺時才肯上樓去洗澡，本來有點睡意的狀態，等洗完澡已經沒有什麼睡意了，躺到大床上仰睡，放鬆四肢十分舒服，可是腦筋及眼皮子就是遲遲了無睡意。因此我越著急越睡不著覺，就把上樓洗澡的時間越拖到十一點或十二點，可是躺上大床仍舊毫無睡意。這樣惡性循環整整又拖了四、五個月，直到十一月初大連老婆輾轉途經上海及台灣回到金門時，我的生活方才進入軌道，睡眠也逐漸恢復正常，只是體能狀態遠遠不能補充到位。我記得在這之前兩三年，我都是越晚上床越容易入睡的，怎麼現如今變成是越晚上床反而是越不容易入睡呢？我真的想不透。直到最近我才領悟到，原來上床睡覺的時間點非常重要，要是過了那個最佳時間點，入睡就會很困難，千萬不能錯過那個時間點，比如晚上的九點！

這一回在大連皰疹復發于三月十日，除了自行擦藥之外，也在十三日上醫院就診，有內服和外敷三種藥，外敷是治療皰疹，內服一是治療皰疹一是提升免疫力。用藥六天之后藥效神速，已經痊癒百分之九十五，十天后痊癒。在金門就醫，用藥期限大多是十四天天痊癒。

我崇尚簡單的生活哲學，我沒有太多的欲望，也沒有追求太高的目標，自以為可以生活舒適便利，但是，不知不覺把生活從簡單走向隨便，而且不能及時調整方向。我終于發現一個教訓，那就是生活可以簡單，但是不可以隨便，我錯把簡單延伸為隨便，結果必須為我的錯誤付出慘痛的代價。俗話說小心駛得萬里船，何況我今后還要行萬里路呢！工欲善其事，必先利其器。

2021/03/13

第一百零一回　電腦汰舊換新

我媳婦去年（二〇二〇年）十月份要去台灣迎接我退休回到大連之前，她知道我有使用電腦寫作的需要，並配合家裡姑娘現有的桌上型電腦，事先專門採購一張電腦桌擺在客廳的一角，等我一到家便能順利上手使用，不可不說用心美好。

今年元旦我正式告別四十六年的工作崗位，功成身退，劃下圓滿的休止符。一周之內我倆攜手併進，在新冠疫情肆虐期間輾轉由台灣飛往上海，集中隔離十四天期滿后再飛往大連，又居家隔離七天才能出關自由自在。回家第一天看見這台電腦有些喜歡也有些遲疑，我確實需要電腦從事寫作，那個比用手寫方便太多了。可是這台電腦已經有十年歷史了，姑娘使用網絡的重心已經從電腦移轉到手機六、七年，軟件硬件／軟體硬體並沒有進行過升級，可能都已經老掉牙了！

我先試一試手感如何？也就是湊合著用一下吧，權當是陰天打孩子——閑著也是閑著吧！可是試用兩三天老覺得不得勁，一開機不久，主機就在那呼呼響著，一點也不安靜，我的心緒自然會受到些許干擾，必須強自平心靜氣下來。再用過幾天，電腦就不聲不響的罷工了，突然一下子就死機／當機，害我來不及存檔的一些打字消失得無影無蹤，那個心痛啊！

我的退休生涯規劃是在結束工作之后逍遙一兩年，放空一切雜事干擾，先陪媳婦回大連和姑娘共同生活，看看大連與金門兩地的生活環境哪邊最舒適？哪邊最適合長住？然后考慮寫作一部二十萬字的長篇小說，就算是對自己一生最好的交代，對得起我自己了，至于寫不寫，也是在這兩年之間做決定。我知道第一次寫小說肯定必須全力以赴，從小說的輪廓規劃、內容大綱、打字輸入、文字校對、文章修飾都不能輕忽或大意，務求盡善盡美，止於至善，所以一定是一件大工程，動筆之后預訂在一兩年之間完稿。

因此在這動工之前的空檔裡，我正好拿這台電腦練練手，寫一寫小文章和網絡日記，反正閑著也是閑著。此外，我這一趟回來大連是抱有兩個目的和一個期望的，目的之一是陪伴及護送媳婦一路平安返家，之二是此前連續九年在大連過的春節，今年完成第十個年頭，算是一項里程碑。期望是能在此地打上新冠疫苗，增強抗疫的預防力及保護力，很順利的在四月份打上第一針，五月份打完第二針。

退休之前在單位使用電腦，我們只管打字和輸入材料／資料，電腦的軟硬件更新和防毒都有資訊專人負責，使用起來又稱手又方便。現如今回歸到家庭，一切都要自己動手，或者求助于姑娘了，她真的幫助不少。可是電腦死機的情況，她也無能為力，起初十來天當機一次，之后兩三天一次死機，我終于無法忍受這種折磨了。

過年前一周就把電腦拎到附近一家電腦店檢修，老闆打開機箱一看就說風扇只剩一支轉動，散熱不足容易產生高溫及聲音，再來就是機型硬件老舊，無法支援軟件作業系統，是應該汰換的時候了。我當下想到更新可以一勞永逸，就開始詢問組裝新的電腦需要多少錢？老闆問明所需的等級和規格之后開價四千二百元，然后媳婦立馬就將這價碼諮詢外甥姑爺趙岩，跟他討論了一段時間，因為他比較內行，認可這個規格和價錢算是行情價可以購買。

但是，我突然想起五月份我還要回金門報稅，以及在大連長住能不能愉快還不得而知呢？先湊合著使用兩三個月就好，暫時不要更換，又把舊電腦抱回家裡過年。

雖然只是寫一下網絡日記和小文章，但是回憶一些前塵往事以及所見所聞，一路寫下來往往感覺人生乾坤大，叫人回味無窮！有時候寫個一千八百字，有時候三兩千字，積少成多、熟能生巧，對于駕馭文字越來越能得心應手。原本五月中旬就要動身返回台灣報稅之時，不承想，五月十五號台灣疫情大爆發，我只得停下腳步觀望一下，可是疫情走勢卻是一發不可收拾，我可不想自投羅網，就通知人在金門的大女兒阿如代我報稅，一天之內順利完成，從此海闊天空任我自由翱翔，就在大連長住下去。每天的時間分配，除了小部分時間寫作之外，大部分時間上網觀看資料或下載資料，幾個月時間內寫作及下載在同一個「千哥檔案」的頁數達到三千多頁，比我退休前在單位中一個檔案五千頁少一點，還以為沒什麼關係的。

直到每天都會當機，我又思索要不要更換電腦了？可是僅僅一兩天時間，千哥檔案突然打不開了，對話方塊裡面說「這個檔案有問題」，其他十幾個三、五百頁的檔案全部正常，打開沒有任何問題。時隔半年之后，八月十七日痛下決心再度把電腦帶到電腦店說明狀況，張老闆打開機箱說風扇都不轉動了，難怪一天到晚死機，查看千哥檔案之后說，這個檔案毀損了所以無法開啟，我問他能不能修復呢？他說不一定，他會試試看。最后我告訴他要汰舊換新需要多少錢？我說顯示器和鍵盤不用換，他開出規格和等級之后說要價三千六百元，舊電腦折價二百元，說定后支付一筆定金。兩天后晚上小張就把新電腦帶來安裝，一切順順當當的，開機后安安靜靜的沒有一絲雜音出現，我們付完尾款，其他的任何問題就看售后服務了。在哪裡過年，哪裡就是家。

2021/08/19

第一百零二回　十年同桌年夜飯

今天是除夕，二〇二一年二月十一日早上七點起床，窗外一片白茫茫的濃霧，是超級大霧，伸手不見五指，二米之外的景物毫無蹤影。十點按照原訂計畫，我們一家三口叫上網約車出發，路上那霧已經消散一大半，車行四十分到姨父家，小舅媽母女倆已經到了，十二點我們六個人先吃中飯，這時候霧已退盡，陽光終於普照大地，一點半大表弟三口人才回來吃飯。

飯后開始年夜飯的準備工作到三點休息，五點大表弟擔任主廚，三位女同志出任下手，六點準時年夜飯開動，十二道豐盛的佳餚上桌，鮑魚、海參、海螺、大蝦自然少不了，酒水也少不了，但是，北方做菜是沒有湯的。團圓飯吃喝之外，更多的是嘮嗑，兩個小時之中談一談一年來個人和家庭的進展，兩位年輕人在讀大學，我們夫妻倆也加入退休人員的行列，其他事情就是世紀疫情來襲一年之下，大家的生活還算穩定，影

第一百零二回　十年同桌年夜飯

響不大。

散席后便開始準備包餃子的工作，十點再吃一頓餃子，大表弟第一口就吃到一枚硬幣，宣布中獎，我們三人也吃到四枚硬幣。十一點三個家庭一齊撤了，留下姨父一個人獨守四行倉庫。今年則是我連續第十年在大連和親人團圓吃的年夜飯，年味十足，興高彩烈，年年都快樂又幸福，跟去年一樣，也是坐上表弟的便車回到同一個小區。

離開時一路上都有鞭炮聲不停的為我們送行，跟往年一模一樣，等到十一點半車子轉進小區時，更是鞭炮聲一時大作，此起彼伏響徹雲霄，好比是王者歸來，居民熱烈歡迎一般，響過半個多小時，總算慢慢消停下來。

進屋后我媳婦和姑娘累得癱坐在沙發上，嚷嚷著累死了，我說不會吧？我聽說劉謙要妳們見証一下奇跡，妳們捨得放棄嗎？媳婦一聽立馬奔進臥室床上翻找，果然見到那個奇跡了，樂得她合不攏嘴的數著那一沓子簇新新的票子。姑娘滿臉不相信的說，劉謙難道不用做核酸檢測嗎？說時遲、那時快，她三下五除二就給拿出一個紅包來，原來真的是真的！

二〇二一年三月二十一日中午邀請住在同一個小區的大表弟夫妻倆來家裡吃便飯，十二點兩人先后進屋就入座，除了魚餡餃子尚未下鍋之外，其他六個菜已經擺上桌了。

有炒蜆子、手扒排骨、蔥油秋葵、涼拌雞爪、粉絲蒸扇貝、菠菜毛蜆子，還有一碗蘿蔔牛尾巴湯，有啤酒和白酒，小飲怡情，調和氣氛。一會兒兩盤餃子共三十個上桌，這是大表弟的最愛，沒多久吃掉一大半，接著又上兩盤餃子二十個，最后吃喝帶嘮嗑一個半小時才散場，餃子還剩十個，由弟媳婦打包回家，絕不浪費。

表弟敬我酒的時候又對我說，「姐夫好福氣，表姐不但是居家過日子的好女人，還會伺候人、做家事，又會燒得一手好菜，你真是有口福」。表弟這番話是第二次對我說了，除夕夜吃年夜飯的時候他已經對我說過一次了，他確實是真心實意的。我說不但我有福氣，她到金門去做的北方麵食招待我的親戚朋友，每個人都對她誇讚有加，紛紛建議她在金門開一家餃子館。她去年十一月二號到金門，今年一月六號離開金門為止，光是邀請親友來家裡吃麵食有十次，做好煮熟送出去分享餃子及韭菜盒子有二十次，大家吃的津津有味，讚不絕口呀！

席中，表弟說起過年去看望住在大連市裡的叔叔時，才知道高齡九十七歲的奶奶還活著呢！原來親生的奶奶生了八個兒子，送出一個老大，過繼一個老二給她的大爺，這個老二就是他的親爹。后來奶奶又死了兩個兒子，十幾年沒見面，還以為奶奶不在呢！雖然他爹是出繼到大伯父家，終究還是奶奶的親生骨肉，即使打斷骨頭還連著筋呢！

第一百零二回　十年同桌年夜飯

我說起十五年前我第一次到佳木斯的鶴立鎮上看望朋友，住在林業局的賓館一周，每天都有當地的朋友請吃飯喝酒，我一概是來者不拒。除了酒席之外，他們也請我吃當地的傳統吃食，就是一手大餅一手大蔥，蘸著大醬吃，入境隨俗的我照著葫蘆畫瓢，一樣當做一餐飯吃飽。可把他們樂得不行了，說「我們南方來的朋友都吃不來這種飯，你是唯一能夠跟我們一起吃一樣的飯菜，你不止是我們的朋友，還是我們的兄弟，就是一家人哪」。

他們也深知南北相距幾千公里，各種生活習俗，風土民情大不相同，南方人吃不來東北菜色，他們能諒解也不見怪，但是，遇上跟他們同一條陣線的伙伴，這下子可把他們樂得！更何況我不但是從南方來的，還是隔了一條海水從台灣來的，真叫四海之內皆兄弟也！我跟他們說我的個頭長得人高馬大，個性和脾氣也跟北方人相似，活脫脫就是南人北相。

離開的前夕我擺上兩桌回請吃飯，客人將近三十人，喝的是當地白酒「道光二十四」，酒精度四十度是中度酒，喝起來比五十八度的金門高粱酒輕鬆多了。高粱酒我能喝半斤，這酒我喝一斤也不會醉。酒席中，每個人都是用啤酒杯滿上，發起敬酒的人是拿杯子用杯底敲一下桌子，就等于我們舉起杯子敬酒，喝多喝少沒有限制。但是先喝完一杯的人不許斟酒，必須等到全部喝完了才可以一起斟酒第二杯。

因為我習慣喝快酒，等他們喝完一杯時我已經喝完兩杯，可把他們佩服得不行了，還以為我的酒量有多好呢！殷殷道別之際，他們一再要求我有空還要再來鎮上相聚，把酒言歡，誰叫我們是兄弟呢！九點散席之后，我就到鎮上火車站坐軟臥夜車南下哈爾濱，這是我生平第一次坐軟臥，翌日清晨六點到站，再轉往機場坐十點的班機飛廈門，后會有期了。只是十多年來也曾經想過舊地重遊，和大家相會，只因戒酒之故，興致不大。

二〇二一年三月二十五日中午陪大連老婆上獨居的姨父家包餃子，吃午飯，出乎意料之外的，可真是一頓好酒好菜。十一點半上桌，主食是魚餡餃子，菜色有一盤炒蜆子，一盤大蝦，一盤大海螺，一盤大鮑魚，一盤雞蛋炒韭菜，有白酒有紅酒，小喝怡情又養生，不到一小時酒足飯飽。前些日我和媳婦商量著要去看望姨父，我說除夕夜在他家裡吃的年夜飯，轉眼一個多月不見，我想上門去走動走動，看望老人家，她也贊同，接下來是商議如何去看他？主要是說要不要通知住在同一個小區的大表弟？是不是和表弟一塊去看他爹？最后決定這一次我們單獨行動，只有我們倆，不要驚動表弟了。因為表弟在一百多公里外的地方工作，只有周末周日才回家，才會過去看他爹，我們在工作日過去看老人家，反正表弟也不在家裡。

昨天上午媳婦打電話告訴姨父明天中午去他家包餃子，是否方便？他說方便。說完電話，媳婦就上街買黃花魚，並且絞成魚餡今天帶過去。原本以為今天多包一些餃子，煮一半現吃外，還給姨父留一半，再來一個雞蛋炒韭菜就夠了。不成想，姨父今天特意買了好多的蜆子、蝦子、鮑魚、海螺，都是高檔的海鮮食材，其豐盛一點也不次于除夕的那一頓年夜飯，這下子反而讓姨父破費太多了，只要老人家高興就好！

吃完飯，我媳婦開始打掃衛生擦地板，客廳及房間一概擦洗得乾乾淨淨。四天前我們已經邀請過大表弟夫妻倆來家裡吃餃子，這是他的最愛，那天吃的也是魚餡餃子，還整了六個菜，這在《表弟伉儷來吃飯》文中略作記述。姨父不但做得一手好菜，而且還是一個美食家呢，特別愛吃餃子，父子倆真是典型的東北人。一般吃餃子多數是豬肉餡、少數是牛肉餡、豬肉韭菜加蝦仁的三鮮餡，魚餡的就更少了。

飯后辭別姨父是一點正，我們一路迤邐步行到附近的植物園參觀，剛過春分的節氣，到處春寒料峭，還不到春暖花開的季節，園裡的花未開樹也未綠，除了長青的松柏樹以外，其他的花草樹木依然是一片干枯枯、光凸凸景象。我倆沿著步道走走停停，看看山泉水流淙淙，最后匯聚到那一彎小小的池塘裡。出得園來我媳婦游興不減，她說兒童公園也在附近，上一回我們仨吃完灘羊肉餵過鴿子，本想帶你們去兒童公園玩耍，因為一時找不到地頭才放棄，今天正好順便一游吧！

我反正是吃飽喝足了，妳要帶我上哪兒去耍，沒有第二句話。妳一時找不著北，只好在路上好聲請問一位大叔兒童公園在哪邊？大叔很篤定的告訴妳往右前邊走幾步路就是了，跨過兩條巷道路口，豁然看見一條狹長的池塘。除此之外，並沒有看見什麼兒童游樂設施啊？我們沿著池塘邊的步道走到頭就離開了，再走過三條巷道，就找到公交車站，全程步行總共走了七千步。幾分鐘上車后坐好閉眼休息，到站下車回到家是三點正，就此午休了。青春工友情，關懷三十年。

2021/03/25

第一百零三回　三十年工友姐妹情

二〇二一年三月六日是一個開心的日子，因為我對象小魏要帶我進城去大連和她的老朋友見面聚餐，那都是三十年前的老工友／老同事。十點半我們打車到達高爾基路上的飯店，上到二樓的包間／包廂時，看見陳玉香已經坐在等候了，彼此打過招呼，隨后孫秀敏、周迎春、姜淑雲、于清偉陸續閃亮登場，魏美芬把我介紹給大家認識，就到一樓去點菜，十二點開始上菜，還叫了白酒和啤酒。今天出席的六位老戰友雖然都在大連市，但是，有的住市區有的在郊區，相聚也不容易，所以聚會地點就選在大家的中心點，坐公交車或者坐地鐵匯聚過來大概一個小時，打車可能是半個多小時。

開席之前，我先跟大家做一個報告說：「我和小魏于二〇一一年三月份第一次在大連見面認識，一見鍾情定終身，到今天恰好十周年，真是一個美好和特別的日子。十年來我們分居台灣和大連兩地，南來北往飛來飛去相聚達五十二次，也對航空公司做出巨大的貢獻，每一次相會我都寫下一首小詩紀念，如今已有五十二首。去年六月小魏年滿五十歲正式退休，十一月初飛到金門陪伴我，而我在今年一月一日年滿六十五歲退休，隨即陪同小魏回到大連，疫情期間雖然一路上要集中隔離和居家隔離二十八天，我倆一點也不以為苦，從此我們形影不離、出雙入對。感謝各位三十三年前一起工作的老朋友出席，請妳們給我們倆一個機會，今天的餐會由我們做東埋單，謝謝大家」。雖然起初大家都不同意，經過我們誠懇的要求和解說，最后眾人終于首肯。

小于和小姜不喝酒，完全給予尊重，小周和我喝白酒，其他三位喝啤酒。小周端酒杯的架式很穩定，一看就知道是平常有飲酒的習慣，而且她的酒量又好又爽快俐落，一瓶半斤的白酒，我喝五十西西，她喝下一百西西，臉不紅氣不喘。我們除了吃喝之外，更多的是嘮嗑，三十多年的工友總有說不完的話，小魏還帶了幾張早年的照片，看見青春亮麗的少女時代影像，真是說不出的感慨！

她還特別提到當年的小孫是伙伴中最浪的，我以為她說錯話了，她就解釋大連當地話的浪，指的是愛漂亮和愛出風頭，是褒義詞而不是貶義詞。哦！原來如此，說小孫風情萬種，是誇讚她而不是取笑她。說到小于的妹妹也是老戰友之一，后來成為小周的嫂子，都不是外人哪！二十歲青春的友情，既純真又質樸，堪比發小的情份哪。成年之后交往的友情，既不是那麼知根知底，還多了一份防備之心，也就很難深交。

席中，少不得要拍下幾張照片留念，拍下幾個錄像紀念，也請服務員幫忙拍下幾張照片，留下大伙相聚的美好回憶。用餐直到三點才散席，除了依依不捨珍重道別之外，還相約后會有期，下次再見。

二〇二一年三月十四日早上接到兄弟王慶、陳玉香伉儷邀請一同走春爬山，我們倆一磋商立馬應允了，然后打車前往他們家門口會合。十點半從大連市勝利路上的九六七醫院（原二一〇軍醫院）旁邊步道徒步登上蓮花山，我沒有爬山的練習，起初的一兩千步向上走路，腳力不成問題，就是呼吸難免有一些急促。他們三位都是輕鬆自如，氣定神閑，老王兄弟年輕我十歲，年長小陳六歲，他們擔心我年紀大吃不消，一直說姐夫悠著點，不要著急。我媳婦笑笑不說什麼，我回說沒問題，不用擔心。走到半路上六千多步有休息處，老王要我坐下來歇歇腿，小陳也怕累著我勸我坐下來休息一會。坐定后媳婦才告訴他們，我每天早起運動半小時，做倒立、練舉重、俯臥撐，從未中斷過，每晚飯后在運動場走路將近一小時，走路十圈四公里多，體力不成問題，聽完他們就放心了。

以前聽小陳說她們經常去爬山，還以為是開車到外地去爬山的，誰知是在他們家門口呢！真是近水樓台先得月，向陽花木早逢春，盡得地利之便了。前兩年老王的腰間盤突出，還要動手術治療，當時行動走道特別不方便利索，今天一看健步如飛，臉不紅氣不喘，恢復得真好，原來鍛煉有成，值得給他鼓掌、為他高興。登頂后俯瞰市區景象，一時間感受到，會當凌絕頂，一覽眾山小。下山穿過大連森林動物園北門，經過白雲雁水景區，看微信運動上面的紀錄是走路一萬二千步，十二點半出來坐公車回到九六七醫院下車。

隨后進入飯店吃鐵鍋燉魚，四個人點了四斤半的江團魚，鐵鍋點火之后服務員就把玉米餅子麵糰搓好摔在鐵鍋邊一塊烤，二十分鐘之后我們開鍋吃起大魚大肉來了。兄弟老王還帶來一瓶陳年紅酒招待，我們好酒好菜好氣氛吃喝起來，又逢今天農曆二月二龍抬頭，真是一個好日子。鐵鍋燉魚店的包間/包廂可講究可有特色了，那是東北鄉下農家炕屋風味，當中架著一座方形灶，灶上擺上一口大鐵鍋，在灶的兩邊各擺兩把椅子，另兩邊是一寬一窄的熱炕，完全是一副農家的景色，讓我們在城裡吃著鄉下農家菜，可有意思了。

老王說起最近大力減肥，並且盡量減少參加飯局喝酒，這一周來減了五斤，小陳更厲害，一周減到七斤，真是說做到，硬是要得！我這時才憶起大年初五，老王和老壽兩家在我們家聚餐時，吃完午餐我們每人秤了一下體重，結果是我最胖一百八十四斤，老王少我四斤，老壽少我小四十斤，小魏少我七十斤最輕，比小陳少七斤。這一頓愉快的午餐到二點時吃飽喝足了，又在炕上嘮嗑到三點才散場。

二〇二一年六月三十日早上專程去看望住院檢查一周后出院的王慶夫人陳玉香，也是我媳婦小魏的老工友、好姊妹，九點我們在住家樓下打車出發，可是車子一上東北快速路就遇上壓車／堵車，平常二十分鐘的車程，竟然超過一倍才能到達。

今年大年初五是我們三家的聯誼餐會在我家舉辦，三家九口人一年一聚，互相拜年，其樂融融。未及一個月的二月二龍抬頭早上，接到老王來電邀約一個說走就走的新春踏青去爬山，我們倆一合計立馬應允出發，十點半從他們家門口出發爬上蓮花山。二個小時后坐公交車回到出發點，進入飯店吃一頓鐵鍋燉魚，一條四斤半的江團魚，老王還帶來一瓶陳年紅酒招待，我們好酒好菜好開心吃喝起來。這一頓愉快的午餐到二點時吃飽喝足了，又在炕上嘮嗑到三點才互道珍重再會。由於爬山和吃飯非常愉快，我們倆也經常合計著改天換我們邀約爬山，再吃一頓鐵鍋燉魚。可是盼呀盼，念呀念，只差那臨門一腳了，倒是今天能上門看望一下身體欠安的好朋友也是很值得！

咱們進屋坐下泡茶嘮嗑，看小陳的氣色很好，談話的聲音很正常，就問起住院的緣故，她說是夜裡睡覺胸口會痛醒好幾次，后背也會疼痛，恐怕是心絞痛，就到九六七軍醫院（就是以前的二一〇軍醫院）住院做檢查，幸好診斷結果不是心絞痛，稍微放心了。可是后來做一項心臟造影檢查，過程卻是充滿凶險及驚心動魄，還好結果也是正常的，深切感受到平安是福的意義了。

坐到十一點準備起身告辭了，小陳問明我們倆沒有事情就留下來一起吃中飯，她就打電話問王慶我們在她家中午有沒有空回家吃飯？回說中午要出去看現場，沒空回家，特別交代一定要留下我們在家吃飯。如此一來，我們立刻進行分工，我繼續坐在客廳泡茶，兩位姊妹進廚房干活，不到一小時，飯菜全部上桌。哎喲……我的媽呀！這是什麼家庭？三個人做了八個菜，好比過年吃大餐了，妳看看什麼菜？一道清蒸鮑魚、一道小蔥涼拌海參、一道炸老闆魚、一道涼拌豆皮、一道番茄醬焙大蝦、一道蝦醬炒雞蛋及蒜台、一道醬豬蹄、一道醬豬肘子，其中除了豬蹄和肘子是我們帶過去的之外，其他六道菜都是小陳冰箱裏面現成的食材，加上小魏的廚藝，真是相得益彰。

這麼多豐盛的菜色怎不叫人食指大動呢？有了好菜自然少不了好酒的，小陳打開一瓶紅酒，每個人都給斟上，這下子好酒好菜好氣氛就開始了，吃上喝上又嘮上，直到二點散席咱就打車回府了。

二〇二一年七月九日早上專程去拜會媳婦的好姊妹——周迎春，也是我媳婦小魏的老工友，九點在我們住家樓下坐上滴滴出行的網約車出發，車行四十分鐘到達目的地，中山廣場旁邊人民路上的「友宜商城」百貨公司。此行的拜會，源于上周媳婦跟我提起時，說要來一個說走就走的約會，等我們到達之后才臨時通知小周，給她一個驚喜。我隨即提出我的不同看法，我說現代社會的生活節奏快速，每個人的每天事務繁多，如果有心去做某件事，最好事先安排或者跟對方通知、聯系，方便對方的安排。再說我們一趟進城去大連坐車約需一個小時，如果是順路拜會親友的話，就算不能會見也沒有損失也無所謂，如果是專程而去，到時落空的話心情會是多麼沮喪，不可不防，最好還是先聯系一下。我媳婦認同我的說法，就在昨天和好姊妹愉快的約定了。

剛剛從旋轉門進入商城時必須戴好口罩，先查看行程碼，再測量體溫，都合格之后就一路通行無阻了。媳婦通知小周說我們已經到達一樓進門處等候，她回說手上一點小事處理完畢就能過來，不用多久。一會兒，我們眼睛對著門口來回張望，卻聽見背后聲音響起來呼喚著，回頭一瞅，穿著一身藍色連衣裙／洋裝的好姊妹就站在俺們身后笑吟吟呢！大家互相打過招呼，直稱相見不容易，上一回見面是在女神節之前的三月六日，再見面已經過去四個月，真是時光飛逝、歲月如梭呀！

昨天姊妹倆約好到商城給小魏選購合適衣服，有請小周擔任導購和介紹，因此她就領著我們直奔主題到四樓服裝專櫃去挑選和試穿好幾件，最后選中兩件連身裙，一件是綠色蕾絲裙，一件是深藍色薄紗裙。結帳時拿出小周的會員卡，給打了不少的折扣，她真是太給力了。準備離開時驀然看見衣架上一件旗袍，是紅點的翠花款式，我和媳婦都有興趣，又拿進去試穿一下，一看挺喜慶的，人也顯得精神，就是衣服瘦了一點。整個人都讓衣服綁得死死的，手腳硬幫幫的，一瞧尺寸是三八碼的，服務員說這是獨一無二的單件，看來應該是四十碼才能合身。歷經一個小時，才能走出專櫃店。然后再到另一樓挑選鞋子，試穿過一雙又一雙，拍照傳送給姑娘提供意見，最終選定一雙和姑娘看法一致的鞋子買單，也花了將近一個小時，我都是一路站著看。

到了午餐飯口時間，小周說要招待我們吃飯，小魏說佔用妳好多時間，應該我們回報一下，小周不肯，既然來看她了怎麼說也該她來做個東，小魏還說妳請客我們買單好了，她說不好，就是由她請客。說好了做東之后，我們要求吃飯簡單就好，不要鋪張，小周也同意不要浪費，就到九樓美食街選了一家港式雲吞店，點了雲吞、腸粉、筍尖湯、豆腐煲，一邊吃飯一邊嘮嗑，不亦樂乎！現在點餐付款形式又有改變了，點餐時先在桌上的二維碼掃一下，看著上面菜單點選，完了也在上面付款，這二項都不需要服務員出面，送茶水及上菜才看得見服務員，上完菜帳單也送到，移動支付／電子支付已經改變了我們的生活！用餐一小時也是在愉快及融洽的氣氛中結束，依依不捨道別，期待大家后會有期。

友誼商城樓高十二層，也有一、二十年的歷史了，店內的購物動線流暢及專櫃寬敞光線明亮，服務員態度親切語氣溫和，到今天仍然毫無遜色之處。十年前我首次到大連旅遊時下榻友好廣場周邊的酒店，旁及中山廣場附近商圈，多年來對這一帶的金融大廈林立，印象深刻，可是從未見識過這家百貨公司的風采，更不要說是進入購物了，因為完全沒有大公司的磅礴門面那般吸人眼球及懾人氣勢，所以屢次經過從來沒有進入我的眼簾。

這一次入場雖然優點很多，卻有一項視覺上的扞格之處，那就是服務人員幾乎是清一色的黑衣黑褲或黑衣黑裙，黑壓壓的一片，好比是「黑色會」，感覺像是踏入殯儀館一般，實在違和，因為通體黑色含有喪色的意味，期期以為不妥！人們購物、餐飲、娛樂都是喜悅之事，本該歡天喜地、歡聲笑語的，不該滲入此種元素。服務員的衣著採用白衣黑裙或白衣黑褲，色系堪稱調和，尚無不妥，若是引入彩色，更添喜慶元素，利人利己，何樂不為呢？走親訪友，游園玩水。

2021/07/09

第一百零四回　游園玩水樂逍遙

昨天已是入伏第二天，可是一早卻突然吹起中霧吹了一整天，明明是盛暑仿佛回到春天的時節了，夜裡又是下雨下不停，不承想，二〇二一年七月十三日今天早上起來卻是雨過天晴，風和日麗。吃早飯的時候，樓上的奶奶——我家那口子說要帶爺爺進城去大連勞動公園玩一玩、看一看荷花，問我去不去？我說當然去了，老頭子現在退休在家吃妳的飯，妳走到哪裡我自然是跟到哪裡，這叫出雙入對、形影不離，老婆子一聽就樂了。

說走咱就走，九點出門坐上公交車，一個小時后到站下車，從勞動公園北門入園，兩三百米就走到荷花池畔，少不得拍照為証留下兩人的美麗倩影。然后走到廊道下聆聽兩處老人家的演奏二胡及開嗓練唱京劇，為公園憑添幾許文藝氣氛，又兼自娛娛人。說時遲那時快，突然天空中飄來一朵朵烏雲，霎時下起一陣不小的中雨，又急又猛的情況下，空地上、樹蔭下的遊客紛紛奔向廊道來躲雨，瞬間人滿為患。十分鐘后雨收雲散，人人各歸本位，只不過晴天結束，從此轉為陰天，倒也涼快。

我們繞過東門再轉往南門，抬眼望見遠處聳立的電視轉播塔，坡道上有十二生肖的立姿造型，別開生面。公園裡到處三五成群拉彈開唱的組合十來處，有拉二胡唱京劇，也有唱伴唱機，還有吹奏小喇叭的，曲藝響起好不熱鬧。繞過西門又轉回到北門，終點又回到原點準備出園，這一圈走了一個半小時，腿力負擔輕鬆裕如。

出園后我媳婦說要就近順道過去對面的大連商場新瑪特購物廣場拜訪一下好姐妹、老工友的張淑霞，我就想起三八婦女節前夕的聚會中唯獨她的時間不湊巧，不能共襄盛舉，今天能見上一面挺好的。一會兒上到二樓她的專櫃店面時，大家互道思念，別來無恙。問明她的工作時間能不能離開一起吃飯？她說行，她的同事馬上來接班就能出去用餐了，說完不久她的同仁已經來到，她就領我們徒步到附近一家新開張的「柏威年百貨公司」吃飯。在一層樓的美食街逛了一遍，最終選定一家火鍋店，我們坐定后服務員送上茶水便離開，我們點餐也是在桌上的二維碼上掃碼。

服務員送完菜，我們一邊下鍋一邊嘮嗑，小張說這些年來你們的狀態維持得真好，一點也不顯老。我說是的，小魏把我照顧得很好，我們相識相愛已經十周年了。我還記得十年前初次和小魏的這些女伴、老工友見面，我就跟她說小張是一個幸福的小女人，值得多跟她接觸及學習，果然到今天妳還是保持一個幸福的小女人。小張說這十年來小魏不但不見老，還過得越來越年輕，可見得你也會心疼人、照顧人。

我說十年前我就跟小魏說我會照顧妳小，將來就看妳來照顧我老了，這叫互相照顧。還有她幾次回金門，我的幾個嫂子們每回看見她，總說她是越來越年輕、越來越漂亮，還會誇獎她說她是天生麗質，可把她開心壞了！小張說起她的對象也是會心疼人，家務活都是他搶著干，退休了也不肯閑著，找個其他活繼續干著。用完餐一點半，小張也該回單位了，她搶在前頭先去買單，害得小魏慢半拍，只能期待下次再見，后會有期了。

前兩天我媳婦小魏從網絡上知道老工友、好大姊姜淑雲住院即將光榮出院了，就惦記著要上她家去探望一下、關心一下，因為疫情期間，醫院是不讓親友到院探病的。昨天問明出院在家，說明天過去看她可好？她說好呀，歡迎妳們過來。二〇二一年七月十八日今天早上九點五十分在我們住家樓下坐上網約車出發，行車五十分到達開發區目的地，步行進入她家小區，姜大姊已經在她家門口喊人了，遠遠的距離二十米開外，她就說老薛瘦了，我也回她瘦了四公斤。

到了家門口，大姊的對象壽鐵奎笑嘻嘻地開門把我們迎進屋裡，我對他說自從大年初五（二月十六日）相聚以來再見面已經過了五個月，真是光陰似箭，時光飛逝啊！接著我就誇獎大姊的眼光犀利，一眼就能看出我瘦了不少，我說初五那天中午在我們家聚餐完了，飯后大夥一起量體重，三個兄弟中，老薛九十二公斤，老王九十公斤，老壽七十二公斤，我今天只有八十八公斤。

在客廳坐下后一邊喝茶一邊嘮嗑，看她臉色很好一如往常，聽她講話聲音照舊嬌滴滴，毫無病態呀！媳婦就問起姜大姊住院的緣故及結果，老壽便說起住院前幾天的一天中午，他躺在客廳沙發上休息，小姜在房間休息后起身到廚房洗完香瓜拿到客廳與廚房中間的飯廳吃香瓜，但是，好半天沒有一丁點動靜，他就坐起來查看，一看嚇一跳！原來小姜昏倒躺在飯廳的地上呢，趕緊上前把她扶起來她才醒過來，好像也沒有什麼異常，過兩天放心不下，還是送她上醫院做檢查，還包括電腦斷層掃描及核磁共振，除了血壓一百五十高一點之外，其他都沒有問題，也可以說是有驚無險，住院一周就可以出院。

我說我瘦了四公斤也有好處，半年前我的血糖值都是九，這個月初剛量過是七，挺好的，因為體重跟血糖有連動關係，體重下降血糖也會跟著下降。老壽說他的血壓本來有點高，現在都控制得很好，就是血糖值高到十五，他回老家時他的兄弟們沒有人血糖值超標，只有他超標，兄弟們都說是他吃得太好了，才有這富貴病，勸他管好自己的嘴巴，愛吃能吃不打緊，只要食量少一點，不要過飽就好。控制血糖的口訣是，管好一張嘴，邁開兩條腿。

十一點過后，我們開始分工合作準備午餐，小魏在飯桌上和麵擀麵皮，跟小姜一起包茴香餃子，這可是特別有香味的一種餃子哦！老壽進廚房忙活，他是大廚的身手是我們熟知的，當然不會叫我們失望。一個小時后全部上桌，三盤餃子大約六十個，六個菜是一盤醬豬蹄子、一條清燉鱸魚、一盤烤羊肉串、一盤蝦仁炒青菜、一盤牛肚炒蘿蔔、一盤小蔥及生菜蘸大醬。每道菜都可口、每盤菜都好吃，當然還有好酒了，最意外的是羊肉串比我們平常去燒烤店點的還要好吃，我好奇的問他們是怎麼做的？小姜說首先是選料，到羊肉店挑的貨真價實的羊肉，沒有假肉沒有組合肉，專挑羊排部位的肉，肥瘦相間。其次是用烤箱來烤，不用爐火也不用煤炭，又干淨又漂亮還可口。她這麼一說我吃得更起勁了，擼串是一串接一串，至少十幾串入口。

吃飯時我對小姜說，我記得十年前頭一次和妳們夫妻倆見面時，妳對小魏說跟老薛相處能夠互相照顧就是福氣，還特別提醒說，老來享福才是福！這一句話我們平常都會經常拿來體會，相互勉勵，到今天以來都沒有偏離這個方向。我還說十年前我就跟小魏講我會照顧妳小，將來就看妳來照顧我老了，這叫相互照顧。說著嘮著，小姜提議我們到金石灘風景區買一間別墅養老，也不貴，兩三百萬就能拿下了，這樣子離他們家也比較近一點。這話說得讓我們倆會心的呵呵一笑，只是未置可否。

這頓飯吃了二個小時，可是一桌子飯菜只吃掉一半而已，老壽邀請我們晚上不要走，留下來過夜，我們不敢應承，一番好意只能心領了。飯后小姜就邀我們在門口有一棵小桃子樹下去打桃子，拿一根兩三米長的細棍子往樹上打，兩小時后撿拾落地的小桃子裝進兩隻大水桶都達到七、八分滿了，我不知道這些青澀的小桃子做何用途？小魏說是把桃子的外皮剝掉，取出裡面的內核曬干后裝入枕頭，用來治療頸椎的毛病或者起到按摩的作用。四點過后我們叫上網約車來拉我們回家，順便也帶了一大包小桃子回去。

在回程的車上，小魏說到這些好姊妹竟然不約而同地都在提議我們買房子，實在是一件有趣的事情。我說可不是嗎？真是太湊巧了，今年三月中旬我們和老王、小陳伉儷相約新春踏青去爬蓮花山，登到山頂俯瞰山腳下的星海廣場時，小陳提議我們在她們西崗區買個二手房住，這樣子兩家距離比較近，方便互動，我們聽完只能笑一笑。七月上旬去拜會好姊妹小周買衣服吃午飯時，她也說讓我們考慮到中山區買房子，這裡的生活機能很好的，聽完我們都是呵呵笑一下。只有五天前我們去勞動公園游園玩水之后，就近去看好姊妹、幸福的小女人小張，一起吃的中飯，倒沒有勸我們買房子。我不知道住在甘井子區的泉水片區有什麼不好？我們自己覺得心安理得就是了。

二〇二一年八月十日早上我們倆進城去大連拜訪三人，分別是姨父、小周及小張好姊妹。八點半從樓下打車出門，行車一小時到達獨居的姨父家裡，奉送一瓶一斤裝的金門紀念酒，見面請安之后泡茶嘮嗑一小時就告退，今天不打擾吃飯。因為往常是到他家裡之后，我媳婦會先打掃屋裡搞好衛生再做飯或者包餃子，一起吃過中飯才告辭。可是他知道我們要來早上會先去買好多菜，回來洗洗切切好一頓忙活，這樣變成給他增添許多麻煩，上一回我們過來吃完飯道別時，他囑咐說下一回過去就不要在家裡吃飯，我們出去下館子。因此媳婦顧慮給他添麻煩或者增加花銷，昨天聯系時就說明白坐一下嘮嗑一會就走，不用吃飯。

出門打車十分鐘到小周單位附近的友誼商城門口見面，相互問好姊妹倆再合照留影，小周穿的一件水藍色長裙真好看，她說妳們兩個多恩愛，整天黏在一起，出雙入對，我們道謝完了送上一瓶二斤裝的金門高粱酒。小周熱愛生活追求品味，從她的穿著服飾及生活模式可以明顯表露出來。小周說小魏穿的這身紫色連衣裙真漂亮，還特別顯出好身材來。上一次我們就專程來這家百貨公司拜訪她，然后她就領著我們到服裝專櫃花了二小時幫小魏選購了兩套漂亮的連衣裙，完了還請我們到港式飲茶吃午飯，叫我們領會她的熱情招待，所以投桃報李，今天回贈她一瓶老酒，小魏還特意交代她自飲，不要轉贈他人。她要留我們一起吃中飯，小魏說還要去大商購物不能逗留。

隨即告辭再打車十分鐘到大連商場，進去小張專櫃看她，送上一瓶二斤裝的金門高粱酒，小魏特意交代她這瓶老酒要留著自飲，不要轉贈他人。姊妹倆合影留念后，小張連說兩遍小魏今天穿的這件紫色連衣裙太漂亮了，還特別顯出身材苗條，婀娜多姿。她說她們家新買一套二居室新房七、八十平米，一平米二萬四，中午要去房地產市場辦理過戶手續，沒辦法留妳們吃飯。我說恭喜妳，買房子是大事也是喜事，就要開開心心的，歡歡喜喜的辦好買賣事宜。小魏說真是一件好事，給妳恭喜了，現在十一點半我們馬上就要回家，家裡都有飯可以吃的。說完我們告別到門口打車，回到家正好十二點正，煮一碗麵條剛剛好。

回到家我們就這個買房的話題有得說了，三月中旬那一天正好是農曆的二月二龍抬頭，一早接到小陳伉儷來電邀約去爬山，我倆一合計立馬應允說走就走，就在她們家前面九六七軍醫院／原二一〇軍醫院后面的蓮花山。一個多小時登頂俯瞰星海灣廣場，真是一片心曠神怡，小陳適時提議我們就在西崗區，在她們家附近隨便買一套二手房，這樣子相約吃飯及爬山多方便！好像買房子就跟買大白菜一樣的簡單輕鬆，我和小魏聽完哈哈一笑，只能說我們回去考慮一下。七月初我們專程去拜會小周，約在友誼商城百貨公司會面選購衣服，二個小時后選中二套漂亮的連衣裙、一雙鞋子，然後她請吃午飯，到港式飲茶吃的雲吞和腸粉。一邊吃飯一邊嘮嗑，她建議我們在中山區買一套房子住，生活品質會更好，我和小魏會心一笑，回說住中山區確實不錯。

七月中旬我們去關懷探望剛住院檢查一周出院的小姜，檢查沒有任何異常，該吃吃該喝喝一點都不用耽誤，她對象做了一桌好菜，她自己烤了好些羊肉串真是對胃口。吃飯時她說讓我們考慮到金石灘買一套別墅住，這樣子離她們金州區近一些，來往更加方便，我們還來不及接口她自己又說，其實別墅也不用很多錢，兩三百萬就能買到手，到時候再買一部車子就行了。我們聽完也陪她笑一笑，回說在金石灘風景區住那可是太值得了！唯獨小張沒有勸說我們到哪裡買房，今天卻提到她自己要買房，我倆真心實意恭喜她！紅本本房產証，住房才有保障。

2021/08/10

第一百零五回　一家三口都有紅本本

二〇二一年八月十一日，進城去大連黃河路上的「房屋管理中心」領取景山那套房子的不動產權証書／房產証，同時順便到附近的「不動產登記中心」／房地產交易市場辦理過戶到好看的姑娘名下，讓她中午請假到不動產登記中心會合辦理。因為今天是領証的頭一天，估計上午的人潮洶湧，咱們要避開這烏泱烏泱的人群，還是選擇下午去領取。

所以十一點過后就提早吃完午飯，帶上所有的証件，我媳婦的部份昨晚就準備齊全，我的卡式台胞証固定存放在我的手提包第一格裡面，夾在我的護照裏頭，可是當我打開護照卻是空空如也，竟然找不見台胞証，可把我嚇得不輕！十幾年來出入金門與大陸幾百次，從來沒有發生過這種事情的，再從手提包另一格拿出我的錢包來也找不見，糟糕，臨到出門之前找不到証件，那麼去到有關單位也辦不成什麼事呀！現在萬事都不如找出台胞証的重要了，翻一翻兩張桌子的抽屜，照樣一無所獲，再翻一遍手提包及錢包也是無影無蹤，事到臨頭，首要之務是冷靜思考，臨危不亂。

媳婦問我此前什麼時候使用過台胞証？我說五月中旬打第二針疫苗時用過、六月上旬到房屋管理中心繳費時候用過，兩次都不會丟失，那麼這個証件一定是在家裏頭的，我現在想一想究竟會放在哪裡？很可能是放在衣服或褲子裡面沒有掏出來，妳把我的褲子和衣服搜一遍看看，媳婦聽完就開始搜查褲子，從第一條西裝褲裡面就摸到有貨了，她說找到了，就從口袋裡拿出一張卡式台胞証來，呵……呵……果然不出山人所料，一抓一個準。

度過這一下臨時加演的虛驚一場，十二點我們攜手愉快地走到小區外的公交車站，剛剛站定就駛來一輛公車，上車后的座位一大半空著隨便坐，半小時后下車走進管理中心，前面排隊領取繳費單的只有三人，拿到通知單等候一點正開始上班才能繳費，繳完領取紅本本/不動產權証書用不到五分鐘。為了這一張紅本本，我媳婦已經奮戰了一年多，今天總算美夢成真，可是她說開心只有一分鐘，就囑咐我拍下這張証書的身影作為留念，她說我們僅僅是過路財神而已，不多久証書就會離我們而去。

然后我們倆就近走到不動產登記中心，緊跟著姑娘也進到登記中心會師，在第一個窗口辦理親屬間過戶的專櫃查驗完畢，再轉到另一個窗口辦理，我們三個人都要畫押簽字，至此全部完畢。同時把我們剛剛拿到手的不動產權証書收回去，我們頓時又從有証變成無証了，等到五天后拿著單子過來繳費就能領取新的紅本本，到時候業主就要換新人了。回顧今天這項活動跑兩個單位都是異常的順利，沒有任何阻滯也沒有任何耽擱，說得上是少見的順風順水，除了出門前的那一場虛驚之外。我問姑娘即將成為有產階級開心不開心？她說開心……開心，她還要請老爸好好撮一頓。說完她就在網上約車，一會兒她的專車就把我們拉回家，剛剛過二點。

六天后中午我姑娘到不動產登記中心繳費領取高家溝／景山房子的不動產權証書，五十平米的房改房，就是我們在六天前到登記中心辦理過戶手續，由我媳婦名下移轉到我姑娘名下。今天是個好日子，姑娘心想事成，由無產階級升格為有產階級，這一來我們一家三口人人都有自己名下的紅本本了，有房斯有產，住者有其屋。我媳婦第一時間立馬打電話向大伯嫂匯報這件事，大伯嫂聽完樂呵呵的說，這是好事，也是喜事，她會轉告大伯哥的。

說到這套房子的前世今生，還真是來之不易啊！一九九四年小魏和老溫結婚時就住這一套二居室房子，屬性是拆遷房，當時跟老婆婆同住，房子的租用權登記在老婆婆名下。第二年生下姑娘，一家四口三代同堂相安無事，十來年后老人家辭世，房子的租用權問題一時浮上檯面。老溫上有一哥一姐下有一弟，哥哥生活相對穩定，姐弟和他的生活條件較差，因此姐弟都來計較這一套市值四、五十萬元的房子，主意老多了，但是，哥哥則主張房子的租用權應歸老溫家的老二，暫時平息一場紛爭。兩三年后姑娘唸初中，必須在當地有房子才能註冊，姐弟倆才勉為其難同意把房子登記在老二名下。

二〇一一年小魏跟老溫辦理離婚，小魏出戶老溫留住原處，雙方同意把房子轉到姑娘名下，可是姑娘未達十八歲的法定成年人無法辦理轉移，經徵得老溫同意先把房子轉移到小魏名下。二〇二〇年國家有新的政策，公有租賃房屋的住戶可以繳費購買產權，也就可以從租用權變更為所有權，不用再繳交房租了。于是小魏三番五次的到房屋登記管理中心辦理手續，二月份及六月份我都陪同辦理，八月份終于繳費領証，隨即到不動產登記中心和姑娘一起辦理直系親屬之間轉移。一周內姑娘就拿到她自己名下的不動產權証書，至此當初小魏和老溫的約定大功告成，老溫家的產業終于回歸老溫家的后人了，同時這也完全符合當初姑娘她大爺的主張。

今天二〇二一年二月二十二日是我姑娘／我女兒開春第一天上班，真是可喜可賀，其他單位是在四天前開始上工的。姑娘今天是新春新氣象，開年開紅運的上班第一天，是不是又溫馨又開心呢？其他中小學訂在三月一日開學的，原以為幼兒園也能趕在三月初開園的，想不到反而超車，提前一周開園呢！我們輾轉回家迄昨日為止，正好屆滿一個月。好運來，真是擋也擋不住的，就像除夕夜姑娘也能見証奇跡一樣，也在她的枕頭底下找見一個紅通通的紅包，因為老爸估計她二月中旬可能開不了工資，預先為她存下生活費哪！

去年的世紀疫情橫空出世，一時間人心惶惶，不知如何是好？唯一能做的是配合國家政策好好在家呆著，哪裡也別去，走親訪友一概能免則免，所以春節是在空前寂廖的情況下度過的，事實証明，這一決策是正確的。肆虐一年之后的疫情仍然不得消停，曾經局部爆發過三次，最後一次是在二〇二一年的一月下旬，集中爆發在黑龍江、吉林、河北的鄉下，零星散發在其他各地，一時風雲變色。國家立即出台「就地過年」政策，鼓勵出外的人們留在當地過年，大幅減低返鄉過年的人潮，春運人潮因此疏減到最低程度。

此時，我們夫妻倆一路冒險向北逆行，一月初由金門飛台灣、到上海而返回大連，回到溫馨的家裡過年。神州大地經過兩周的奮戰，疫情的成果顯著，猶如倒吃甘蔗一般，除夕之前兩三天開始出現確診數掛零的好消息，春節也能繼續保持這項佳績，去年春節人們心裡沒底，今年春節已經不同，人人心裡有底。

我個人自己評估過完春節的年假之后，應該都能正常上班上課，姑娘也盼望能在三月份上崗就不錯了，因為自從元旦再度開始放長假，已經讓她心慌慌、口袋也花光光，幸好老爸是她的一棵大樹、一根頂梁柱，盡可以后顧無憂。而且再三向她強調我們家是不催婚、不逼婚，老人也不圖姑娘為家裡做多大的貢獻，只要當我們的開心果就好，就是一家子的快樂源頭，好比小春一樣。早上六點半送姑娘在冷冽寒冬中出門上班，出門前少不得給她一個溫暖的擁抱，給她鼓足了勁再出發。

大年初八以前的氣溫都是零下，難得二〇二一年三月三十日今天一早回升到零上六度，姑娘決定帶上我們兩個老頭老太上大連城玩一玩。十點叫上網約車在樓下停車場門口，坐上車二十分鐘到達恆隆廣場，號稱亞洲最大的百貨公司，地上七樓、地下四樓。春節年假七天樂到昨天初七恢復上班，今天百貨公司的人潮大幅銳減，沒有人跟我們擠來擠去的。

十二點再打車就近到羊肉小館撮一頓，招牌是灘羊肉，主菜是手抓羊排，端的是入口酥脆，還沒有腥味，用餐不到一小時散場。飯后徒步到我們家門口的中山廣場遛一圈，這是純廣場而不是百貨公司，廣場上的鴿子自由徜徉正是它的招牌。好幾十隻鴿子與遊人和平相處，既不飛也不跑，而是慢吞吞的逛著，滿地啄食毫不害怕人們，樂得大人小孩拿著鳥食餵著。我走近一看這些鴿子的福利太好了，個個吃的肥嘟嘟的，甚至懶得在地上覓食，只愛在人家手上連續的啄食，真是太幸福了！有一兩隻鴿子還飛到人家手臂上來啄食，好像是他們家養的一般，好一幅和平社會景象。完了，正好在附近的公交車站坐車打道回府，行車將近一小時到達，進家已經三點，稍事休息，回想一下快樂出遊的一天。

三月七日姑娘又專程請咱們去撮一頓，早上十一點半打車到中山區烤鴨店，排隊等候吃一隻鴨子，開動之前我先說明「慶祝我們家二位女同志明天女神節快樂，中午的餐費我姑娘請客，老爸埋單，大家開心」。不過，看到架子上的一隻隻烤鴨個頭都不小，我們跟店家說明鴨架要帶回去，不用他們煮湯。我以為三個人點一隻烤鴨都吃不完的，可是等到上桌時只有一小碟鴨皮，以及一中碟的鴨肉就完了，叫我好生失望，這怎麼夠吃呢？

從前在大連也吃過幾回烤鴨，至少有兩三碟呀！姑娘和媳婦各自吃了兩三個春餅／薄餅包的鴨肉就停下，大部分都留給我吃，我包了十個左右便一掃而空，沒怎麼吃飽也沒有吃夠。吃完叫車回到家正好一點，開始泡茶品茗一下，我說這烤鴨好大一隻怎麼片不出多少肉呢？媳婦說這烤鴨專賣店都是這樣子賣法的，其實他們的鴨子很小，只是在烤製的過程中不斷地往裡吹氣，把鴨子硬撐起來好看而已，但是片出來的肉只有一小點，同樣的八十塊錢一隻烤鴨，還遠遠趕不上咱們在市場裡買的烤鴨呢。

三月十九日又進城去大連了，早上八點半我們這一家三口坐公交車出發，一個小時后抵達，把要辦的兩件事妥妥的處理完畢，十一點就去火鍋店撮一頓。這家店的招牌是木炭銅火鍋，如同北京的東來順火鍋店那樣，在銅鍋的中間凸起一支煙囪來，裡面燒著木炭，外緣才是燒湯水的窄鍋子。這支煙囪佔了整個鍋子的一半面積，而且鍋子狹窄，又不方便夾菜和撈菜，還只能吃到一半的鍋子而已，遠不如開闊的鍋子方便。吃這種銅火鍋最大的特色是，教人發思古之幽情耳！

咱們點了一份手切羊腿肉片，一份手切肥牛肉片，而不是涮羊肉、涮牛肉，因為手切肉片要比涮肉片厚一些。不過，這種吃法都趕不上我前幾年在漳州市，朋友請我吃的潮汕火鍋過癮。漳州朋友說吃完涮羊肉火鍋，就算吃得再飽，總感覺沒有吃到什麼羊肉，因為那個肉片實在太薄了。但是，潮汕火鍋的羊肉火鍋是用厚厚的肉塊下鍋，而不是肉片，一片肉塊抵得上三、四塊肉片，吃起來有咬勁才過癮。今天的火鍋吃了一個小時，就把各式菜色吃的一乾二淨，打道回府了。

吃飯前順便在對面書店翻看書籍，買了一套「西漢演義繪畫本」，也就是小本的連環畫，大陸稱之為「小人書」。權當陰天打孩子，閑著也是閑著嘛！這在五十年前，影視產業尚未蓬勃發展的時代，書籍是人們吸取新知的來源，圖畫則是娛樂的工具，書畫陪伴我們走過少年及兒童時代，真是我們的良師益友。結伴去出游，搭個順風車。

2021/03/30

第一百零六回　國恩家慶游丹東和本溪

十月一日國慶節，開啟光輝的十月，也是十一國慶日七天長假的開始，早上十點我在社區內的美髮店理個頭髮，十分鐘搞定。走出社區到大型市場買菜時，我媳婦接到好姐妹陳玉香來電話，說明下午她們和朋友約好開車去丹東旅遊兩三天，詢問我們倆要不要參加出行？

車子還可以坐下兩個人。媳婦小魏說我們正在市場買菜，一會兒回家商量一下回復。我們回家一合計，來一個說走就走的旅遊，有何不可？何況搭個便車多麼省心又方便，立馬回電，樂意跟班參加出遊，專等招呼結伴出發。通知完畢，小魏一邊準備午飯，一邊打包行李，真是一個稱職的后勤部長。

下午二點小陳來信息通知，她們即將出發了，約好地點與我們會合，我們在樓下打車到二十高中門口等候，半小時后我們上車，是一部七人座的ＳＵＶ休旅車，是王慶的朋友駕駛，也是他的本家王總，還有小周美女同行。大連到丹東相距三百公里，車程約四小時半，車子走鶴大高速公路G11，一路向東行駛沿著開發區、金州、普蘭店，行車一小時后，前面發生追尾車禍，突然一下緊急煞車，堵車由此向后開始了。當我們慢慢往前行駛的時候，超過一輛三、四米高的白色方形密閉車，等我們超車往回望的時候，才發現原來那是一部旅遊車拉的一輛房車。我們繼續往前一小段才發現前面也堵車，所有車輛一動不動，高速公路一時形同停車場一般，王哥就和王總商量下高速，不要在高速公路上空耗著。

因此就近下高速，在鄉間小路轉著彎前進，直到半小時后在皮口重回高速，路況已經豁然開朗，沒有堵車的夢魘了。看著路上景色，倏然又看見那一輛三米高的白色房車在前方不遠處，我媳婦說剛才我們已經超過她一次，現在又追上了，王總說沒錯，正是這部房車又叫我們超過了。車子經過花園口、莊河，五點到達大孤山休息站放水完畢，繼續前行，剩下七十公里。

又行車半小時后下高速，轉入東港，邊走邊看準備找一家大排檔吃飯，進入市區轉了一大圈找不見合適的，最后決定在丹東住宿，就在丹東吃晚飯，六點半到達永盛海鮮店就坐。剛坐下一會兒就開始上菜了，真快，六個人吃飯點十二道菜，實在是太豐盛了。除了大魚大肉，還打開一瓶王哥自帶的一斤老酒，邊吃喝邊嘮嗑，但是，我帶來的那一瓶二斤的金門高粱酒並沒有打開，年份是二〇〇四年的，王總也知道高粱酒是蒸餾的，即使喝醉了也不上頭，確屬好東西。晚餐整整一個半小時才散席，只有小陳沒喝酒專責開車，果然走完黃河大街就遇上路邊交警攔車測試酒精，讓小陳吹一口氣就過關了。

抵達十緯路與二經街路口入住藝海商務酒店正好九點，辦好住宿手續后，王哥領著大家就近上中朝界河鴨綠江邊走一遭，看見中朝友誼大橋橫跨鴨綠江是何等雄偉壯觀！大橋全長大約八百米，橋上一側是公路通汽車，一側是鐵路通火車，又見大橋旁邊另有一段半截的斷橋。觀光碼頭這兩座橋上的燈光都有變換的色彩，夜色中燈光璀璨、五顏六色吸人眼球，更是吸收不間斷的照相機。遠眺對岸有一座大約十層高的圓形大樓最高最突出，屋頂上還亮出一排紅字。一個半小時后回到酒店，大家又聚在小陳的房間吃夜宵，小菜就是晚餐打包回來的下酒菜，酒是王哥自帶的一箱進口啤酒，每人一瓶直接吹瓶，但是，主角是王哥和王總，我們四個人做為配角，他們兩人各自吹掉四瓶，叫做四瓶八穩，撤席正好夜裏十二點了。

次日淩晨零時我們才回房休息，連洗漱都免了直接上床睡覺，清晨五點多我醒了一會兒，就聽見媳婦起床洗澡洗頭髮，我繼續休息到六點才起床，半小時洗漱完畢我們就出門，王哥兩口子剛剛要來敲門，他們也要出門了，但是他打電話給王總，卻沒有人接聽電話而作罷。不到十分鐘我們重回昨晚去過的江邊及斷橋拍照，白天又是另外一番景色，然后改換不同方向的江邊散步，昨晚是向右側前行，今早換成向左側前進。只見江邊平坦寬廣的步道上，都是早起晨練的人兒，真是早睡早起身體好，早起鳥兒有蟲吃。

昨晚在江邊觀賞夜景結束準備回房休息時，有旅行社招攬人員邀約丹東一日遊，每人五十元，王哥一聽來了興趣，詢問之后就定下第二天的一日遊行程。所以今早我們在江邊散步就商議七點半去街上吃早餐，跨過沿江路往市區走，曲裏拐彎的經過朝鮮族幼兒園，就看見門口是一條早市，小吃店及早餐店多的是。我們進去早餐店，有豆腐腦、玉米粥、鍋篦子、包子、油條、小菜，第一次看見鍋篦子，我以為是油條餅子，小魏說不是的，雖然也是油炸的，我吃了一個也不錯吃。我們往回走，順著二經街向南，一會經過高麗街，那就靠近酒店了。八點我們出門坐旅行社的車子送到集合的地點，我們就搭上小巴，不到十分鐘送到大巴的停車點，二十分鐘后準點發車。

大巴車出發時，導遊小李美女閃亮登場，自我介紹完畢后開始解說城市特點，首先她說丹東是一個邊境城市，人口二百多萬，充滿異國風情，主要是融入朝鮮族人，城市建設規劃現代化，道路寬闊筆直，高樓大廈林立，住宅房屋櫛比鱗次。其次又兼具口岸城市的風采，是面對朝鮮第四大城新義州，該市注重經濟發展，堪稱為朝鮮的深圳。再次是抗美援朝戰役由此出征，留下許多戰爭遺跡和典故甚受旅遊觀光客的喜歡，所以也是一座深具特色文化的旅遊城市。

第一站是月亮島，位於觀光碼頭南側幾百米，隔著鴨綠江和新義州相望，最近之處相距只有六百米，一衣帶水，真是雞犬相聞。鴨綠江上有一百多個小島，中國不參與分配，全部無條件送給朝鮮，稱為百島歸朝。鴨綠江是中朝之間的界河，但是江邊不立界碑，江上也不立標記，劃分界河很簡單，凡是跟中國領土連接的陸地統歸中國，河面全歸中國，離開河面踏上朝鮮的陸地都歸朝鮮，你看中朝兩國不愧是兄弟之邦！

但是，我方江邊的建築都是密集和新穎的高樓大廈，對方的江邊極少大樓，比較罕見的一棟紅色圓形樓房大約十層高，那可是高干才能入住的住宅，夜間屋頂上的紅燈會亮出四個大字是，一心團結。朝鮮是當今世界上唯一的純正社會主義國家，堪稱原生態國家，朝鮮戰爭迄今七十年一切保持原汁原味，他是中國的一面鏡子，映照中國以前的模樣。人口有二千四百萬，跟吉林省一樣多，比遼寧省還少一千八百萬。

第二站是一路走沿江路往鴨綠江上游前進，先到朝鮮民俗文物展覽館，以及生活足跡館，還有朝鮮產品展售館。在丹東人們身上最常見的裝飾，就是穿金戴金亮閃閃，其實並不是露富，這是因為朝鮮金飾超便宜，同等重量大約只有本地價格的十分之一，因此大家樂愛經常更換金飾款式。

由於他的含金量只有百分之三十而已，所以金飾又硬又便宜；還有他的高麗人蔘都是野生的，質地純正，功效優異，不像培育和養殖的人蔘，雖然肥厚有餘，卻是功效不足；人蔘衍生的產品，還有洗面乳、虎骨酒，那都是扛扛的、頂呱呱；另有朝鮮貨幣，最高面值五千元，折合人民幣將近十元，人們喜歡揣上二張在身上討個吉利，此因朝幣的肖像是金日成，永遠的主席，我們但凡做事求學做買賣都圖一個「今日能成」。至於丹東出名的特產有，丹東板栗、丹東軟棗、大黃蜆子、丹東九九草莓。

第三站是飯店，沿著虎山長城向右拐，十一點我們就到達飯店吃午餐，吃的是團餐，也好比是工作餐，雖然是八菜一湯，可是遊客們都胃口缺缺，二、三十桌大約二百多人，只有十五分鐘客人就走得一個不剩。第四站是河口碼頭，要坐遊艇觀賞鴨綠江上游風光，以及貼近觀察朝鮮建築及居民生活，行車需時一個鐘頭。由於有一段道路在修路改走顛簸不平的土路便道，搖晃半小時后才能重新走上溜光大道。十二點半進入遊艇碼頭，先去瞻仰河口斷橋遺跡和彭德懷騎馬塑像。誰敢橫刀立馬？為我彭大將軍！

河口斷橋是抗美援朝志願軍通過鴨綠江的主要通道，卻遭受美軍密集轟炸，許多條江橋被炸毀，抗美援朝戰后大部份斷橋被拆除，就留下這二座供后人憑弔，並且見証歷史痕跡。九一八事變日本佔領東北十四年，在鴨綠江上建造十多條的江橋，抗美援朝期間無一例外的都被美軍炸斷，江水為之嗚咽不已！半小時后遊艇向東出發，在江面最寬的地方巡迴觀賞，並且近距離觀察朝鮮輕津市的建築及居民往來景象。之后登上長河島，參觀朝鮮民俗文物館，再去聆聽觀賞歌唱及舞蹈表演三十分鐘，歌曲第一首是，今天是你的生日，祝賀國慶日，第二首是台灣歌，明天會更好，還有國家及相親相愛。

三點歌唱會結束，登艇返回河口碼頭，半小時后上車，行車一個多小時返回丹東江邊，五點回到酒店休息。六點半我們出門到高麗街邊，找到一家海鮮火鍋店飽餐一頓，不承想，聽見老闆娘說到狗肉，我的精神為之一振，王總也來了興趣，就詢問目前可有狗肉？回說有的，王總說來一份吧！很快的，一盤醬狗肉上桌，還有一碟辣醬，我吃一塊味道挺好，但是美中不足我就不好意思說了。沒想到，王哥已經發話了，他要求老闆娘加上兩塊豆腐用湯再燉一下，這就說到我的心坎裏，等到再端上桌我一吃，那是妥妥的。吃飯一個半小時后散席，大家夥本想散散步才休息，可是下著小雨到底不方便，又怕會下起大雨，還是回到房間休息吧！

第一百零六回　國恩家慶游丹東和本溪

第三天早上六點半我們三家六口人一塊出門吃早餐，還是昨天早上那一家早餐店，在二經街上高麗街下邊的早市裏，有包子、小菜、玉米粥、豆腐腦、鍋篦子。吃完回到房間小坐一會兒，八點退房上車出發，聽領導王哥的號令出了市區到高架橋下等候朋友來會合，不到半小時另外三部SUV休旅車到齊，車上十位朋友，由隊長邢哥帶隊上高速公路向西北行駛，不一會開始下雨，我們一路冒雨前行，絲毫不受阻礙，由丹東經寬甸前往本溪約二百公里，車程二小時半。

在崇山峻嶺和雲裏霧裏中疾馳，把天塹變通途，真叫不可思議的道路工程，近處的山頂與山谷中山嵐飄蕩，仿佛伸手可及，王哥說真是人間仙境，接連拍照不停。行車一小時穿越十座隧道之后下高速，照樣在山巒疊嶂中繞行山路，十一點半抵達目的地，本溪境內的一家鄉間民宿。分配好住宿房間，就在民宿的飯店吃午餐，邢哥他們十人一桌已經開動，我們六人另坐一桌，上菜不久，邢哥過來敬酒，夏姐也來敬酒，喝的是王哥帶來的老酒。

王哥給他們介紹我是台灣同胞，邢哥借酒說事，他說臺灣有一種高粱酒很有名，叫什麼名字來的？我說是的，那叫金門高粱酒，香醇甘洌，就算喝醉了也不會上頭。此時雨勢加大，下起瓢潑大雨，王總詢問服務員有沒有林蛙？回說有的，王總就點了一盤子，這是我第二次吃林蛙了，上一次是二〇〇六年在佳木斯吃的，他們叫作樹蛙，林蛙的蛋白質特別豐富，大家禮讓遠方來的臺灣同胞吃兩個，感謝祖國濃濃的同胞愛。吃完飯大雨仍然下不停，下午的活動不得不停擺，大夥只能乖乖貓在屋裏打撲克，哪里也去不成。

第四日早上六點起床很沒勁，一方面是昨天下午活動停擺，意興闌珊，二方面是夜裏雨勢滂沱，整晚未歇，我心想今天若是沒戲，行程恐怕會取消，可能就要打道回府了。半小時后我們六個人一起出門散步看天色，一看卻是天氣晴朗，雲淡風清，流經村邊的南太子河水勢暴漲，水流湍急，玉米地裏一片水汪汪，摘下的玉米浸泡水中。七點半吃完早餐，領導王哥和隊長邢哥商量今天的行程，確認氣象放晴，而且進入風景區門票已經事先預定完成，仍照原訂計畫入園參觀，我一聽如此宣佈總算放下心中一塊石頭。我們所住的民宿就是在景區的家門口，佔據地利之便，行車只需十分鐘，八點就抵達「老邊溝風景區」山門前，邢哥上前到窗口取票，我們開始在山門拍照存証，一早的遊客及車輛稀稀落落。

夥伴中有人說我們今天來早了半個月，要看秋天楓葉紅必須等到十月下旬才有此景色，不過，邢哥說他已經聯系過景區人員確認山谷中的楓樹有些開始變紅葉了，不會空跑的。我們在景區內停好車開始步行沿著山谷溪流向上遊前進，只見那溪水的水位高漲、流速湍急，越往上走水流越大越快，茂密的山谷中開始出現一兩株的紅色楓葉。繼續向上行走，逐漸能看到小小的瀑布，染紅的楓樹也增多，走到映楓潭時楓紅層層，瀑布變多也變寬了，看見遊客中好多專業攝影人員架起三腳架在定位及捕捉最合意的瀑布鏡頭，令人好生欽佩！繼續往前行進，還沒觀賞景色就先聽見巨大的轟鳴聲，原來是最高位的兩處瀑布，落差又大流速又快，那雷鳴般的響聲就好比是萬馬奔騰、人仰馬嘶一般，好不驚人！人人站好位置拍照錄像／影，忙得不亦樂乎！

由於昨日白天黑夜的下起傾盆大雨，造成山上的溪水暴漲，但是，眾水匯聚之后形成大小瀑布，又是一道美麗的風景線，憑添許多難得景觀，增加觀賞價值。假如沒有這一場雨，景色只得九十分，雨后景致陡然增加到幾近一百分，真是可遇不可求啊！十二點我們決定結束觀景行程，告別老邊溝，同時通知邢哥，將在下一個會合點碰頭，邢哥說他們預訂一小時后才會出山，讓我們先到前頭歇歇腿。出得景區只有我們一騎絕塵，前后均無車輛，但是，對面的車道上迎面而來的車隊那是一溜一溜的往山裏進發，烏泱烏泱的長龍。可是當我們要從另一條村路前進時，遭到路口的兩名交警攔住說前面道路有兩座橋樑被水掩沒，無法通行必須返回，王哥便和王總商議不如放棄前進會合，就此分道揚鑣，遥行返回大連得了，商定好立馬再通知邢哥。

因此半小時后掉轉車頭開始在鄉間小路疾馳而出，查詢導航系統往大連的路徑及距離多少，系統告知距離五百公里需時六小時。汽車繞行蜿蜒曲折的鄉村道路二小時后終於上了高速公路，總算看見一馬平川向南行駛，風馳電掣任我盡情揮灑，一路緊趕慢趕四小時，經過莊河、皮口、普蘭店、金州之后原路返回。快樂出門，平安回家，即將劃下四天旅遊的句號，大家珍重再見，后會有期。

下車前我先跟王總說「謝謝你這幾天的辛苦，才有我們快樂的旅程」。再對王哥說「感謝領導的照顧，讓我們有參加的機會」。又向小陳說「感謝領導夫人的愛護，有妳真好」。最后和小周說「謝謝妳這幾日的付出，讓妳受委屈坐在后排座位上，真是不好意思」。終點就是起點，我們回到三天前上車的地點下車，另行打車幾分鐘就回到溫馨又溫暖的家裏，姑娘已經做好熱騰騰的飯菜等我們吃晚飯了。農家樂，買農品。

2021/10/04

第一百零七回　大連樂甲農家一日游

二〇二一年十月三十日早上六點起床，五十分出門上車，半小時后坐上大巴專車，車上有四十幾位伙伴，再過半小時從金州上鶴大高速公路往東方向行駛。路上康樂活動有二位男士獻唱歌曲，一首往事只能回味，一首梨花淚，都是台灣三十多年前深受歡迎的老歌，真沒想到台灣流行歌曲在內地也這麼受歡迎，感謝伙伴們。九點十分到達大連的樂甲農村外頭，下車后徒步進入村子裡邊的一戶農家，入村后一位伙伴笑著說我們是「鬼子進村了」，可把大家都笑開了。

剛到落腳的農戶門口，只見院子外面的棚子底下支著一口大鐵鍋冒著熱氣，用木柴燒著火，女主人招呼我們說一鍋地瓜和土豆已經煮好了，歡迎大家來嚐一嚐。說完掀起鍋蓋，一股香氣隨之飄起，只見紅紅的小地瓜和黃黃的土豆交疊在一起，鍋裡的水分已經見底了，引得一夥同伴食指大動，有人率先伸手去鍋裡抓起熱騰騰的小地瓜，即使熱得燙手也不忘把地瓜送進嘴巴裡，一口兩口之后立馬向眾人報告好吃。圍滿鐵鍋的人們紛紛把手伸進鍋裡，有的抓地瓜有的夾土豆，送進口裡的人沒有一個不說好吃的。

半個小時后，那一鍋百來個土豆及地瓜空空如也，博得一個開門紅。大夥隨之登上門前的小山坡，觀看蘋果園自由摘取蘋果，可惜好多蘋果傷痕累累，原來就是十月一日那一天下冰雹造成的，可知冰雹對莊稼的殺傷力有多大！走下小山坡，專程去觀看那一口「泉眼」，泉水汩汩的從地下冒出來，掬一把山泉水品嚐一下，果然甘甜冷冽，沁人脾胃。由泉眼處返回小山坡時，天域隊長說，現在我們要去爬山攻頂，山路歧嶇不平，而且沒路可循，有興趣有體力的可以參加，沒有興趣的可以回村子裡遊逛，不要勉強。

十點正，我們四十幾號人，最后留下五男六女十一人，組成爬山特攻隊輕裝上陣。果然一路上披荊斬棘，向山頂仰攻，翻山越嶺，走過採收后的玉米地，踩過石縫邊的險地，全身刮過荊棘密佈的矮叢。經過一小時半的奮戰，終于完成攻頂，抵達架設風力發電機的山峰，隊長宣佈完成任務，開始下山。眾人的心裡總算充滿成就感的下山，心情和腳步都跟著輕鬆起來，四十分就走回農家小院了。這一趟上山、爬山回來總計走了一萬二千步，跟我們夫妻倆每天的走路步數相似，所以對于體力的負荷不成問題。其他沒有爬山的伙伴們也沒有閑著，調餡、和麵、包餃子由十幾個女同志分工合作，早就通力完工，只等我們歸隊就馬上能夠下餃子了。

用大鐵鍋和木柴煮餃子那可是最佳的配備了，半小時后好幾大盤的餃子就上桌了，有的伙伴還會帶上一些私房菜來與大家分享，有香腸、花生米、涼拌雞爪，所以有人就樂得開啤酒來樂呵著，人多吃飯就是香！吃飯時屋外開始下起中雨，我們坐在三間屋子的三張炕上吃飯，本以為下雨和吃飯兩不相干，只要吃飽飯下雨能停止就好了。不成想，不到一小時非但下雨下不停，而且中雨變成大雨了。眼看著距離三點正班師回朝的時間越來越靠近，隊長不得不通知大夥不能再等待，必須冒雨啟程到村子外上車。

由于大家滿載而歸，還得動用一台拖拉機為大夥運送滿滿的土產，有花生、地瓜、蘋果、雞蛋、大公雞，專車晚點十五分才啟程，二小時后回到大連市區全員送畢。免費採購團，直放香港去。

2021/10/30

第一百零八回　娘兒倆香港採購去

我跟姑娘在二〇一七年十一月五日一早四點半起床，五點半就出門上車往機場出發了，這一團「香港採購團」共有團員二十四人，在大連機場集合后全部到齊。班機在八點準時起飛，前往山西省運城。十點半平安降落運城，整團拉進市區，白天就在運城大街上放羊吃草了，午飯及晚飯都沒有人管，也沒有賓館休息。晚上八點再拉到機場，九點飛往珠海，十二點安全落地珠海，十二點半上車準備入住賓館。今日早也趕晚也趕的，不但像在趕集，更像是趕鴨子上架。

次日一早我們五點半上車，由珠海前往深圳，七點半到達深圳出入境口。本以為我們到得比較早，沒想到下車后嚇一大跳，出境口已經是人山人海了，平常幾分鐘就能辦好出境的，我們排隊整整費了三個小時才能出境。十點半換車前進香港，要去看表叔了。車行十五分就進入香港地界，一點到市區，一點半吃中飯，吃的是蘿蔔鹹菜，香港的街頭處處是人頭，吃飯的人潮是一波接一波的擠啊！今天不帶我們購物，備戰東方之珠——香港。

下午帶我們去海洋公園玩一玩，七點半吃晚飯，到處都是人擠人，十點半入住「四星級酒店」，跨一步上床的是一星級酒店，跨四步上床的是四星級酒店，我跟姑娘睡一個房間。聽導遊說香港有的人家是，一家六口人住房十八平米，人均住房面積只有三平米，我無法想像如何居住？買房的代價太高了，一平米要價一百萬元，很少有人買得起，只能租住政府提供的廉租房。想起我們一家三口人，住房是九十平米，人均住房面積是三十平米，真是太幸福了！

隔日是立冬，是一年當中進補的開始。早上七點準備出去吃早飯，白天在香港大採購，整團關在商店裡大血拚，有手表店、有金飾店，採購金額未達標之前導遊不許團員出店門一步，不得已，我們只好花了二千三百元給姑娘買下一條金項鏈。晚上轉往澳門，七點上船，八點到澳門，九點進住賓館后才能自己出去吃晚飯。

第四天早上姑娘跟她爹說「還有兩天你就過生日了，我們在澳門逛百貨公司看到很多手表，拍張照片給你看看有沒有喜歡的？說出來給你來一塊」。她爹說「我可喜歡我的姑娘了，不喜歡什麼手表，妳只要早一點將妳娘送給爹就好了」。我也跟她爹說「我們在百貨公司看見一款半大的男士皮衣，挺漂亮的，正在打折，原價三千六，特價一千三，你想不想要一件」？誰知她爹回說「我不愛皮衣，一千兩千元都不要，我只要我的媳婦就好」。

既然手表不愛，皮衣也不要，好歹也要買下一條POLO腰帶代表我的心意。今天在澳門最大的賭場「澳門威尼斯人」參觀了一下，大樓的上面幾層是百貨公司，一樓是賭場，就在門口拍了兩張照片存証。下午五點在澳門吃的飯，吃完到出境口走二百米便是珠海的地界，坐上大巴往市區開去，七點半進入酒店，珠海……我又來了！

我們兩度進出珠海，教我不得不提一下中國了不起的工程杰作——「港珠澳大橋」，堪稱世界新七大奇蹟之一，歷時七年的施工，即將在今年底，也就是下個月正式通車啟用。港珠澳大橋是全世界最長的跨海大橋，全長五十五公里，連接廣東的珠海到香港及澳門三地，其中珠海至香港的原來水路一小時、陸路三小時，跨海大橋通車后大幅縮短至半小時以內的車程。

第五天早上七點我們就出門上車又打響戰鬥了，在珠海參觀手表工廠及乳膠工廠，我們只看不買。中午一點都還沒吃上飯，晚上六點進賓館起自由活動，一直到明天早上十一點退房，晚飯自己負責。

第六天一早姑娘跟她爹說「爹……生日快樂，愛你……愛你」。她爹說「快樂……真快樂……有我姑娘的關注及祝福，爹可是非常快樂……非常愛妳」。隨后我也跟她爹說「親愛的……祝你生日快樂，祝你生日……快樂得不得了！我給你買了一條POLO牌腰帶，要再次把你牢牢的捆住」。我們在十二點由珠海上車，一點半到達深圳，晚上五點的班機飛往山西省運城，明晚八點再飛回大連，這段行程恰恰跟來時路顛倒過來。晚上不到六點由深圳起飛，八點安全落地運城。

第七天雙十一是西洋光棍節，卻是中國購物節，商人的腦筋真靈光！白天在運城自由活動，晚上五點上車向機場出發，六點半過安檢，七點半登機，坐八點的班機飛回大連，九點半平安降落大連，十點半來家，回到又溫馨又溫暖的家。遊京城看好友，才知天子腳下。

2017/11/15

第一百零九回　北京四日遊

溫　馨

二〇一八年四月十二日，我從金門老爸溫暖的家離開，借此機會準備前往北京找郭涵同學玩幾天。收拾好行李，下午老爸騎著「小馬達」分次載著我和媽媽去公交車站，依依不捨的告別後，我們乘坐公車順利到達碼頭，緊接著就乘船到廈門，下船後用手機預約順風車，師傅很快就將我們送達廈門高崎機場T三航站樓。大約三點半我們就到達機場，抓緊排隊領取登機牌、過安檢，一切都準備就緒，我和媽媽各自在登機口等候。

原起飛時間是五點半，但是由於機長需要檢查飛機的情況耽擱一段時間，往後延遲了半個小時，大概在六點五分才正式起飛。七點半經停在舟山機場，一下飛機風很大氣溫很低，大概只有七、八度，暗自慶倖我穿了厚外套，不會感覺太冷。可是鄰座的一個

第一百零九回　北京四日遊

姐姐可犯愁了，她穿著短袖抱著肩膀瑟瑟發抖的抱怨著，因為衣服在行李箱辦理托運時忘記拿出來，所以只能勉強受凍。大約過了二十分鐘我們又重新登機，這時又上來一批新乘客，直接飛往北京。

十點半到達首都機場T2航站樓，之後立刻用微信聯系郭涵，她已經早早的在機場外等候多時。北京的機場實在是太大了，飛機一班接著一班，真不愧是祖國的心臟呀！我們需要乘坐擺渡車才能到航站樓，又花費了半個小時才被送達，連忙找到取行李的位置，碰巧又遇到坐在鄰座的姐姐，等行李的期間簡短的聊了幾句，她是黑龍江人，這次來北京是看望姐姐，順便玩幾天。她問我是北京人嗎？我說我是大連人，這次來也是看朋友。之後她很興奮的說：「大連很好呀，三四年前我還去過呢，好吃的真不少，景色也非常美」。哈……哈……哈，我很驕傲的為她介紹了大連的特色美食及美景，她計畫今年夏天還要再去。各自取完行李後就分別了，我急忙衝向出口，在人群中找到郭涵，大半夜讓她等了很長時間，實在有些不好意思。

會面後簡單的寒暄幾句，我們就去出口準備打車，路邊黑車司機特別多，緊隨你身後大聲的招呼你上車，我們壓根兒就不會考慮坐，因為他們的小伎倆真的太多了，會坐地漲價、變相多收錢，人生地不熟的，堅決不去嘗試。我們一路小跑離開那嘈雜的環境，終於看見出租車在等候，依次排隊十一點半上車，大約四十分鐘的車程，共花費了小一百二十元，實在有些心疼呀！北京很大，而且夜間也要增加服務費，到達後郭涵要付錢，我連忙搶在她前面掃微信二維碼支付。她住在北京東四環「酷車小鎮」旁邊，這裡是北京最大的汽車改裝基地，好多跑車、豪車都會在這裡聚集。

「城家公寓」就是郭涵的住所，從外觀看環境十分不錯，周圍有二十四小時營業的餐廳、超市，十分便利，公寓的設施也很齊全，一樓有大堂，二樓有健身房，可以說一應俱全。乘電梯到達五層，也是公寓的頂層，一打開門左手邊是簡易的廚房灶台、水槽，右手邊是一個小衛生間，再往前邁幾步就是客廳，閣樓有一個大床就算是臥室啦。

恰巧她的室友最近都不住在這裡，這幾天我就可以居住在這個小蝸居裡體驗幾天。晚上洗漱後，小心翼翼的爬著樓梯到小閣樓上睡覺，剛開始不太習慣，上樓時頭總是會碰到頂棚，後來記住了上樓前要低頭彎腰，還好我不是人高馬大的，不然還真有點吃力呢。晚上我們一起睡，發現她睡眠品質也不是很好，因為房間隔音很差，晚上要戴上耳塞、眼罩，有一點聲音就會被驚醒，她也分給我一對耳塞，趕緊堵上，沒過多久就進入夢鄉。

四月十三日週五清晨，郭涵要早起上班，所以今天白天只能我一個人自由活動。前一晚她給我推薦了幾條路線值得去逛一下，之前我也在網路上搜索幾個熱門的地點簡單做了攻略。早餐吃麵包喝一罐優酪乳，之後把家裡簡單的收拾了一下，發現她的確是不太喜歡整理，衣服褲子都堆在沙發上，我看著實在不太舒服，可能是受媽媽的影響吧，哈……哈……哈。又不能徹底清理，我擔心她會找不到物品的原位，稍微整理一下就利索很多，心情也就變舒暢。大約十點多我一切準備就緒，出門前發現外面竟然淅淅瀝瀝的下起了雨，於是跑到便利店買了一把小雨傘。

原本是計畫坐地鐵的，但天公偏偏不作美，往地鐵站走，距離不近又要打著傘，的確不太方便，還擔心弄髒鞋子，就改變計畫選擇去一個比較近的地方，預約了一輛滴滴快車，司機很快就把我送達目的地，到達後雨下的更大了。我趕緊進入一個商場，逛了幾圈找到一家速食店隨意吃個午飯，老爸說我吃的太簡單，沒有營養均衡。的確是這樣，我以後會注意的，但考慮到一個人吃又沒必要太鋪張，而且又不是特別有食欲，草草的就用速食填飽了肚子。

吃完飯我來到北京金地廣場，是一個非常有名的百貨公司，所處的位置是非常好的北京長安街地段，以ＣＢＤ時尚白領為目標客群，「金地廣場」以最具現代時尚感的建築手法、科學合理的商業規劃、獨具匠心的業態品牌組合，力求充分滿足忙碌中的白領一族的時尚追求。與都市白領階層最貼近的潮流元素，並充分融合與地鐵一號線大望路站無縫連接的交通優勢，真正打造「北京CBD時尚中心」。

大致逛了一圈後就準備乘坐地鐵前往王府井，乘地鐵方便又快捷，從大望路站乘地鐵一號線只過五站就到王府井。進入地鐵站發現人群攢動，這裡彙聚了來自祖國五湖四海的人，還有好多的外國人，大家走路步伐都很急促，可見這裡的生活節奏有多快。和大連相比，這裡的地鐵站顯得很破舊，因為北京是我國最先開通地鐵的城市，第一條線開通於一九七一年，將近五十年了哦，真是不得了！北京有地鐵一號線、二號線、四號線、五號線、九號線、十號線、十三號線、十五號線一期、奧運支線、八通線、房山線、大興線、亦莊線、昌平線、機場快軌。真的是四通八達，但一定要仔細留心什麼時候該換乘，不然還真會迷路哦，所以我一直很謹慎的聽著報站，眼睛盯著站牌，生怕過站。

下午到達王府井，雨還在下不停，路上濕噠噠的，但是絲毫沒有影響我的好心情，一路走走停停。王府井大街，南起東長安街，北至中國美術館，全長約一千六百米，是北京最有名的商業街。王府井的日用百貨、五金電料、服裝鞋帽、珠寶鑽石、金銀首飾等，琳琅滿目，商品進銷量極大，是號稱「日進斗金」的寸金之地。有這樣一條街，歷史悠久而表現得很傳統、很古樸，居於繁華鬧市而表現得很時尚、很前衛。

這條街，包容古老的商業文明，創立了聞名天下的許多中華老字號，這條街，吸收外來的西方文化，聚集了全球著名跨國公司的許多知名品牌；這條街，中外國家的領導人、大富豪經常光顧，奢侈消費品常有識貨人，平民百姓、外地遊客穿梭其間，喜歡逗留，可以買到居家過日子的各種普通商品；古老的，隨著歲月更迭，日見其滄桑，新潮的，追著時代的速度，愈秀出風采；為輝煌的歷史年輪，它有足夠的資格自豪，為繁華的現代光環，它有無限的信心驕傲，這就是北京王府井大街。

下午快接近五點了，我在郭涵工作的地點附近找到一家小店，在那裡點了一杯果汁等待她下班，五點半左右她來與我會面，我們商量晚上吃什麼，來到北京，毋庸置疑就是吃「烤鴨」啦！但是好多店排隊等號碼要花費很長時間，於是我們決定就近選了一家口碑不錯、性價比高的連鎖店「四季民福」烤鴨店。進店取了號，到那裡還是排了將近一小時才吃上。兩個人點了一隻鴨子，其實我要求點半隻的，可郭涵怕不夠吃。看著師傅在我們面前手法嫻熟的片鴨子，快流口水了，服務員首先推薦吃鴨皮沾白糖，咬上去一包油、脆脆的，口感很不錯，但吃多了會很油膩。鴨肉配上餅的味道非常不錯，接下來又上了芥末鴨掌，還有一道青菜，最後用鴨架熬湯，吃的很飽、很開心。

飯後我們在步行街溜達了一陣兒，之後郭涵提議要去「雲酷」，在國貿大酒店的八十樓可以看夜景，而且裡面有國外友人的樂隊演出，這裡應該算是北京最高的酒吧了！環境沒的說，四處散發著香格里拉獨特的香氣。場所分吸煙區和無煙區，無煙區比較安靜，無煙區是鋼琴聲為背景樂。吸煙區比較熱鬧，歌手唱歌相當的不錯，很有情調。只是價格相對有點貴了，總體來講還是不錯的，由於霧霾太大，並沒有看到夜景。

四月十四日週末，天氣非常晴朗，被大雨洗禮了一整天，空氣也清新許多，藍天白雲的清晨，我們早早起床各自洗漱後簡單吃了早飯，收拾好之後準備去北京的「頤和園」。之前在網路上查找了乘車路線，考慮到要走很多路，我們都換上輕便的運動鞋，算了一下時間，決定先去三里屯逛逛，吃完午飯再去，於是來到一家名叫「紅爐」的小店，一個比較幽靜的去處，進去先上樓，悠長的高高的樓梯。上去就是吃飯的空間，不大，裝飾的古色古香，有點老北京的感覺，應該樓上還有一層，只是沒上去看。點了兩道家常菜，中規中矩，然後兩個人吃了一碗炸醬麵，味道還ＯＫ。飯後我們乘坐地鐵從三里屯出發，乘坐地鐵十號線至海澱黃莊站下車，換乘地鐵四號線至北宮門站下車，一路打聽終於抵達北京頤和園，門票每人三十元。

發現門口有好多舉著小紅旗的導遊，帶了一大批遊客，我們悄悄的跟在隊伍後面，這樣也能聽到專業的講解，瞭解更多的歷史文化，而且是免費的哦。頤和園，是世界上現存規模最大的皇家園林，距北京市區十五公里，占地面積近三百公頃。一方面，它是當之無愧的中國園林典範，是南方園林和大氣的皇家園林的完美結合；另方面，它又高度濃縮了中國近代史。行走園區，可以從深處入，覓歷史芳蹤，也可以從淺處入，看剎那芳華。

之後我們去到了長廊、佛香閣、後山景區、昆明湖，聽著導遊的講解，仿佛一下子回到古代。導遊講解的很詳細，我們聽得也很入迷，登上昆明湖畔的亭子遠眺，會感到置身畫中：遠處，山色空蒙、青黛含翠，湖光山色盡收眼底；近處，十七孔橋優雅的拱卷、活潑的小獅子與靜謐的湖水交相輝映，幾致渾然天成。

之前給老爸發照片中的銅牛鑄造於一七五五年，臥伏于雕花石座上，神態生動，形似真牛，牛背上鑄有乾隆爺撰寫的八十字篆體銘文《金牛銘》。除了點綴景色，這座銅牛還有鎮水的意義——據說大禹治水時，就以鐵牛一尊沉入水中，才終得徹底平息水患，想想真的是很神奇啊！順著銅牛往前走幾十米，就到了曾吸引全世界目光的十七孔橋。十七孔橋東接東堤，西連南湖島，全長一百五十米，狀如長虹臥波，是我國皇家園林中現存的最長的橋，因有十七個橋卷洞而得名。由於該橋為仿盧溝橋興建，橋頭及橋欄望柱上雕有五百多隻形態各異的石獅，手藝真的不可想像。大約逛了三個多小時，我們從北宮門－蘇州街－澹寧堂－諧趣園－仁壽殿－德和園－玉瀾堂－佛香閣－石舫－耕織圖景區－如意門離開園區，一路繞行過去。

最後又是一路打聽來到北京有名的後海酒吧一條街，後海是什剎海的一個組成部分，由前海、後海、西海三塊水面組成的什剎海，為了與北海、中海、南海「前三海」區別，被稱作「後三海」。如果說三里屯酒吧街走的是流行牌，那後海酒吧街無疑走的是文化牌。一水小胡同，而且臨海而聚，沒有嘈雜的音樂，只有悠揚的歌聲和八〇後獨有的文化氣息。加上老北京的特色後海，絕對是現代都市的另類悠揚。

但是，郭涵說這裡的店堅決不能隨便進，好多人在外面招攬顧客，只是裡面的消費可是他們說的算，很有可能被宰呢！而且從外面看也並沒有發現唱的有多好，況且環境設施很俗氣，於是就一路走走停停的看光景轉了一大圈。天色已經暗下來，走了一天也十分疲憊，我們就找到附近的一家火鍋店大快朵頤，北京的銅火鍋也是一直很有名的呢，店裡環境還是不錯的。北京銅鍋涮肉是傳統木炭火鍋，內蒙古羔羊肉厚嫩爽口，配上麻醬汁，口味真是不錯。我們兩個人共花費了一百多元還算經濟實惠的，飯後我們就乘坐地鐵回到家休息。

四月十五日週日，天氣依舊晴朗，我們下午才出門，因為前一天走路太多，腰酸腿疼的，太缺乏鍛煉了哈……。徹底休息好之後才準備出發，今天的目的地是「南鑼鼓巷」是北京最古老的街區之一，也位列規劃中的二十五片舊城保護區之中。但是近幾年，卻成為許多時尚雜誌報導的熱點，不少電視劇在這裡取景拍攝，許多國外旅行者把其列為在北京的必遊景點。其實，明清以來，這裡一直是「富人區」，居住過許多達官貴人、社會名流，從明朝將軍到清朝王爺，從北洋政府總統到國民黨總裁，從文學大師到畫壇巨匠，這裡的每一條胡同都留下歷史的痕跡。

一路換乘了好幾趟地鐵終於到達，遠看巷子口就聚集了一大群人，這裡是挨著北京電影學院，所以周邊不乏帥哥美女。我們就邊走邊看巷子兩邊的特色美食，但都沒有什麼興趣吃，因為這些小吃在大連一樣能吃到，並不是北京的特色，而且價格貴了好幾倍，應該是為了迎合全國各地的遊人，所以小吃店、商店，開設的都很雜。快走到巷子口了，發現一家老北京爆肚小吃，於是決定嘗試一下，二十塊只買了一小碗，味道十分一般。

之後我們又在小胡同裡繼續遊逛，快到傍晚得知我一個朋友現在也在北京，他唱歌很棒，據說在北京進行錄音彩排準備進軍選秀節目，於是提前約好時間地點一起吃晚飯。我們三個人決定去吃北京最火爆的一家烤肉，聽說現在很火，位置還算好找，但排隊排了很久很久，這裡都是年輕的俊男靚女。全部都是坐小馬紮，沒有功能表點餐，很有路邊風。辣牛肉、豆腐湯、雞翅，比較乾淨新鮮，但煙霧繚繞，排煙比較差，煙味有點重，晚點會有人彈吉他唱歌，生意非常火爆。更巧的一件事，是竟然在飯店的牆壁上看到之前遼寧師範大學很要好的一個同學的照片，哈……哈……哈，雖然很久沒見了，但在一個陌生城市看到照片也很是興奮，立刻在微信與她聯系，因為時間的原因沒能見上面，有一點遺憾。

四月十六日週一，郭涵一早就去上班了，她叮囑我收拾好行李別落東西，於是我再三檢查一番，行李都整理妥當，身份証也提前放在包裡的夾層。時間還算充裕，我就點了一份外賣簡單吃過午飯，把她家裡的衛生又簡單打掃一遍，之後打開電腦準備自己要面試的簡歷，半天的時間很快就過去了。下午我就提前預約好順風車去北京火車站坐四點的動車，司機準點到達，但是路上十分堵車，已經預留出堵車的時間，但是沒想到竟然超出了我的預想，郭涵說四十分鐘的路程，竟然快兩個小時才到，還好有驚無險，順利檢票上了車。

我買的這個座位是face to face，哈……哈……和對面的男女面對面度過了六個多小時的車程，屬實有些無聊又有點尷尬。在晚上十點順利抵達大連北站，預約好滴滴順風車就在站門口等待，結果司機對路線不是很熟悉，而且這個位置又很偏，等了十多分鐘師傅終於接上我，媽媽在地下停車場接我回到溫暖的家，抓緊與我爹報平安，吃了一盤炒麵就趕緊洗漱睡覺了。

這次短短幾天的漂流記，雖然比較開心，但深深體會到生活在一線城市的酸甜苦辣，遠遠望去街道中燈紅酒綠，高樓聳立，十分繁華，但高價的房屋在一次次地將人們逼離北京。有人說，這是大城市在用政策趕走外地人。但是我卻覺得，大城市沒有在驅趕外地人，而是在驅趕窮人，這是大城市用一種中國特色的優勝劣汰的階層篩選機制，過濾掉不屬於它的人而已。低階層總想著有一天能像高階層的人一樣風光優雅的活著，低階層的人常常會想，即使現在成為不了一個高階層的人，那我混入高階層人群的居住地裡，似乎也能慢慢融入他們。看著路上形形色色的人一眼望去，大家滿臉疲態，我想他們過得並不快樂，但必須要一直為自己的目標努力打拼。

郭涵每個月的工資有五千元，如果在大連那不算低，但身處異地一線城市每月房租就要占工資的一大半，而且房屋又不是很舒適，屬實不易。北京對於很多人而言，那就是一個畢生的夢想。其實北京也是一個夢想工廠，有些夢想生產不合格，有些夢想生產的品質卻很高。我想趁年輕有夢想就要敢闖，現在安逸的環境就讓我缺少這股拼搏的勇氣，而且目前我最應該將身上的不足之處抓緊改正，不要過分依賴他人，還要繼續不斷的完善自己。孟母三遷，環境重要。

2018/04/23

第一百一十回　喬遷十年展新顏

溫　馨

時光荏苒，日落月升，喬遷到我們溫暖的家已經接近十個年頭。這十年當中我在各方面都經歷著不同的蛻變，無論是生活、身體、工作，還是身心發展都有了飛越的提升。心中也有無限感想，梳理了一下這期間的經歷以及改變，寫的不是很好，還望老爸幫忙斧正。

自二〇一二年六月十七日踏入新家的那一天，我的人生從此也翻開一頁新的篇章，從一個狹小嘈雜的環境中轉換到溫暖安逸的幸福家庭當中，我們一家和和睦睦沒有爭吵沒有矛盾，與之前的環境形成了鮮明的對比。

一切都在有條不紊的進行著，從小就體弱多病的我身體狀況一直不是很穩定，身材也比較消瘦，老爸一直看在眼裡記在心裡，不斷幫我調理，喝蛋白粉、補藥，短短的一段時間抵抗力也提高了，感冒發燒的頻率也縮減了許多。

情緒也在逐漸發生改變，從前處於青春期的我遇事就急躁，不會圓滑的與人相處，難免會有些小摩擦。但經過老爸您不斷的悉心指導，我有了微妙的變化，開始懂得管理自己的情緒，儘量沉住氣，學會了忍讓，出現問題先進行換位思考，而不是莽撞行事。

居住環境

自我感覺居住環境的不同，不知不覺心情反差會很大，之前房間又小又擠，而且夜晚周邊很嘈雜也得不到良好的休息環境，特別容易焦慮，然後直接就是各種心情不好、莫名的煩躁跟人發火吵架。如今房間寬敞居住環境好就會每天的狀態都是積極向上。

環境影響人，不僅僅是居住環境，學習、工作環境也是一樣的。而構成環境最主要的因素就是人，一個人如果跟他周圍的環境無法融合，也就是跟身邊的人三觀存在很大的差異，無法跟周圍的人融洽相處，開始的時候會很痛苦。但如果你又無法離開那個環境，慢慢就會被同化，即使心裡覺得不對勁，卻已經慢慢變得和其中的大多數一樣了，這種潛移默化的影響才是最最可怕的。

居家氣氛

在家庭當中父母相處得好，夫妻關係和睦的家庭氛圍下長大的孩子，往往很有自信，處事落落大方，很有自己的想法。而處在父母關係緊張，時時吵架的家庭的孩子骨子裡有種自卑，行事作風唯唯諾諾，不夠大方，非常在意別人對自己的看法，在結婚戀愛上也可能會比較晚（也是我個人的一種看法）。

孩子成長的過程，就是從周圍環境吸收各種能量訊息的過程，她們的能量場是打開的，因此父母所營造的家庭氛圍對於孩子來說，就如同植物生長的土壤，植物是否能茁壯成長，有很大一部分取決於土壤的好壞。十年前正處於青春期的我還不能夠準確的明辨是非，父母總是因為瑣事爭辯不休，長此以往我的情緒也很容易急躁，不會好好溝通。還好，有老爸讓我及時脫離了那種壓抑的環境，使我整個人都朝著積極向上的方向發展，同時也一直正面的鼓勵引導我向好的方向不斷進步。

工作方面

畢業後的第一份實習工作在西崗區「第十幼兒園」，我學到了許多幼兒園的實際操作經驗，這為我以後的工作打下了堅實的基礎，成為我珍視的寶貴財富。在這段時間裡，我嘗試了許多人生的不同際遇，它教會了我執著、堅持、努力，這是我在學校裡學不到的，也是我人生中遇到的第一個挑戰，剛邁出校門的我，還看不清複雜的人情世故，也是不斷摸索著工作。這次實習工作對我來說是一次非常有益的磨練和嘗試，也感謝王彩虹園長給我提供這次實習的機會，給了我很多指導和幫助。雖然當時感覺壓力很大，但能終身受益。

在香爐礁工作期間在沒有任何徵兆的情況下，突然接到「明天不用來上班」的晴天霹靂，之前搞得我一頭霧水，找不到事情的緣由就接收到這樣的消息，當時第一時間就要求助於老爸。於是老爸也不斷的開解我，並且告訴我離開時要大方的與大家道別。後期才知道原來是園長與介紹人之間出現了矛盾，而我又是介紹人推薦來這裡工作的，所以就只能拿我「開刀」。老爸您說「地球是圓的，眼前離開這裡，日後說不定有一天還會相遇到，所以我們應該有一個漂亮的轉身，留給周遭的人一個漂亮的背影，留下一個美好的記憶」。

老爸說不可以悄無聲息的一走了之，而是要落落大方的跟大家告別，這句話讓我一直記憶猶新，也是在處事方面得到一次鍛煉。第二天到園長面前跟她告辭，感謝她這兩年的照顧及栽培，今後自己還會繼續努力學習和成長。其次，跟工作的同事及夥伴逐一道別，感謝大家對我的愛護與照顧，讓我在這裡的工作非常愉快。

原本自以為是多此一舉，只是抱著姑且一試的心理而已，不承想，竟然得到大家暖心的祝福我未來越來越好。園長也一改昨天冰冷的語氣，拉著我說「以後這裡就是妳的娘家，如果哪一天妳想要再回來，只管跟我說，我會張開雙手歡迎妳」，這和之前的冷漠無情形成一個鮮明的對比，真不敢想像有這樣的轉變。

如今回想一下也是通過這件事，老爸教會了我一個做人的道理，人不一定能通過自己的禮貌、待人以誠的方式得到相應的回報，人的禮貌和教養的態度，可能會換來一個陌生人的粗魯野蠻和無理的回應。每個人都有自己的情緒和心情，可能一個無禮的響應就能讓我難過很久，但是依舊要選擇自己對人的態度要保持善意和感謝。善良和禮貌是一種尊重和態度，對自己生活方式的選擇，別人的無禮也不能影響自己選擇善良。

自己對人普遍的、持之以恆的熱情，並不一定會得到他人及時的回應，因為人的性格不同。但是我的問候，你的微笑會潛入他人的心裡，對他人的思想、態度，產生無形的影響。禮多人不怪，真誠的熱情帶來的效應永遠不可能是負面的。對人熱情，就像在做一樁沒有本錢、不可能賠本、一定會賺到錢的生意，怎麼算都是贏。當時的我經歷這件事只是按老爸說的去做，今天回想起來這其中也蘊藏著太多為人處世的大道理。

第二份工作來到了住家附近的「新穎幼兒園」，雖然工作環境不是很舒適，但是人與人之間的關係處理的很和諧，每天都開開心心。雖然只幹了短短的一段時間，但當時的園長還很不情願我離職，也算是比較認可我的工作能力。

第三份工作來到「六加一潛能開發幼兒園」，在這裡也是我工作最久的單位，當時領導、同事對我都很照顧，工作也十分順心，但每天日復一日的重複相同的軌跡，有些厭倦。當時心生一念想要轉行，於是就先開始備考教師資格証，也算是給自己留一條後路，萬一以後再重新回到幼教崗位是一定要有資質的，一年後順利取得了「教師資格證」。

從我的親身經歷看，零經驗轉行到一個跟自己專業不相關的行業，確實很不容易，沒有任何工作經驗的我想做行政類的職務，四處投遞簡歷、面試，可沒有想像中的那麼順利，鬥志也逐漸衰減。正處於山窮水盡的地步，多虧了老爸出手相救，哈……哈……哈，慷慨解囊，在家待業期間為我提供了優質的保障，還不斷為我加油鼓氣，也給我不少相關的見解，讓我又重拾信心，去了陳健姐介紹的保險公司。可事實證明這份工作還是不適合我，通勤時間比較長，工作內容也不是太滿意。老爸也不建議在這裡就職，於是又繼續投遞簡歷。功夫不負有心人，過了不久就接到「貝恩國際幼兒園」的面試邀請，與園長溝通之後決定第二天就正式上崗。這第四份工作也是十分適合我，既沒有脫離原本的專業，又嘗試了新的工作內容，真的是十分幸運。

從這四份工作中我也進行了綜合，首先要沉穩、學習，適合自己。不怕走彎路，因為過後會發現那些彎路都是財富。每經歷一份工作，就多接觸一件新事物，多積累一些新經驗，多獲取一份新技巧。那麼終究有一天會有一份工作適合我的全部能力，這是一個全方位的過程而已。其次也要看在這其中學到什麼，也是成長的過程。

人際關係

工作中的人際關係算是一種比較複雜的關係，既不能太親密，又不能太疏遠。過分親密，則容易被看做結黨，太疏遠，則工作不好開展。所以，我個人粗淺的認知是發展工作友誼。對同事善意，樂於幫助他人，誇獎和肯定他人，也是通常的相處之道。人際交往並不是能說會道這麼簡單，而是懷抱共情／同理心——能夠理解對方，並讓對方感覺舒服，這也是一種長期的修煉。著名心理學家戴爾•卡內基說：「我們一天的禍福悲歡，往往取決於我們的言語和交往」。

每天都要和各種各樣的人打交道，處理各種社會關係，通過對話、協商、爭論、說服等等溝通方式來解決問題。放眼四周，在生活、工作、情感上最如魚得水的，往往不是掌握最多技能的人，而是那些會溝通的人。溝通力就是「能量放大器」，如果溝通能力強，就能夠讓事情朝著你的想法推進，擁有更加舒適的人際關係，而不會溝通，等於把機遇和幸福全都拱手讓給了情商高、會表達的人。我也在工作中慢慢的進行取長補短，自踏入社會參加工作以來，從來沒有和同事、領導發生過矛盾，也許是我的工作環境並沒有太多的競爭和個人利益關係，也很幸運遇到的同事、領導都能和諧的共處。在工作中也交到了好朋友，和金玉、陳玲、于文熙，依然保持著聯絡。

人與人交往，更多的不是改變對方，而是接受對方。如果光想著改變對方，那不是相處而是戰爭，要用豁達的心去面對眼前的人。有些朋友在上學時候親密無間，但一旦畢業了，大家都開始各自忙碌，見面的時間也屈指可數，會在一個月中，甚至幾個月中聯繫一次。彼此說說自己發生了什麼，自然而然地傾訴。感情隨著時光慢慢沉澱，如同一瓶清冽的酒，越埋越香。一切的朋友，都是時光的選擇，留下的，就是最好的。

自我學習

工作一段時間後發現自己在新的領域，專業技能方面還是需要繼續充電，於是決定自考成人大學本科，二〇一八年報考了電大（現在改名為國家開放大學）的「行政管理」專業。我目前這份工作業餘時間比較充裕，同時也能鍛煉自己的學習能力和自制力。在成年人的世界中，專注力最大的敵人，就是「雜念」，排除雜念的狀態，剩下的就是專注的狀態。在學習的時候，會有各種各樣的意識浮現在腦海中。「今天吃什麼」，「電視劇更新了吧，要不要看完再學」等等，這些意識會不受我的大腦控制。有人認為意識雜念是不可控制的，也不能徹底消除，事實卻並非如此。而排出這些意識造成的雜念，最簡單有效的方法：頭腦中產生的雜念就把它寫出來，寫進手機「備忘錄」，僅僅是寫出來，就可以排除雜念，獲得專注力。

不僅如此，還會養成開列清單的學習工作法。手機、電腦等電子設備，是當下每個人不可或缺的必備產品，給生活帶來了很多便利，也造成了很多不便，在備考中通信設備是我最主要的敵人之一。學習是一個延遲滿足，催促大腦不斷運轉的過程。通信設備卻是能給我帶來短暫快樂，長期焦慮的過程。想要在一個專注的狀態當中保持高效的學習，就需在每一次擠出的學習時間當中，自覺的把所有能給你造成困擾的通信設備「開啟飛行模式」。雖然我有時的自控力不是很強，但也在慢慢的找解決方法，讓自己做每一件事情都能夠專注、不拖延。努力兩年半的時間，考試一切通過，也順利取得了畢業証書，第一時間最要感謝的就是老爸，為我提供學費，依然不斷的鼓勵，才使的我能順利通過。

心智成長

十年前的我還是一不諳世事的小女生，缺乏觀察，不愛思考，遇事容易急躁。交際過窄，只愛接近自己喜歡的人或者是喜歡自己的人，凡是感覺跟自己合不來的，先打上偏見，再者能回避就回避。只看到了別人身上和自己相斥的地方，但沒有看見別人的過人之處，不懂得欣賞別人的長處。狹隘地封閉自我，而不是敞開心胸主動和人交往，挖掘瞭解並學習他人的閃光點。我認為人際交往能力、處理各種關係以及複雜事物的能力、透過現象看本質的能力等等，並不是一個人與生俱來的，是需要腳踏實地努力、不斷豐富自己的閱歷、不斷反思總結，在日常生活中堅持鍛煉、一步步積累得來的。堅決不能偷懶，這些都是人生必修課。

我要學會強大的內心，榮辱不驚，接受自己，平凡也好，富貴也罷。沒有憂慮，不過分在意無關緊要他人的評價，堅持做自己。常常會衝動地說出一些話，做出一些事。但事後想想每句話語與每個行為都已帶上各自的印記無法逃脫，所以在做任何事情之前一定要謹慎考慮周全，以免讓自己後悔，務必謹言、慎行！

不足之處

我當下自身的問題還是不夠沉穩，時常容易急躁。我也在積極調整，給自己定了五條小方法：

一、放慢呼吸，不用胸部呼吸，用腹部呼吸。會覺得心裡更穩，更能沉澱思考。

二、給自己找安全感，急躁的人通常沒什麼安全感，不敢停下來，不敢慢下來，自己逼著自己和別人較勁，結果弄得四周怨言不已。所以，要看清楚，此刻自己那麼急，到底是為了什麼？這個東西是否真的那麼重要？何必要不停地給自己壓力？

三、動作幅度，比如走路、做事，都刻意悠著點。腦子裡想法不用停，但是身體動作都要以穩為主。腦子裡要暗示自己潛意識中，我不是一個急性子。

四、堅持鍛煉身體，進行一些拉伸、跳繩、慢跑、柔軟體操，長期堅持的運動，對於身心都有幫助。

五、要想改變自己與生俱來的性子，沒下大力氣是不行的，沒恒心是不行的。最直接的辦法，就是與身邊有沉穩的人，找機會與其共事。遇事時觀察別人的反應，事件進行時注意別人的處理模式，近朱者自然赤。我身邊最好的例子就是老爸您的為人處世方法，值得我終身學習，也是一筆寶貴的財富。我時常放慢自己的走路速度，比常人慢一些，任憑自己被超過，只管放平心態。這是從鍛煉穩和慢的角度來解決，也是相對容易一些的辦法。會感到急躁，其實是因為大腦的運轉速度跟不上需要的行為速度。所以放慢行動是一種辦法，相對應的提高思維速度也是。

我的自控力和專注能力也是需要提升的，自控和自律大部分時候體現在專注力上面，可以集中精力去處理一個事情，而不是放任自己的注意力被各種事情干擾。因為現在所有的外部事物都在力圖用各種方式去吸引我的注意力，甚至製造某種沉迷和上癮機制，頭號敵人就是手機。科技發達自然是為人們大大提供了便捷和娛樂，但是如果不能合理規劃使用時間，那就是在打亂自己的生活節奏，成為電子產品的奴隸，我也在慢慢控制自己，儘量不要長時間依賴手機。自律是解決人生問題最主要的工具，也是消除人生痛苦最重要的方法。自律本沒有多少快捷方式可走，但有方法可循。

自律的第一步是早起，早有心理學家研究發現，對於早起的人，在他們的潛意識裡，每天可支配的時間要更長一些，而相對的是，在晚起者的意識裡，每天要變短很多。早起一小時，就會發現，原本因為時間、精力不足而無法去嘗試的事，其實都可以輕鬆完成。比如讀書、做早餐、晨練，當開始利用早起的時間去做積極有意義的事情時，就已經站在自律的起跑線上。

這十年來，我渴望更加清楚的認知自我，希望更清楚的找到自己的人生目標，同時要感謝老爸從始至終都在做我最堅實的后盾，讓我無所畏懼，更加優秀。剛剛邁入嶄新的二〇二一年，願我們大家都健健康康，喜樂平安，也恭喜老爸能夠真正的開始享受退休后的美好時光。

2021/01/18

國家圖書館出版品預行編目

金門情深深/方亞先著. -- [金門縣金城鎮] : 薛芳千, 2022.07
面； 公分
ISBN 978-626-01-0320-0(上冊 : 平裝). --
ISBN 978-626-01-0321-7(下冊 : 平裝)

1.CST: 方亞先 2.CST: 自傳 3.CST: 福建省金門縣

783.3886 111010933

金門情深深（下）

作　　者／方亞先
出版策畫／薛芳千
製作銷售／秀威資訊科技股份有限公司
114 台北市內湖區瑞光路76巷69號2樓
電話：+886-2-2796-3638
傳真：+886-2-2796-1377
網路訂購／秀威書店：https://store.showwe.tw
博客來網路書店：https://www.books.com.tw
三民網路書店：https://www.m.sanmin.com.tw
讀冊生活：https://www.taaze.tw

出版日期／2022年7月
定　　價／500元